Günter Wieske gewidmet

INHALT

VORWORT

»Gemeinde lieben – Gemeinde leiten« – Der Titel macht neugierig. In der deutschen christlichen Literatur gibt es ja inzwischen eine ganze Anzahl von lesenswerten Büchern zu der Frage, wie denn Leitung und Führung in der Gemeinde Jesu Christi aussehen kann.

Zuweilen hat man den Eindruck, dass Erfahrungen aus der Unternehmensberatung einfach auf die Gemeinde Jesu übertragen werden sollen. Leitungsmodelle werden unter dem Gesichtspunkt der Kompetenz und der Effizienz vorgestellt.

Dass dabei viel Nützliches zu lernen ist, steht außer Frage. Da die Gemeinde Jesu Christi aber eine »analogielose Größe« (E. Brunner) ist, gelten in ihr und für sie noch andere Maßstäbe und Gesetzmäßigkeiten. Wir sprechen von der notwendigen Begabung für eine Aufgabe und auch von der Berufung, die aus Gnade geschieht. Wir sprechen neben der notwendigen Befähigung auch von dem souveränen Erwählungshandeln Gottes. »Gemeinde lieben – Gemeinde leiten« nimmt diese Akzente christlicher Existenz auf und zieht die Linien bis in die Gemeindepraxis hinein.

Ich teile die Auffassung des Autors, dass der Zustand der Gemeinde Jesu Christi in unseren Tagen auch zu einem sehr wesentlichen Teil mit der Leitungs- und Führungsqualität zusammenhängt. Deshalb begrüße ich sehr, dass ein erneutes Nachdenken über unser jeweiliges Verständnis von Gemeindeleitung durch dieses Buch angeregt und gefördert wird.

Der Verfasser geht von dem Gedanken der Berufung zur Leitung aus und stellt dabei sehr sorgfältig das biblische Spektrum unterschiedlichster Leitungsaufgaben dar. Sein Hauptinteresse legt er auf die Frage, wodurch ein Mensch denn eigentlich zu einem geistlichen Leitungsdienst qualifiziert wird. Deshalb finden wir in dem Buch auch sehr viele seelsorgerliche Ausführungen zu diesem Thema.

Dass das Buch zwar am Schreibtisch geschrieben, aber dort nicht entstanden ist, spiegelt der Praxisbezug wider. Hier spürt man die

Erfahrung des Autors aus jahrelanger bewährter Gemeindepraxis und überörtlicher Leitungsverantwortung. Dass dabei besonders auch Schwerpunkte herausgearbeitet werden, die mit seiner verantwortlichen Mitarbeit im Arbeitskreis »Gemeinde & Charisma« im Bund Evangelisch-Freikirchlicher Gemeinden zusammenhängen, wird ebenfalls deutlich.

Als besonders hilfreich empfinde ich die praktischen Anleitungen für die Durchführung von Gemeindeleitungssitzungen und Gemeindeversammlungen. Wer die konkrete Ortsgemeinde nicht liebt und mit ihr versöhnt ist, kann im Grunde nicht an Veränderungsprozessen mitarbeiten und Leitungsverantwortung übernehmen. Von daher ist der Titel auch gleichzeitig ein Programm.

Wenngleich der Verfasser aus freikirchlichem Hintergrund schreibt, sind viele Anregungen auch für die Arbeit in anderen Kirchen oder für die Wahrnehmung von Leitungsaufgaben in christlichen Werken geeignet. Das vorliegende Buch gehört meines Erachtens als Praxisbuch in die Hand aller, die eine Leitungsaufgabe wahrnehmen oder die sich auf eine Leitungsaufgabe vorbereiten.

Eckhard Schaefer

Einleitung

Führen und Leiten – ein Problem?

Die Diskussion um Fragen der Gemeindeleitung ist nicht erst in den vergangenen Jahren neu aufgeflackert, eigentlich zieht sie sich durch die gesamte Kirchengeschichte. An der Frage, welche Bedeutung der Leitungsdienst hat, haben sich Kirchen und Gemeinden zerstritten und gespalten. Besonders nach den erschreckenden Ereignissen unter Hitlers totalitärer Herrschaft ist in Deutschland das Thema »Führung und Leitung« geradezu besetzt mit negativen Empfindungen. Die Angst vor dem Missbrauch von Macht und Vertrauen prägte in der Zeit nach dem Zweiten Weltkrieg ganze Generationen. Begriffe wie »Autorität«, »Gehorsam« oder auch »Unterordnung« verschwanden fast völlig aus unserer Sprache.

Das Leiten und Führen scheint zu den schwierigsten Aufgaben unserer Zeit zu gehören, aber gleichzeitig auch zu den notwendigsten. Impulse zu einer Neuorientierung kamen in den vergangenen Jahren aus dem Managementbereich, der Pädagogik, Soziologie und Psychologie. Auch Anstöße aus der Gemeindewachstumsbewegung und den charismatischen Bewegungen haben zu einer regen Diskussion des Themas in Kirchen und Freikirchen beigetragen. Nach anfänglicher Zurückhaltung gibt es inzwischen im deutschsprachigen Raum eine beachtliche Anzahl von Schulungs- und Bildungsangeboten für Leitungsdienste in der Gemeinde. Dabei scheut man sich keineswegs, die klassische Begrifflichkeit des säkularen Managements aufzunehmen und Führung zu trainieren.

Oft entsteht dadurch jedoch der Eindruck, dass zur Gemeindeleitung eine enorme Qualifikation gehört. Wer heute Verantwortung in der Gemeinde übernehmen will, braucht demnach nicht nur ein klares geistliches Berufungserlebnis, sondern auch ein hohes Maß an Kompetenz und Ausbildung. Die Ansprüche an Frauen und Männer in Leitungsaufgaben sind vielerorts dermaßen gestiegen, dass sich kaum noch Menschen bereit finden, diese Dienste zu übernehmen. Jeglicher Erfolg oder Misserfolg in der Gemeinde wird auf die Qualität der Leitung zurückgeführt.

Während in den angelsächsischen Ländern der Pastorendienst im Mittelpunkt der Diskussion steht, sind in deutschsprachigen Ländern auch Gemeindeleiter, Älteste und Diakone stärker einbezogen.

Zuweilen könnte man meinen, Leiterschaft sei die zentrale Gabe und Aufgabe in der Gemeinde und alles andere seien untergeordnete Dienste und Schwerpunkte. So schreibt z.B. der Baptist Paul Beasley-Murray:»Leiterschaft ist die Schlüsselpriorität in den heutigen Gemeinden. Das Predigen ist wichtig, Anbetung und Lobpreis habe ihre Bedeutung. Seelsorge, Evangelisation und soziale Aktionen – alle diese Dinge müssen ganz oben auf der Tagesordnung der Gemeinde stehen. Aber über all diesen Dingen steht das Thema der Leiterschaft.«[1]

Diese markante These unterstreicht mit aller Deutlichkeit die Notwendigkeit guter geistlicher Leitung in der Gemeinde Jesu Christi. Aber wie sieht eine solche Leitung aus? Worin liegt das Wesen christlicher Führungsqualität? Worin unterscheidet sich ein christlicher Leiter von einem guten betrieblichen Manager oder einem leitenden Wissenschaftler, einem führenden Politiker oder einem mitreißenden Sportler? Zielstrebigkeit, Leidenschaft und Idealismus, Charakterstärke und Sozialkompetenz – alle diese Dinge finden wir natürlich auch im nichtchristlichen Bereich. Es lohnt sich deshalb, am Anfang unserer Beschäftigung mit dem Thema etwas grundsätzlicher nach der Eigenart und dem Ziel geistlicher Leitung zu fragen.

I. Die Gemeindeleitung aus biblischer Sicht

1. Leben unter Gottes Herrschaft –
Vom Wesen geistlicher Leiterschaft

a) Der leidenschaftliche Gott

Vom Beginn der Schöpfung an zeigt der lebendige, dreieine Gott Interesse an jedem seiner Geschöpfe. Das Leben jedes einzelnen Menschen entspringt der leidenschaftlichen Liebe Gottes. Er steht am Anfang und am Ende ihres Lebens auf der Erde, und er steht am Beginn der neuen Schöpfung. Gott stellt sich uns vor als Vater, Sohn und Heiliger Geist, als ein »leidenschaftlich liebender« Gott (2Mo 34,14 GN). Leben unter seiner Herrschaft bedeutet zugleich auch Leben in der Gemeinschaft mit Gott. Und das ist das Ziel all seiner Offenbarung – die Gemeinschaft mit ihm, das Leben in einer versöhnten Einheit, im Schalom-Frieden, in der gottgemäßen Gerechtigkeit und Wahrheit.

Diese Sehnsucht und der Wille zur Liebesgemeinschaft mit den Menschen bringt Gott immer wieder dazu, sich nach dem Menschen auszustrecken. Er gibt ihm Weisung zum Leben, z.B. durch die Zehn Gebote, und er gewinnt und beruft einzelne Menschen, ihm in besonderer Weise zu dienen. Sie sollen in seinem Auftrag und in seinem Namen Recht sprechen und Orientierung geben. Die Bibel berichtet uns von Richtern, Propheten und Königen, die Gott für solche Dienste berufen hat. Und immer geht es dabei um die große Herzenssache Gottes: um die Aufrichtung seines Reiches, um die Liebesgemeinschaft mit seinen Menschen. Ja, Gott selber schafft Wege, die zur Tilgung von Schuld und Sünde führen. Dem Volk Israel gab er genaue Anweisungen, wie sie opfern sollten, und er berief Menschen in den priesterlichen Dienst.

Aber Gottes Verlangen geht darüber hinaus, und so sendet er seinen Sohn Jesus Christus, um ein für alle Mal den Weg ins Allerheiligste, den Weg zu Gottes Herzen selbst, freizumachen. Der Opfertod Jesu Christi am Kreuz öffnet die Tür zum Himmel. Nun hat jeder Mensch auf der Erde die Möglichkeit, in diese Liebesgemeinschaft mit Gott zu treten und als Kind Gottes unter seiner Herrschaft zu leben.

Dass der Mensch sich in Stolz und Sünde dem Einflussbereich und der Herrschaft Gottes entziehen will, hindert Gott nicht daran, selbst den entferntesten, den verlorensten Menschen noch aufzusuchen und anzusprechen. Der Heilige Geist überführt und führt Menschen zum Vaterherzen Gottes (Joh 16,8-11). Dieses Wunder geschieht immer und immer wieder, weil Gottes Herz niemals aufhört, in Liebe für seine Geschöpfe zu schlagen. Er will, dass allen Menschen geholfen wird und sie die Wahrheit erkennen (1Tim 2,4). In der Gemeinschaft mit dem heiligen, ewigen Gott zu sein, in einer lebendigen Kommunikation mit dem Dreieinen zu stehen, ihn und sein Wort zu kennen und zu lieben und in seiner Leidenschaft und Mission zu leben, das heißt, im Reich Gottes zu Hause zu sein, zur Familie Gottes zu gehören.

Jeder, der im Reich Gottes leiten will, muss dieses leitende Interesse Gottes vor Augen, ja selber im Herzen tragen. Es geht um einen königlichen, priesterlichen und prophetischen Dienst – um ein Leben in der Leidenschaft Gottes.

b) Der behütende Gott

Wohl kein anderes Bild trifft Gottes Anliegen besser als das des Hirten. Schon im Alten Testament wird Jahwe als guter Hirte beschrieben (vgl. 1Mo 49,24; Ps 80,2; Jer 31,10). Der bekannte Psalm 23 führt die persönliche Dimension des Hirtenbildes vor Augen: Der Herr ist eben nicht nur der Hirte der Menschheit oder des Volkes Israel, sondern er wird als der persönliche Hirte gepriesen: »Der Herr ist *mein* Hirte.« Fürsorge, Führung und Trost auch in dunklen Tagen, der Beistand gegenüber Feinden und nicht zuletzt die tiefe dauerhafte Liebesgemeinschaft mit Gott – das alles sind Elemente, die in der Person des guten Hirten zusammenkommen. Und ein solches »Hirtenherz« erwartet Jahwe auch von den Menschen, die er in Leitungsaufgaben beruft (vgl. Jer 3,15). Wo diese Gesinnung fehlt oder gar ins Gegenteil umschlägt, ist geistliche Führung nicht mehr möglich (Hes 34; Jer 23, Sach 11,15-17). Wie zentral die behütende Eigenschaft Gottes ist, wird daran deutlich, dass Jesus sich selbst als guten Hirten beschreibt, der sogar sein Leben für seine Schafe lässt (Joh 10,14ff).

Ein Kennzeichen des guten Hirten ist, dass er seine Schafe gut kennt. Die wiederum kennen die Stimme ihres Hirten (Joh 10,27). Es gibt also eine persönliche Beziehung zwischen Hirte und Schaf. Der gute Hirte behält einen Blick für das einzelne Schaf, er geht dem verloren gegangenen Schaf nach und sucht es (Lk 15,1-7). Dabei fällt auf, dass Jesus mit keinem Wort auf den Nutzen, die eigentliche Funktion einer Schafherde eingeht. Das Bild vom Hirten und der Herde dient ausschließlich dazu, das Wesen göttlicher Leitung zum Ausdruck zu bringen.

Der vorherrschende Beweggrund göttlicher Aktivität ist mit diesem Bild vom Hirten klar gekennzeichnet: die Liebe, die den einzelnen Menschen, das Volk Gottes, ja, die ganze Menschheit aufsucht, um mit ihr in Gemeinschaft zu leben. Die reformierte Theologie, in Sonderheit J. Calvin, beschreibt das Werk Jesu Christi, indem sie vom Königsamt, vom Priesteramt und vom Prophetenamt Christi spricht.[2] Das Wesen göttlicher Leitung wird allerdings kaum treffender ausgedrückt als in dem Bild vom guten Hirten. Und der gute Hirte ist ein dienender Hirte.

c) Der dienende Gott

Bei mehreren Gelegenheiten unterstreicht Jesus die Notwendigkeit einer dienenden Grundhaltung. Als seine Jünger Jakobus und Johannes ihn fragen, ob sie an seiner Seite zur Rechten und zur Linken in der Herrlichkeit Gottes sitzen können, antwortet Jesus: »Ihr wisst, dass die, welche als Regenten der Nationen gelten, sie beherrschen und ihre Großen Gewalt gegen sie üben. So aber ist es nicht unter euch; sondern wer unter euch groß werden will, soll euer Diener sein; und wer von euch der Erste sein will, soll aller Sklave sein. Denn auch der Sohn des Menschen ist nicht gekommen, um bedient zu werden, sondern um zu dienen und sein Leben zu geben als Lösegeld für viele.« (Mk 10,42-45)

Es ist klar, dass die Betonung einer dienenden Haltung, bis hin zur Aufgabe des eigenen Lebens, alle weltlichen Vorstellungen von Leitung und Herrschaft sprengte. Nirgends sehen wir das deutlicher als dort, wo Jesus seinen Jüngern die Füße wusch. Jesus erniedrigte sich selbst wie ein Sklave und tat die geringste Arbeit. Und dann betonte er noch einmal, welche Maßstäbe im Reich Gottes gelten, indem er sagte: »Wenn nun ich, der Herr und der Lehrer, eure Füße gewaschen habe, so seid auch ihr schuldig, einander die Füße zu waschen. Denn ich habe euch ein Beispiel gegeben, dass auch ihr tut, wie ich euch getan habe. Wahrlich, wahrlich, ich sage euch: Ein Sklave ist nicht größer als sein Herr, auch ein Gesandter nicht größer als der, der ihn gesandt hat. Wenn ihr dies wisst, glückselig seid ihr, wenn ihr es tut!« (Joh 13,14-17)

d) Der berufende Gott

Gott will seine Herrschaft aufrichten, indem er Einzelne in besonderer Weise mit Leitungsdiensten beauftragt und sie dazu befähigt. Je enger ein Berufener sich mit dem Herzensanliegen Gottes im Einklang befindet, umso effektiver ist der Leitungsdienst. Natürlich kann Gott auch heute noch zu jedem einzelnen Menschen direkt sprechen, auch heute leitet er Menschen durch sein Wort und ist ihnen persönlich nahe. Gleichzeitig aber spricht er Berufungen und Erwählungen aus.

Er beauftragt und bevollmächtigt Menschen, um in seinem Namen ganz bestimmte Funktionen seiner göttlichen Leitung wahrzunehmen. Obwohl der Allmächtige allein leiten, regieren und führen könnte, wählt er doch schwache und mit Fehlern behaftete Menschen aus, die ihm dienen. Diese Erwählung ist von besonderer Bedeutung, wenn es um das Wesen christlicher Leiterschaft geht. Gott in seiner Autorität und Größe hat sich für diesen Weg der Teilhabe an seinem Wesen und an seinem Werk entschieden. Wie viel Vertrauen kommt darin zum Ausdruck, welche Liebe und Wertschätzung des Menschen!

Dass dieser Weg nicht selbstverständlich ist, wird in dem Berufungsgeschehen des ersten Königs von Israel deutlich. Vater und Begründer des Volkes Israel ist Abraham, der ungefähr 2500 v.Chr. lebte. Ganz langsam, im Laufe von Jahren und Jahrhunderten, wuchs die Zahl der Nachkommen Abrahams, bis daraus das Volk Israel wurde. Es dauerte jedoch lange, bis die Israeliten einen König forderten und schließlich auch bekamen. Dieser König, Saul, regierte um 1040 v.Chr. Fast 1500 Jahre lang hatte das Volk Israel also keinen König, sondern lediglich andere Führungspersonen wie Richter und Propheten. Nachdem Gideon den Sieg über die Midianiter erkämpft hatte, wollte das Volk ihn als Herrscher, als eine Art König, einsetzen. Doch Gideon erwiderte: »Nicht ich will über euch herrschen, auch mein Sohn soll nicht über euch herrschen. Der Herr soll über euch herrschen!« (Ri 8,23)

Israel war eine Art Theokratie, eine Gottesherrschaft. Dieses Grundverständnis hatte auch Samuel, der als Richter in Israel lebte. Nachdem seine Söhne einen für das Volk Israel inakzeptablen Lebenswandel an den Tag legten, begehrten die Israeliten schließlich auch einen König, der wie Regenten anderer Völker herrschen sollte. Samuel reagierte zunächst ablehnend, befragte jedoch Gott und ging schließlich auf die Bitte des Volkes ein. Dabei ist bemerkenswert, dass Gott selbst hierzu sein ausdrückliches Einverständnis gab, indem er zu Samuel sagte: »Höre auf die Stimme des Volkes in allem, was sie dir sagen! Denn nicht dich haben sie verworfen, sondern mich haben sie verworfen, dass ich nicht König über sie sein soll.« (1 Sam 8,7)

In dieser Begebenheit wird die ganze Spannung geistlicher Leitung aufgenommen: Einerseits ist es Gott selber, der unmittelbar als König, als Herrscher, als Leiter angesehen und geehrt werden will. Zum anderen möchte das Volk unbedingt einen der ihren als Herrscher haben, einen »König zum Anfassen«. Und Gott geht auf dieses Verlangen ein. Eins behält er sich allerdings selbst vor: die Wahl des Königs.

So, wie er das Volk Israel erwählt hat, um den Völkern Orientierung und Segen zu geben, wie er Propheten und Könige berufen hat, die an seiner Stelle Weisung und Recht sprechen, und Priester, die in seinem Auftrag das Opfer darreichen, so beruft er nun ein neues Volk von Königen, Priestern und Propheten, von Hirten, Lehrern und Aposteln, von Ältesten und Diakonen. Sie sollen in seinem Sinne leiten. Letztlich darf sich jeder Christ als ein Berufener verstehen, der als Salz und Licht in dieser Welt lebt (vgl. Mt 5,13-16) und der als König und Priester den »Fürst der Könige dieser Erde, den Erstgeborenen der Toten, Jesus Christus«, anbetet (Offb 1,5-6). Nach welchen Maßstäben jedoch erwählt Gott seine Berufenen?

Betrachten wir das Leben einzelner Menschen, die Gott erwählt hat, so lassen sich hier nur schwerlich allgemein verbindliche Maßstäbe finden. Der lebendige Gott kennt jedes seiner Geschöpfe und verfährt mit jedem Menschen auf individuelle Weise. Keine der Berufungsgeschichten in der Bibel ist identisch mit einer anderen. Bei allen Maßstäben und Anforderungen, die wir an Beauftragte des Herrn stellen, hat Gott offensichtlich noch andere Kriterien, nach denen er seine Mitarbeiter aussucht. Welche Kriterien das sind, wird in einem anderen Kapitel dieses Buches noch zu betrachten sein. Zunächst bleibt festzuhalten, dass die Berufung zum Leitungsdienst in Gottes ureigenster und souveräner Entscheidung begründet liegt, seine Herrschaft und sein Reich auf dieser Erde mit Menschen aufzurichten – Menschen, die sich hineinnehmen lassen in seine große Liebesleidenschaft für diese Welt.

Bei der Frage nach dem Wesen geistlicher Leiterschaft ist auch zu bedenken, inwieweit ein Unterschied zwischen dem Charakter alttestamentlicher und dem neutestamentlicher Leitung besteht. Verhältnismäßig häufig wird in Abhandlungen zum Pastoren- oder Leitungsdienst in der Gemeinde Jesu auf alttestamentliche Leitergestalten Bezug genommen. Die Reflexion neutestamentlicher Aussagen kommt dabei leider oft zu kurz. Wenn z.B. Ausführungen über das Prophetenamt im Alten Bund einerseits und über den Prophetendienst im Neuen Bund andererseits gleichgesetzt werden, so wird nicht berücksichtigt, dass wir als neutestamentliches Gottesvolk von anderen Voraussetzungen ausgehen.

Paulus beschreibt den gravierenden Unterschied zwischen altem und neuem Bund u.a. im zweiten Korintherbrief: »Solches Vertrauen aber haben wir durch Christus zu Gott: Nicht dass wir von uns aus tüchtig wären, etwas zu erdenken als aus uns selbst, sondern unsere Tüchtigkeit ist von Gott, der uns auch tüchtig gemacht hat zu Dienern des neuen Bundes, nicht des Buchstabens, sondern des Geistes. Denn der Buchstabe tötet, der Geist aber macht lebendig. Wenn aber schon der Dienst des Todes, mit Buchstaben in Steine eingegraben, in Herrlichkeit geschah, so dass die Söhne Israels nicht fest in das Angesicht Moses schauen konnten wegen der Herrlichkeit seines Angesichts, die doch verging, wie wird nicht vielmehr der Dienst des Geistes in Herrlichkeit bestehen? Denn wenn der Dienst der Verdammnis Herrlichkeit ist, so ist der Dienst der Gerechtigkeit noch viel reicher an Herrlichkeit.« (2Kor 3,4-9)

Dieser vom Apostel beschriebene »Dienst des Geistes« markiert eine Nähe zu Gott, die sich nicht nur im Leben von leitenden Menschen widerspiegeln soll. Die neutestamentliche Gemeinde geht davon aus, dass durch die neue Identität in Christus jedes Mitglied vom Geist Gottes geleitet und gelehrt wird (Joh 14,26; 16,12-15; 1Kor 2,11-16). Im ersten Korintherbrief beschreibt Paulus diese Grundlage mit dem Satz: »Wir haben den Sinn Christi.« (1Kor 2,16)

Diese gemeinsame Basis unterscheidet das alttestamentliche und das neutestamentliche Gottesvolk. Jeder Leitungsdienst innerhalb der Gemeinde Jesu muss davon ausgehen, dass er sich an Menschen richtet, die selber durch den Heiligen Geist befähigt sind, Orientierung und Führung zu empfangen. Zugleich spricht das Neue Testament jedoch mit einer großen Selbstverständlichkeit von besonderen Leitungsaufgaben. Die Spannung zwischen diesen beiden Gegebenheiten prägt das neutestamentliche Nachdenken über Leitungsdienste.

So heißt es einerseits: »Ihr habt nicht nötig, dass man euch schreibt, denn ihr seid selbst von Gott gelehrt« (1 Thess 4,9), und andererseits: »Und die einen hat Gott in der Gemeinde eingesetzt erstens als Apostel, zweitens andere als Propheten, drittens als Lehrer ...« (1 Kor 12,28). Die allgemeine Ausrüstung mit dem Heiligen Geist erübrigt offenbar nicht die Berufung zu bestimmten Leitungsaufgaben in der Gemeinde.

2. Leitungsdienste im Neuen Testament

Mit großer Selbstverständlichkeit sprechen wir heutzutage vom Pastorendienst oder auch von Ältesten und Diakonen. Die meisten Pastoren und Pastorinnen verstehen ihren Dienst in der Gemeinde nicht nur als Berufung durch Gott, sondern auch als einen Beruf, mit dem sie ihren Lebensunterhalt finanzieren. Hinzu kommt, dass es nach wie vor üblich ist, dass in freikirchlichen Gemeinden der Pastorendienst für die Dauer der Berufstätigkeit ausgeübt wird. Wie verhält sich die Praxis der Leitungsdienste in unseren Gemeinden zu den Aussagen über Führungsaufgaben im Neuen Testament? Wie bereits angedeutet, gibt es eine ganze Anzahl neutestamentlicher Bezeichnungen, die auf einen besonderen Dienst der Leitung zurückzuführen sind. Sie sollen nun im Einzelnen vorgestellt werden.

a) Die Gabe der Leitung

Alle Mitglieder der Gemeinde sind berufen zu dienen, aber nicht alle haben die gleiche Funktion. Dementsprechend haben auch nicht alle die Funktion und Begabung der Leitung. Paulus spricht im zwölften Kapitel des ersten Korintherbriefes von unterschiedlichen Begabungen. In Vers 28 führt er ausdrücklich die »Gaben zu leiten« an. Das hier gebrauchte griechische Wort *kybernesis* (Urspung auch des Wortes Kybernetik) bezeichnet die Aufgaben eines Steuermannes, also die eines Leiters, Lotsen oder Lenkers. Der Steuermann besaß im Altertum eine höhere Stellung als heute, denn er war Kapitän und Steuermann zugleich. Die Schiffsbesatzung war ihm verantwortlich und er selbst musste sich dem Schiffseigentümer gegenüber verantworten. In der profanen griechischen Literatur wurde das Wort *kybernesis* im übertragenen Sinn für die Aufgabe und Befähigung zu regieren verwandt. *Kybernesis* bedeutet so viel wie »die Richtung erkennen« und »ein Schiff in die richtige Richtung lenken«. Siegfried Großmann hat durchaus Recht, wenn er in diesem Zusammenhang von dem »Charisma der prophetischen Leitung«[3] spricht: »Wie der Steuermann auf See muss das Charisma der prophetischen Leitung verschiedene Informationen miteinander verknüpfen und sie mit ›Kompass‹ und ›Karte‹ vergleichen. In der Bibel haben wir eine sehr genaue ›Karte‹, denn Gott offenbart uns in ihr seinen grundlegenden Willen. Und wie der Kompass auf den magnetischen Nordpol zeigt, weist uns der Geist Gottes immer auf Jesus Christus hin. Trotzdem bleibt es eine schwierige Aufgabe, zusammen mit einem Kreis von Menschen den richtigen Weg zu finden.«[4]

Paulus hat den Begriff *kybernesis* nur ein einziges Mal verwandt. Aus diesem Grunde ist anzunehmen, dass es sich bei dem kybernetischen Dienst um eine Leitungsfunktion handelt, die noch nicht im Sinne eines festen Amtes zu verstehen war. Ähnliches gilt, wenn der Apostel Paulus von der Gabe des »Vorstehens« spricht. Er mahnt in Röm 12,8, es sei der, »der vorsteht, mit Fleiß«. Der hier verwandte griechische Ausdruck *prohistamai* ist ein typischer Verwaltungsbegriff, der ursprünglich aus der Banksprache stammt. Er beschreibt die Verantwortung dafür, dass jeder gut versorgt wird. Großmann bezeichnet diese Gabe deshalb als »diakonische Leitung«.[5]

Paulus fordert in 1 Thess 5,12 dazu auf, die anzuerkennen, die der Gemeinde im Herrn vorstehen und die Gemeinde zurechtweisen. Aus dem Textzusammenhang sowie nach anderen Belegstellen (1 Tim 3,4f.12; 1 Tim 5,17; Röm 16,2; Tit 3,8) spricht vieles dafür, dass das Wort *prohistamai* sowohl eine »fürsorgende Autorität« als auch eine »autoritative Fürsorge« beschreibt.[6] Es geht also um eine Lenkungs- und Steuerungskompetenz sowie um das fürsorgliche Wahrnehmen von Autorität in der Gemeinde.

b) Der Dienst der Apostel

Neben diesen »arbeitenden Autoritäten«, wie Ulrich Brockhaus sie nennt[7], die zwar mit den Gaben der Leitung ausgerüstet sind, jedoch noch keine feste Dienstbezeichnung führen, kennt das Neue Testament auch eine ganze Reihe von Leitungsfunktionen, die bereits nahezu alle Elemente aufweisen, die das spätere kirchliche Amt auszeichnen: Dauer, Autorität, Titel, Legitimierung (Empfehlungsbriefe), Sonderstellung und auch Vergütung.

Der Dienst des Apostels wird oft im Zusammenhang mit den Diensten der Propheten und Lehrer erwähnt, so z.B. in 1 Kor 12,28. Zu den Aposteln zählt Paulus u.a. Kephas (Gal 1,18), Andronikus und Junias (Röm 16,7), Barnabas (Gal 2,1.9.13; 1 Kor 9,6), den Bruder Jesu, Jakobus (Gal 1,19), die Zwölf (vgl. 1 Kor 15,5; Gal 1) sowie sich selbst (Röm 1,1; 1 Kor 1,1; 9,1 u.a.). Doch der Kreis der Apostel dürfte noch größer gewesen sein, sonst hätte Paulus nicht von »allen Aposteln« (1 Kor 15,7) oder auch von den »anderen Aposteln« (1 Kor 9,5) gesprochen. Auch von den Gemeinden beauftragte Überbringer von Liebesgaben werden Apostel genannt (2 Kor 8,23; Phil 2,25).

Paulus begründet sein eigenes Apostelamt mit der Berufung und Beauftragung durch die Begegnung mit dem auferstandenen Christus (Gal 1,1; 1Kor 9,1; 15,7). Dieser Auftrag beinhaltete die Sendung zur Verkündigung des Evangeliums (Gal 2,7f) und auch das Leiden um Christi willen (1Kor 4,9; 2Kor 11,23-33). Was für das Apostelamt des Paulus gilt, trifft jedoch nicht notwendigerweise für die anderen Apostel seiner Zeit zu. Eine Beschränkung des Aposteldienstes auf die Augenzeugen des Auferstandenen wird in der gegenwärtigen theologischen Literatur in der Regel als Engführung verstanden. Vielmehr unterscheidet man zwischen einem geschlossenen »Erscheinungsapostolat«, das sich auf den begrenzten Kreis der Augenzeugen des Auferstandenen beschränkt, und einem eher offenen »Sendungsapostolat«. Auch die Redeweise von den Aposteln der ersten Generation und dem Aposteldienst folgender Generationen hat sich als hilfreich erwiesen.

Der Apostel wird von den drei Leitungsdiensten »Apostel, Lehrer und Prophet« immer zuerst genannt – was auch ein Hinweis darauf sein mag, welche herausragende Stellung er einnimmt. Merkmal eines Apostels ist, dass sein Leben und Dienst aufs Engste mit dem Leben und Dienst Jesu Christi verbunden sind. Er weiß sich von Gott berufen, Gemeinde zu gründen und zu bauen, und sein Dienst ist überregional, wobei eine lokale Anbindung aber durchaus möglich ist. Der Apostel, dessen Dienst sehr umfassend ist, da er sowohl Leitungs- als auch Lehrdienste beinhaltet, entwickelt nicht nur eine Sicht für eine konkrete Ortsgemeinde, sondern für eine größere Region oder für eine ganze Denomination oder Gruppierung im Reich Gottes. Zum apostolischen Dienst gehört außerdem die Begleitung und Einsetzung von leitenden Mitarbeitern in unterschiedlichen Gemeinden.

Der in der Apostelgeschichte beschriebene herausragende Dienst von Petrus und Paulus – Vertretern der ersten Apostelgeneration – ist sicherlich nicht ohne weiteres auf einen apostolischen Dienst in der heutigen Zeit übertragbar. So ist auch verständlich, dass die Bezeichnung »Apostel« nur sehr zurückhaltend benutzt wird. Wenn vom apostolischen Dienst gesprochen wird, dann in der Regel im Zusammenhang mit einer überregionalen Aufgabe, die über die Grenzen der eigenen Gemeinde und Denomination hinaus Beachtung findet.

c) Der Dienst der Propheten

Einen ähnlich umfassenden und anerkannten Dienst taten in frühchristlicher Zeit die Propheten. Paulus geht von der Existenz dieser Leitungsfunktion in Korinth (1 Kor 14), Ephesus (Eph 4,11), Thessalonich (1 Thess 5,20) und Rom (Röm 12,6) aus. Für den palästinisch-syrischen Raum wird die Existenz urchristlicher Propheten von Matthäus (Mt 10,41) und Lukas (Apg 11,28; 13,1; 21,10) bezeugt, für Kleinasien von der Offenbarung des Johannes (Offb 11,18; 16,6; 18,20). Aus Apg 13,1ff wissen wir, dass Propheten Leitungsaufgaben in der Gemeinde wahrnahmen, dass diese aber – wie bei den Aposteln – immer im Zusammenhang mit anderen Leitungsfunktionen standen. Insofern unterscheidet sich das neutestamentliche Prophetenamt von dem alttestamentlichen. Dem Wesen nach sind alt- und neutestamentliche Prophetie allerdings vergleichbar.

Während das prophetische Wort im Alten Testament an die Person des Propheten gebunden war, gewinnt die Prophetie durch das neutestamentliche Charisma eine neue Dimension: Sie wird als Gabe vielen gegeben. Petrus weist auf diesen Tatbestand hin, indem er das Pfingstereignis in Bezug zur Verheißung des Propheten Joel setzt: »Dies ist es, was durch den Propheten Joel gesagt ist: Und es wird geschehen in den letzten Tagen, spricht Gott, dass ich von meinem Geist ausgießen werde auf alles Fleisch, und eure Söhne und eure Töchter werden weissagen, und eure jungen Männer werden Gesichte sehen, und eure Ältesten werden Traumgesichte haben; und sogar auf meine Knechte und auf meine Mägde werde ich in jenen Tagen von meinem Geist ausgießen, und sie werden weissagen.« (Apg 2,16-18)

Mit dem Pfingstereignis wird deutlich, dass prophetisches Wahrnehmen und Verkündigen nunmehr zum Alltag der Gemeinde Jesu gehören soll. Einmal wünscht sich der Apostel Paulus sogar, alle Gemeindemitglieder mögen doch prophezeien (1 Kor 14,5). Er stuft also den Nutzen prophetischer Rede für den Gemeindeaufbau hoch ein, weiß jedoch auch um ihre Gefahren. In der Gemeinde von Korinth war die prophetische Rede offensichtlich so stark verbreitet, dass Paulus diesbezüglich klare Regeln für die Gottesdienstpraxis geben musste. So sollten alle prophetisch Begabten zu Wort kommen können, jedoch nacheinander. Ebenso sollte die gehörte Prophetie von der Gemeinde geprüft werden, bevor sie als Gottes Reden angenommen wurde (vgl. 1 Kor 14,29-33). Das Klima, in dem Prophetien weitergegeben wurden, sollte durch Frieden und gegenseitiges Zuvorkommen geprägt sein, und die Prophetien selbst sollten dem Zweck der Auferbauung, Belehrung und Tröstung in der Gemeinde dienen. Auch die evangelistische Funktion der aufdeckenden Prophetie wird von Paulus herausgestellt (1 Kor 14,24), wobei das ekstatische Element der Prophetie stark in den Hintergrund tritt, denn der prophetisch Redende ist durchaus Herr seiner Sinne: »Die Geister der Propheten sind den Propheten untertan« (1 Kor 14,32).

Wenn im Neuen Testament vom Dienst der Propheten gesprochen wird, handelt es sich hierbei um eine dauerhafte Ausübung prophetischer Gaben im Gemeinde- und Missionsalltag. Im Gegensatz zu den Aposteln waren die Propheten der frühchristlichen Zeit stärker ortsgebunden. Wohl bezeugen spätchristliche Schriften das Phänomen der Wanderpropheten, doch H. Greeven weist mit Recht darauf hin, dass das Wandern von Ort zu Ort kein typisches Merkmal der bei Paulus erwähnten Propheten war.[8]

Unter den von Paulus in 1 Kor 12 und Röm 12 aufgezählten Charismen ist eine Reihe von Gnadengaben, die zu einem prophetischen Leitungsdienst gehören können. So gehören zum Umfeld prophetischen Dienstes die Gaben der Offenbarung, des Wortes der Erkenntnis, der Interpretation von Sprachen oder auch der Unterscheidung von Geistern. Die Ausprägung dieser einzelnen Gaben fiel je nach

Situation und Begabung der Propheten unterschiedlich aus. Es geht jedoch bei dem Dienst der Propheten immer um die Wahrnehmung göttlicher Weisungen oder um die prophetische Deutung von Ereignissen in der Zukunft, der Gegenwart oder der Vergangenheit.

d) Der Dienst der Lehrer

Eine ähnlich hohe Bedeutung wie der Prophetie kommt im Neuen Testament der Lehre zu. Jesus selbst verstand sich als Lehrer und wurde auch von seiner Umwelt in der rabbinischen Tradition so gesehen (Mt 23,10; Joh 3,2). Er lehrte nicht wie die Schriftgelehrten, die zwar reich an Wissen waren und alle Gesetze interpretieren konnten, die aber nur ein theoretisches Lehrgebäude errichtet hatten. Seine Lehre geschah mit Vollmacht (Mk 1,22) und er vermittelte seinen Zuhörern vielmehr einen neuen, glaubwürdigen und lebensnahen Zugang. Es entsprach einem Rabbi (jüdischen Lehrer) sich seine Schüler (Jünger) auszusuchen und mit ihnen nicht nur das Wissen, sondern auch das Leben zu teilen.

In dieser personalen Beziehung liegt sicher eines der Wesensmerkmale neutestamentlich begründeter Lehre. Es geht letztlich um die Vertiefung der Beziehung zu dem einen Lehrer, zu Christus selber. In Röm 12,7 sagt Paulus: »Wer zum Lehren berufen ist, der lehre ...« Das griechische Wort für Lehre, *didaskalia*, bedeutet so viel wie »unterweisen«, »einweisen« oder auch »belehren«. Die Fähigkeit zur »rechten und gesunden Lehre« (1Tim 1,10; 2Tim 4,3; Tit 1,9; 2,1), d.h. die Fähigkeit, wie Jesus selbst zu lehren, ist ein Geschenk des Heiligen Geistes, das C. P. Wagner wie folgt definiert: »Die Gabe des Lehrens ist eine besondere Fähigkeit, die Gott einigen Gliedern am Leib Christi gibt. Sie befähigt, Dinge, die für die Gesundheit und das Wachstum der Gemeinde relevant sind, in einer Weise zu vermitteln, dass andere lernen.«[9]

Die Lehrer im Neuen Testament bleiben als Personengruppe in

ihrem Erscheinungsbild eher unscharf. Paulus versteht sich selbst nicht nur als Apostel, sondern auch als Lehrer (2Tim 1,11). Zwar spricht er häufig von der Lehre (vgl. 1Kor 14,26; Gal 1,12; Kol 2,7; Röm 6,17 u.a.), doch eine konkrete Lehrperson unter Verwendung des in der griechischen Sprache üblichen Begriffs *didaskalos* wird nicht erwähnt. Lediglich Röm 12,7, Eph 4,11 und Gal 6,6 beziehen sich auf bestimmte lehrende und unterrichtende Personen.

Auffällig ist, dass der in Gal 6,6 erwähnte Lehrer (*katachon*) für seine Dienste auch eine Vergütung empfangen soll: »Wer aber im Wort unterwiesen wird, gebe aber dem Unterweisenden an allen Gütern Anteil!« Paulus erkennt hiermit eine feste, dauernde Lehrerfunktion in den christlichen Gemeinden an und befürwortet die materielle Unterstützung eines solchen Lehrers. Die kirchliche Tradition hat den Dienst des vollzeitlichen und auch bezahlten Lehrers schon früh aufgenommen, und viele Pastoren verstehen sich auch primär als Lehrer der Gemeinde.

e) Der Dienst des Hirten

Es ist bereits deutlich geworden, dass sowohl im Alten Testament als auch in den Evangelientexten Jahwe bzw. Jesus als der »Hirte« vorgestellt wird, wenn es um die fürsorgende und bewahrende Leitung und Führung des Menschen geht. Dieses Bild war jedoch in den frühchristlichen Gemeinden nicht im Sinne einer festen Gemeindefunktion verankert. Lediglich in Eph 4,11-13 werden die Hirten explizit als Leitungspersonen angesprochen: »Und er hat die einen als Apostel gegeben und andere als Propheten, andere als Evangelisten, andere als Hirten und Lehrer, zur Ausrüstung der Heiligen für das Werk des Dienstes, für die Erbauung des Leibes Christi, bis wir alle hingelangen zur Einheit des Glaubens und der Erkenntnis des Sohnes Gottes, zur vollen Mannesreife, zum Vollmaß des Wuchses der Fülle Christi.«

Die Bildrede vom Hirten schlägt sich aber auch in anderen neutestamentlichen Anweisungen an Leiter der Gemeinde nieder. So mahnt Petrus: »Hütet die Herde Gottes, die bei euch ist, nicht aus Zwang, sondern freiwillig, Gott gemäß, auch nicht aus schändlicher Gewinnsucht, sondern bereitwillig, nicht als die, die über ihren Bereich herrschen, sondern indem ihr Vorbilder der Herde werdet! Und wenn der Oberhirte offenbar geworden ist, so werdet ihr den unverwelklichen Siegeskranz der Herrlichkeit empfangen.« (1Petr 5,2-4).

Im Judentum war das Bild vom Hirten gebräuchlich für die Beschreibung göttlicher Fürsorge und Leitung. Da der Hirte dem Bedrängten und Unterdrückten Recht und Heil verschaffte (vgl. z.B. Jer 23,1ff; Hes 34,2; Sach 10,3), bürgerte sich das Bild auch für Fürsten, Könige und Leiter des Volkes ein.

Auch in der antiken hellenistischen Welt wurde die Vorstellung vom Hirten im übertragenen Sinn verwandt. In der Literatur können Hirten zugleich die Funktion von Lehrern haben. So vergleicht Himerius (Orpheus) in seiner Begrüßung der neu angekommenen Hörer und Schüler die Lehrer mit Hirten und die Zöglinge mit einer Herde, die zu weiden ist, und auch die Stifter kultureller religiöser Vereinigungen wurden im Hellenismus als *poimen* (Hirte, Beschützer) bezeichnet.[10]

Die enge Verbindung zwischen Hirten- und Lehrdienst wird auch in der Zusammenstellung der Dienste in Eph 4,11 angedeutet. Durch den gemeinsamen Artikel sind die »Hirten« mit den Lehrern zusammengeschlossen, woraus aber noch nicht unbedingt die Identität der beiden folgt. Praktisch lagen die Funktionen der Hirten und Lehrer jedoch wohl häufig dicht beieinander, denn bei beiden Ämtern ging es zentral um die »Versorgung« mit guter Lehre.

Dementsprechend wäre es nicht richtig, das Hirtenamt vorrangig als diakonischen Dienst im Sinne von Barmherzigkeitsdiensten zu sehen. Eher könnte sich der Dienst der Hirten im heutigen Verständnis der Seelsorge wiederfinden, denn der Hirte richtet seine Fürsorge und auch seine fürsorgende Lehre nicht an die Allgemeinheit und verfasst keine dogmatischen Schriften – wie es ein Lehrer tun könnte –, sondern er hat immer das konkrete Gegenüber in seiner »Herde«. Daraus ergibt sich auch, dass der Hirtendienst in der Regel als ein ortsgebundener Dienst verstanden wird (vgl. auch Apg 20,28; 1Kor 9,7). Im Laufe der Kirchengeschichte setzte sich der lateinische Begriff für den Hirtendienst, *pastor*, als Berufsbezeichnung für hauptamtliche Leiter durch, da er zentrale Aufgaben in sich vereint.

f) Der Dienst der Evangelisten

Ein weiterer besonderer Leitungsdienst ist in der Funktion des Evangelisten (*euangelistos*) gegeben. Die Evangelisten haben die vorrangige Aufgabe, die gute Nachricht von Jesus Christus und dem angebrochenen Reich Gottes an Nichtchristen weiterzugeben und sie zur Christusnachfolge einzuladen.

Der Begriff *euangelistos* kommt im Neuen Testament nur dreimal vor. In Apg 21,8 wird Philippus als Evangelist bezeichnet. Obwohl er ausdrücklich als Diakon (Apg 6,5) gewählt wurde, hat sich in seinem Dienst die evangelistische Tätigkeit durchgesetzt, und er wurde bekannt durch seine Evangelisationstätigkeit in Samaria und seine Begegnung mit dem Kämmerer aus Äthiopien (Apg 8). Um immer wieder neue Menschen mit dem Evangelium bekannt zu machen, war Philippus beständig unterwegs:»Philippus aber fand man in Aschdod; und er zog hindurch und verkündigte das Evangelium allen Städten, bis er nach Cäsarea kam« (Apg 8,40). Erst in Cäsarea ließ sich der Evangelist offensichtlich nieder, um auch in einer Ortsgemeinde verwurzelt zu sein.

Ähnlich stellt sich die Biographie von Timotheus dar, der in 2Tim 4,5 von Paulus aufgefordert wird: »Tu das Werk eines Evangelisten, vollbringe deinen Dienst!« Timotheus wurde bereits als junger Mann von Paulus in die Mitarbeit gerufen. Er begleitete den Apostel auf seinen Missionsreisen durch Kleinasien und wurde mit wichtigen Aufträgen betraut. In sechs Briefen des Paulus wird er als Mitabsender genannt, und auch die Gefangenschaft des Apostels in Rom teilte er. Schließlich lebte er, wie aus den Pastoralbriefen hervorgeht, in Ephesus, wo er eine leitende Stellung in der Gemeinde einnahm und sich gegen Irrlehren wandte. Sicher war Timotheus nicht der Einzige, der im kleinasiatischen Raum als Evangelist tätig war. Der Epheserbrief, der sich wohl an mehrere Gemeinden im kleinasiatischen Raum richtete, spricht ausdrücklich in der Pluralform von »Evangelisten«, welche die Heiligen für das Werk des Dienstes ausrüsten sollen.

In den evangelikalen Kirchen und Gemeinden Deutschlands wird bis heute der Dienst der Evangelisten geschätzt. Dabei handelt es sich überwiegend um überregional tätige Männer und Frauen, die in gesonderten Evangelisationen die Ortsgemeinden in ihrer evangelistischen Tätigkeit unterstützen. In baptistischen Gemeinden sind in der Zeit nach dem Zweiten Weltkrieg besonders die so genannten Zeltevangelisten bekannt geworden. Weniger ausgeprägt ist das Bewusstsein dafür, dass auch in einzelnen Ortsgemeinden Evangelisten ihren Dienst wahrnehmen können.

g) Der Dienst der Ältesten

Mehrfach finden wir im Neuen Testament den Leitungsdienst des Ältesten erwähnt. So werden z.B. in der Adresse des Philipperbriefes Älteste und Diakone erwähnt: »Paulus und Timotheus, Knechte Christi Jesu, allen Heiligen in Christus Jesus, die in Philippi sind, samt den Aufsehern und Dienern: Gnade euch und Frieden von Gott, unserem Vater, und dem Herrn Jesus Christus!« (Phil 1,1-2)

Die hier von Paulus verwandte Bezeichnung *episkopoi* (Aufseher) wurde vorwiegend in den kleinasiatischen Gemeinden gebraucht, während der gleiche Dienst in judenchristlichen Gemeinden mit dem Begriff *presbyteros* (Vorsteher) bezeichnet wurde. Über den Ursprung und die Aufgaben dieser Leiter gehen die Meinungen auseinander.

Der Titel *episkopos* wird meist von den gleichnamigen Funktionsträgern griechischer Kultvereine und Kommunalverwaltungen abgeleitet. Auch für volkstümliche Philosophen und Straßenprediger wurde der Begriff verwandt.

Andererseits gibt es aber auch eine Parallele zum Vorsteherdienst in der jüdischen Synagogenverfassung oder auch zum Opferaufseher des zweiten jüdischen Tempels.[11] Die Nähe zur Synagogenverfassung wird deutlich durch die Gleichsetzung des Aufseherdienstes *(episkopos)* mit dem des »Ältesten«. Dem »Ältesten« kam die Leitung der Synagogengemeinde zu und die Verantwortung für den Synagogengottesdienst. Der Ältestenbegriff ist dabei mehr auf die Würde der Person als auf ihre Funktion ausgerichtet. In 1 Tim 3 sowie Tit 1 benennt Paulus die wichtigsten charakterlichen und sonstigen Eigenschaften für den Leitungsdienst der Ältesten (vgl. auch 1 Petr 5,1-4).

Je nachdem, ob man den Ursprung des Ältestenamtes eher in der griechischen oder jüdischen Tradition vermutet, wird der Aufgabenbereich der Ältesten mehr in der Verwaltung oder eher im Gottesdienst angesiedelt. Der Dienst beinhaltet jedoch sowohl administrative Aufgaben (wie die Verwaltung der Gaben für die sozial Schwachen) als auch Verkündigungs- und gottesdienstliche Aufgaben (z.B. Predigt, Herrenmahl). Der Dienst der Ältesten war somit ein umfassender, auf die jeweilige Ortsgemeinde bezogener Leitungsdienst. Die Ältesten nahmen Hirtenaufgaben wahr (Apg 20,28) und sollten der Gemeinde als Vorbilder dienen (1 Petr 5,1f). Sie waren außerdem Verkündiger des Wortes Gottes (Hebr 13,7) und genossen hohe Anerkennung in den Gemeinden. So wird Timotheus angehalten, dass einer Klage gegen einen Ältesten erst nach zwei bis drei Zeugen nachgegangen werden soll (1 Tim 5,19-20), und einen Ältesten, der einer Gemeinde gut vorsteht, soll man besonders ehren (V. 17). Die Kirche hat das Ältesten- bzw. Presbyteramt in ihre Tradition aufgenommen und bis heute beibehalten – ebenso den Dienst der Diakone.

h) Der Dienst der Diakone

Älteste und Diakone (vom griechischen *diakonos*, d.h. Diener) werden im Neuen Testament zumeist gemeinsam erwähnt. Wenn auch die Aufgabenverteilung unterschiedlich war, so wurden doch an Älteste und Diakone die gleichen hohen geistlichen Anforderungen gestellt: Sie sollten ehrbar sein, nüchtern, keine Säufer, nicht geldgierig und ihrem eigenen Hausstand gut vorstehen (vgl. die Auflistungen in 1Tim 3,1-7 bzw. 1Tim 3,8-13). Auch die Diakone in Apg 6,1-6, denen die Versorgung der griechischen Witwen in der Gemeinde in Jerusalem anvertraut worden war, mussten nach dem Bericht des Lukas Männer sein, »die einen guten Ruf haben und voll Heiligen Geistes und Weisheit sind« (Apg 6,3).

Wichtig für das Verständnis von *diakonos* ist die Unterscheidung zum Begriff *doulos* (Knecht, Sklave). Während *doulos* die absolute Bindung des Knechtes an seinen Herrn betont, liegt der Akzent beim *diakonos* vorwiegend auf dem fürsorgenden, sich aufopfernden Dienst für seinen Herrn. Immer ist der Diakon ein von Christus Berufener, der mit seinem Dienst die Diakonie Christi fortsetzt. So sieht sich Paulus als einen Diakon des Evangeliums (Eph 3,7; Kol 1,23), und auch verschiedene Begleiter des Apostels, die mit ihm in der Verkündigung stehen, werden von ihm als Diakone bezeichnet (Eph 6,21; Kol 1,7; 4,7; 1Thess 3,2).

Hier wird deutlich, dass sich der Diakonendienst keineswegs auf Pflege- und Versorgungsdienste beschränkt, sondern durchaus auch als Verkündigungsdienst gefüllt wird, und so überrascht es nicht, dass die sieben Männer, die in Apg 6,1-5 zum diakonischen Dienst für die Armenfürsorge in der Gemeinde eingesetzt wurden, später auch im evangelistischen Dienst zu finden sind (vgl. Stephanus Apg 6,8-10; Philippus Apg 21,8).

Immer handelt es sich bei den Diensten der Diakone um gezielte und begrenzte Aufgaben. Sie nehmen, anders als die Ältesten, nicht die Gesamtverantwortung für die Gemeinde wahr, sondern konzentrieren ihre Tätigkeit auf einen bestimmten Teilbereich. Während ursprünglich die unterschiedlichsten Funktionen der Gemeinde auch als Dienste bezeichnet wurden (1Kor 12,5) und somit auch die verschiedenen Leitungsfunktionen diakonischen Charakter hatten, verengte sich später der Begriff immer mehr auf eine Funktionsbezeichnung für einen bestimmten Teilbereich gemeindlichen Lebens.

i) Zusammenfassung

Die aufgeführten Leitungsfunktionen in der Gemeinde, wie wir sie im Zeugnis des Neuen Testaments aufspüren können, weisen eine gewisse Unschärfe in ihren Abgrenzungen auf. Älteste nehmen Hirtenfunktionen wahr, Hirten und Lehrer versorgen die Gemeinde mit guter Verkündigung, Apostel werden auch als Propheten bezeichnet. Dennoch ist festzuhalten, dass es dauernde, anerkannte und zum Teil vergütete Leitungsdienste mit festen Funktionsträgern von Anfang an gab. Ganz sicher wurden die Leitungsdienste auch in den verschiedenen Regionen der frühen Gemeinde unterschiedlich benannt und wahrgenommen. Die Gemeinde in Jerusalem mit einer Vielzahl von Aposteln war gewiss anders strukturiert als etwa die Gemeinde in Ephesus oder in Korinth.

Das Neue Testament liefert uns also nicht ein Modell, das als Grundmuster für die Wahrnehmung von Leitungsaufgaben dienen könnte. Dementsprechend ist auch das, was z.B. Paulus in seinen Briefen über das Wahrnehmen von Leitungsdiensten schreibt, nicht als Idealbild einer paulinischen Gemeindeverfassung zu deuten, sondern als eine seelsorgerliche Beratung. Der Neutestamentler Leonhard Goppelt spricht in diesem Zusammenhang von einem »Durchgangsstadium paulinischer Gemeindeverfassung«.[12]

Die Besinnung auf das biblische Zeugnis weist jedoch einige allgemein gültige Grundsätze auf, die für das Wahrnehmen von Leitungsaufgaben in der heutigen Gemeinde beachtet werden sollten:

1. Wenngleich die eigentliche Berufung zum Leitungsdienst immer vom Herrn der Gemeinde, von Jesus Christus, selbst ausgeht, so wird eine derartige Berufung doch auch von der Gemeinde angenommen und bestätigt. Es gibt im Neuen Testament keine selbst ernannten Leiter oder Führer. Eine Berufung wird in der Regel durch eine Einsetzung bzw. Segnung für den Leitungsdienst bestätigt und gefördert. Demokratische Abstimmungsverfahren bzw. schriftliche Wahlen, wie sie in den meisten freikirchlichen Gemeinden – und auch in den Landeskirchen, z.B. bei der Berufung von Presbytern – heute stattfinden, waren in den Gemeinden zur Zeit des Neuen Testaments nicht üblich. Die neutestamentlichen Schriften zeigen allerdings klare Berufungsvoraussetzungen für Leitungsdienste auf (z.B. für die Wahl von Diakonen und Ältesten).

2. Die Leitungsdienste sind immer auch eingegliedert in eine Vielzahl unterschiedlichster Funktionen und Dienste in der Gemeinde. So bettet Paulus die leitenden Dienste von Aposteln, Propheten und Lehrern in seine Lehre über die Charismen ein. Außerdem ist festzuhalten, dass Älteste (*episkopoi* und *presbyteroi*) immer im Plural benannt werden. Auch die Zusammenstellung des fünffachen Dienstes in Eph 4,11f weist darauf hin, dass Leitung im Neuen Testament als Teamleitung verstanden wurde. Der einsame, von der Gemeinde abgehobene Leiter ist den Gemeinden des Neuen Testamentes fremd.

3. Die Bezeichnung für die Leitungsdienste zeigt eine gewisse Flexibilität auf. Dabei greift die frühchristliche Gemeinde sowohl auf säkulare als auch auf jüdisch-traditionelle Funktionsbezeichnungen zurück. Offensichtlich ist die Bezeichnung zweitrangig gegenüber der zu erfüllenden Aufgabe.

4. Der Umfang einzelner Leitungsdienste kann unterschiedlich ausfallen. So kennt das Neue Testament zum einen überregionale Leitung etwa in Form des apostolischen und evangelistischen Dienstes, zum anderen werden ortsbezogene Aufgaben von Ältesten und Diakonen wahrgenommen. Während den Ältesten mehr die Gesamtverantwortung in der Ortsgemeinde zukommt, können die Diakone ihre Lei-

tungsdienste auf Teilbereiche des gemeindlichen Lebens konzentrieren.

5. Die Inhalte der Leitungsaufgaben können auch bei ein und demselben Funktionsträger variieren, so wie es bei Philippus und Stephanus war. Eine lebenslange Festlegung für eine bestimmte Leitungsaufgabe wird im Neuen Testament nicht erwähnt. Der Ältesten- und Diakonendienst war auf eine bestimmte Ortsgemeinde bezogen und galt
nicht automatisch in allen anderen Ortsgemeinden.

II. Die Persönlichkeit des Leiters

1. Gottes Erwählung und das Streben nach Verantwortung

Die Geschichte Israels und die der Gemeinde Jesu bestätigen, dass Gott seine Führung und Leitung ausübt, indem er einzelne Menschen beauftragt und damit ein ungeheures Vertrauen in seine Geschöpfe zum Ausdruck bringt. Die Bibel berichtet zum Teil ausführlich von den Berufungserlebnissen der Leiter, die sich in den meisten Fällen als unfähig und unwürdig ansehen. Ein Mose schaut auf seine mangelnde Kommunikationskompetenz, ein Jeremia auf seine Jugend, ein Jesaja auf seine Unwürdigkeit und ein Paulus hält sich gar für den größten aller Sünder.

Dass Autorität und die Gaben der Leitung nicht allein aufgrund natürlicher Begabung erklärt werden können, wird beispielhaft im Leben von Franz von Assisi deutlich. O. Sanders berichtet von folgender Begebenheit:

»Sein Mitbruder Masseo richtete einmal den Blick auf Franziskus und sagte: ›Warum dich? Warum dich?‹ Er wiederholte es wieder und wieder, als wollte er ihn verspotten.

›Was willst du damit sagen?‹, rief Franziskus schließlich.

›Ich sage, dass jeder dir folgt, jeder möchte dich sehen, dich hören, dir gehorchen und doch – du bist weder schön noch gelehrt und auch nicht aus edler Familie. Woher kommt es, dass gerade du es bist, dem die Welt folgen möchte?‹

Als Franziskus diese Worte hörte, wurde er von Freude erfüllt, hob seine Augen zum Himmel, und nachdem er eine lange Zeit im Sinnen versunken geblieben war, kniete er nieder und pries und lobte Gott mit außerordentlicher Leidenschaft. Dann wandte er sich zu Bruder Masseo: ›Möchtest du es wissen? Es ist, weil die Augen des Höchsten es so gewollt haben. Er beobachtet ständig die Guten und die Gottlosen, und da seine allerheiligsten Augen unter Sündern keinen geringeren Mann gefunden haben, auch keinen ungenügenderen und sündigeren, deshalb hat er mich gewählt, das wunderbare Werk durchzuführen, das Gott auf sich genommen hat. Er wählte mich, weil er keinen Unwürdigeren finden konnte, und er wollte die Vornehmheit und Erhabenheit, die Kraft und Schönheit und die Weisheit dieser Welt zunichte machen.‹«[13]

Trotz oder vielleicht auch wegen dieses grundsätzlichen Gefühls von Unwürdigkeit legt Gott seinen Finger auf die Berufenen und sieht ihre Herzenshaltung an. Dieses Auswahlkriterium wird deutlich in der Berufung des David zum König. Nachdem die Söhne Isais nach menschlichen Maßstäben alle Kriterien für einen Königsdienst gehabt hätten, fällt die Wahl doch auf den Hirtenjungen David, denn »der Herr sieht nicht auf das, worauf der Mensch sieht. Denn der Mensch sieht auf das, was vor Augen ist, aber der Herr sieht auf das Herz« (1Sam 16,7). Damit ist die innere Beziehung eines Menschen zu Gott angesprochen. Letztendlich zeigte sich, dass David auch viele der äußeren Voraussetzungen für einen geistlichen und königlichen Leiter aufwies, allerdings werden auch seine offensichtlichen Schwächen in der Bibel nicht verschwiegen.

Die Berufung, die Auswahl durch Gott selbst, ist dann auch das entscheidende Merkmal für Menschen, die mit der Leitung und Führung im Reich Gottes beauftragt sind. Wie stark betont doch Paulus seine göttliche Sendung, wenn er sich als Apostel bezeichnet, der nicht von Menschen beauftragt und eingesetzt wurde, sondern von Jesus Christus – und damit durch Gott, den Vater, selbst (Gal 1,1). Seine Leiter und Führer, seine Botschafter und Prediger zu berufen, hat sich der dreieine Gott selbst vorbehalten. Wer ohne eine solche göttliche Berufung im Leitungsdienst steht, der muss die Anklage Gottes hören, die einst der Prophet Jeremia an die selbst ernannten Propheten weitergab: »Ich habe die Propheten nicht gesandt, und doch sind sie gelaufen. Ich habe nicht zu ihnen geredet, und doch haben sie geweissagt. Hätten sie aber in meinem Rat gestanden, dann würden sie mein Volk meine Worte hören lassen und es abbringen von seinem bösen Weg und von der Bosheit seiner Taten.« (Jer 23,21-22)

Auf welche Weise Gott seinen Ruf ergehen lässt, kann angesichts der Vielfalt seiner Wege nicht festgelegt werden. Auch auf die viel erörterte Frage, wie man seiner göttlichen Berufung gewiss wird, gibt es keine allgemein gültige Antwort. Wichtig ist, dass eine solche Berufung geschehen ist, da sie nicht automatisch durch die Wahl einer Gemeinde oder durch eine »Amtseinsetzung« erfolgt. Gott lässt sich von Menschen nicht vorschreiben, wen er sendet und wen er beruft. Vielmehr bleibt er souverän und beruft sich seine Leute nach seinem eigenen Ermessen, wo und wann er will.

Diese menschlich nicht zu begründende Auswahl verbietet jedoch nicht, sich nach einem Leitungsdienst auch auszustrecken. Paulus deutet an, dass es durchaus gut ist, wenn jemand gerne in einen leitenden Dienst berufen werden möchte: »Wenn jemand nach einem Aufseherdienst trachtet, so begehrt er ein schönes Werk.« (1 Tim 3,1)

Der Apostel ermutigt hier zu einem Streben, das viele Christen eher mit Misstrauen beobachten. J. Oswald Sanders erläutert diese Skepsis in seinem Buch *Verantwortung – Leitung – Dienst* wie folgt: »Wir sind immer noch geneigt, das geistliche Amt im Licht der Ehre und des Prestiges zu sehen, die es jahrhundertelang im so genannten christlichen Abendland genossen hat. Als Paulus seinen Brief an Timotheus schrieb, hatte der Gemeindeleiter nichts dergleichen zu erwarten. Im Gegenteil: Mit der Verantwortung waren auch große Gefahren verbunden. In Zeiten der Verfolgung war der Gemeindeleiter der Erste, der litt. Unannehmlichkeiten, Verachtung und Ablehnung waren an der Tagesordnung. Wer das weiß, läuft nicht Gefahr, die Worte des Paulus falsch zu verstehen. Ein solches Amt war für Streber und Wichtigtuer wenig attraktiv, und diejenigen, die sich voll für die Gemeinde einsetzten, liefen Gefahr zu resignieren. Da hielt es Paulus für notwendig, zum Dienst der Leitung anzuspornen und denen ein ermutigendes Wort zu sagen, die bereit waren, das Wagnis auf sich zu nehmen.«[14]

Entscheidend ist in diesem Zusammenhang die Motivation, die einen Menschen dazu führt, dass er nach Leitung und Verantwortung strebt. Jesus gab seinen ehrgeizigen Jüngern in dieser Hinsicht einen klaren Maßstab für Größe: »Ihr wisst, dass die, welche als Regenten der Nationen gelten, sie beherrschen und ihre Großen Gewalt gegen sie üben. So aber ist es nicht unter euch; sondern wer unter euch groß werden will, soll euer Diener sein, und wer von euch der Erste sein will, soll aller Sklave sein. Denn auch der Sohn des Menschen ist nicht gekommen, um bedient zu werden, sondern um zu dienen und sein Leben zu geben als Lösegeld für viele« (Mk 10,42-45). Die von Gott gewünschte Motivation lautet: Dienen. Ein Mensch, der mehr dienen möchte, der mehr dienende Verantwortung sucht, ist ein Mensch nach dem Herzen Gottes. Bei der Suche nach Leitern wird Gott auf diese Bereitschaft zum Dienen Wert legen.

Bei aller Betonung der unmittelbar durch Gott erfolgten Berufung (vgl. Apg 13,1-3; 20,28) weist das Neue Testament mit aller Klarheit aus, dass eine solche Berufung durch die Gemeinde und in der Gemeinde ihre Bestätigung finden muss. Vor der Einsetzung in einen Leitungsdienst werden zur Führung Berufene sich auch der Prüfung durch die Gemeinde stellen, denn sie sucht und erwartet bei ihren Leitern eine besondere Nähe zum Herrn der Gemeinde, zu Jesus Christus.

2. Grundvoraussetzungen für den geistlichen Dienst

a) Liebe

Es ist unbestritten, dass Liebe das Hauptkennzeichen der Christen sein soll. Jesus charakterisiert die Liebe als das Erkennungszeichen, wenn er betont: »Ein neues Gebot gebe ich euch, dass ihr einander liebt, damit, wie ich euch geliebt habe, auch ihr einander liebt. Daran werden alle erkennen, dass ihr meine Jünger seid, wenn ihr Liebe untereinander habt« (Joh 13,34-35). Es dürfte nicht verwundern, dass dieses Hauptmerkmal der Nachfolger Jesu Christi auch die Schlüsselqualität für einen Leitungsdienst im Reich Gottes darstellt.

Gott selbst offenbart sich als ein Gott der Liebe. Sie ist die Grundlage für jede Art von Führung, jede Art von Eingreifen in das Leben anderer. Liebe ist die Basis für alles Vertrauen und auch für die geistliche Autorität. Wenn ein Pastor seine Zuhörer nicht zutiefst mit den Augen der Liebe Christi sieht, wird er nichts bewegen. Strahlt ein Gemeindeleiter nicht die Liebe Christi aus, kann er andere Menschen nicht motivieren. In Anlehnung an Paulus' großartiges Kapitel über die Liebe (1Kor 13) müsste man sagen: Leiten ohne Liebe ist nichts!

Und doch verlieren Menschen in geistlichen Führungsaufgaben oft diese Liebe. Als Verantwortliche stehen sie dann in der Gefahr, aufgrund der vielen Anforderungen bitter oder berechnend zu werden. Man ist es schließlich leid, sich ständig mit den Nöten anderer auseinander setzen zu müssen, oder man wird gar in seinem Leitungsdienst angefeindet. Wer hier nicht von der Liebe Gottes ausgefüllt ist, bleibt schnell auf der Strecke.

Die Frage ist also, wie ein Leiter den Kreislauf der Liebe immer wieder neu erleben kann. Der Hauptimpuls geht dabei von Gott selber aus, der nicht müde wird, jeden Einzelnen mit seiner Liebe zu umgeben. So ist es wichtig, dass der Leiter sich selbst dieser Liebe Gottes täglich aussetzt. Gott zeigt seine Liebe auf vielfältige Weise: Er vergibt unsere Schuld und stärkt uns, wenn wir schwach sind. Er hilft gerne und er richtet die Zerschlagenen auf. Er heilt und befreit, er schenkt Zuversicht und Hoffnung und er versorgt uns mit allem, was wir brauchen. Er spricht zu uns und offenbart sich uns, und selbst in den tiefsten Krisen ist er uns nah.

Paulus weist auf die Vielfalt der Liebeszuwendungen hin: »Da wir nun gerechtfertigt worden sind aus Glauben, so haben wir Frieden mit Gott durch unseren Herrn Jesus Christus, durch den wir im Glauben

Zugang erhalten haben zu dieser Gnade, in der wir stehen, und rühmen uns aufgrund der Hoffnung der Herrlichkeit Gottes. Nicht allein aber das, sondern wir rühmen uns auch in den Bedrängnissen, da wir wissen, dass die Bedrängnis Ausharren bewirkt, das Ausharren aber Bewährung, die Bewährung aber Hoffnung, die Hoffnung aber lässt nicht zuschanden werden, denn die Liebe Gottes ist ausgegossen in unsere Herzen durch den Heiligen Geist, der uns gegeben worden ist« (Röm 5,1-5). Eben dieses Ausgießen der Liebe Gottes muss fortwährend geschehen.

Die Liebe Gottes ist es auch, die einem Christen in Leitungsverantwortung ein gesundes Maß an Eigenliebe schenkt. Er weiß sich geliebt und damit auch geschätzt von seinem Vater im Himmel. Dieses tiefe Wissen um das Angenommensein gibt einem Leiter die Souveränität, die notwendig ist, damit er seinen Wert nicht von Lob oder Tadel der Menschen abhängig macht. Die Liebe Gottes zielt aber auf Weitergabe. So ist die Nächstenliebe und die Liebe zu der Gemeinde und zu den Mitmenschen die Fortsetzung dieses Liebesflusses Gottes. Die Liebe Gottes motiviert geistliche Leiter zur Mission und Evangelisation, zur Diakonie und zur Seelsorge. Sie ist die wesentlichste Voraussetzung dafür, dass jemand einen geistlichen Leitungsdienst ausüben kann.

b) Leidenschaft

Ein geistlicher Leiter zeichnet sich dadurch aus, dass er ganz nah an Gottes Herzen ist. Er kennt die Leidenschaft, den Enthusiasmus, der mitschwingt, wenn Gott alles gibt, um den verloren gegangenen Menschen zu finden.

Diese Art von Leidenschaft wird z.B. deutlich in Jesu Gleichnissen vom Reich Gottes. Da ist der Hirte, der 99 Schafe sicher, aber unbeaufsichtigt zurücklässt und alles drangibt, um das eine verlorene zu finden und zu retten. Leidenschaft wagt auch etwas. Da, wo enthusiastische Menschen erfüllt sind von dem Reich-Gottes-Gedanken, werden sie ihr ganzes Leben daransetzen und nicht mit halbem Herzen dabei sein wollen. Immer wieder betont Jesus diesen ganzen Einsatz.

Zugegeben, manchmal kommen einem ähnliche Gedanken wie einst Petrus, der nach dem Nutzen einer so vollständigen Hingabe an die Sache Jesu fragt. Jesus antwortet ihm: »Jeder, der Häuser oder Brüder oder Schwestern oder Vater oder Mutter oder Kinder oder Äcker um meines Namens willen verlassen hat, wird hundertfach empfangen und ewiges Leben erben« (Mt 19,29). Der volle, leidenschaftliche Dienst für Jesus lohnt also auch.

Das bedeutet nicht, dass Leidenschaft nicht auch ihren Preis hat. Aufgrund der starken zeitlichen Belastungen entstehen manche Nachteile im familiären Bereich, aber es gibt auch Anfechtungen, die bis ins Körperliche gehen können. Paulus berichtet von Drohungen und Ängsten, von durchwachten Nächten, Schiffbrüchen und vielem mehr. Alle diese Leiden nahm er auf sich, weil die leidenschaftliche Liebe Gottes ihn dazu trieb. Der Hebräerbrief listet die vielen alttestamentlichen Zeugen auf, die bis zum Märtyrertod in der Leidenschaft Gottes gelebt und gewirkt haben (vgl. Hebr 11). Und im Alten Testament selbst wird von diesen Menschen berichtet, die im Dienst für Gott von solcher Leidenschaft getrieben wurden. Der Prophet Jeremia spürte körperlich Gottes tiefe Leidenschaft für sein Volk. Er erstickte fast an den Tränen, die er letztlich stellvertretend für Gott weinte (vgl. Jer 8,18-23; 13,17; 14,17).

Diese Leidenschaft ist es auch, die den Apostel Paulus in seinem Brief an die Korinther schreiben lässt: »Denn aus viel Bedrängnis und Herzensangst schrieb ich euch mit vielen Tränen, nicht damit ihr traurig gemacht würdet, sondern damit ihr die Liebe erkennen möchtet, die ich besonders zu euch habe« (2Kor 2,4). Leidenschaft ist also nicht etwa zu verwechseln mit einem oberflächlichen Enthusiasmus, sondern sie ist ein tiefes Verwurzeltsein in der Zuneigung Gottes zu seinen Kindern. Leidenschaft umfasst den ganzen Menschen, nicht nur seine Gefühle. Ein leidenschaftlicher Leiter wird in seiner Zeit-

und Krafteinteilung, in seinem Finanzgebaren oder auch in seiner Freizeitgestaltung immer auch die Perspektive des Reiches Gottes vor Augen haben. Er wird auch erfahren, dass Jesus in seinem verheißenden Wort Recht hat, wenn er sagt: »Trachtet aber zuerst nach dem Reich Gottes und nach seiner Gerechtigkeit! Und dies alles wird euch hinzugefügt werden.« (Mt 6,33)

c) Vision

Das Stichwort »Vision« hängt sehr eng mit der beschriebenen leidenschaftlichen Sicht für das Reich Gottes zusammen. Ein Leiter muss eine Schau dafür entwickeln, wozu die Gemeinde da ist und was die nächsten Schritte auf dem Weg sind. Das Wort »Vision« ist dabei umfassender zu verstehen und nicht beschränkt auf den visionären Empfang von prophetischen Impulsen. Im säkularen Management wird heute von Vision gesprochen, wenn die Leitidee oder die leitende Philosophie eines Unternehmens gemeint ist. Da, wo das Grundverständnis für die Absicht und den Sinn einer Unternehmung fehlt, entsteht Orientierungslosigkeit und Verwirrung.

Genau dieser Zusammenhang ist angesprochen, wenn es in der Bibel heißt: »Wenn keine Offenbarung (Vision) da ist, verwildert ein Volk; aber wohl ihm, wenn es das Gesetz beachtet« (Spr 29,18). Ein christlicher Leiter wird immer nach den in der Bibel offenbarten Grundwerten vorangehen und leiten, und er wird gleichzeitig offen bleiben für die Konkretisierungen des Heiligen Geistes für die jeweilige Ortsgemeinde. Paul Beasley-Murray spricht hier von »Makrovision« (die umfassende Hoffnungssicht für das Reich Gottes) und »Mikrovision« (die konkrete Sicht für eine bestimmte Situation vor Ort).[15]

Jemand, der in der Gemeinde führen will, sollte die Möglichkeiten und Absichten Gottes klar vor seinem inneren Auge haben. Er gehört zu der Sorte Menschen, die ähnlich wie ein George Bernard Shaw fragen: »Du siehst die Dinge, wie sie sind, und du fragst: ›Warum?‹ Ich aber träume von Dingen, die es niemals gab, und frage: ›Warum nicht?‹« In der geistlichen Leitung geht es allerdings nicht darum, dass alle unmöglichen Dinge erträumt werden, sondern dass auf der Grundlage des Wortes Gottes mit allen seinen Verheißungen Hoffnungsbilder der Zukunft entstehen. Es handelt sich um eine Glaubenssicht, die das Unsichtbare schaut (2Kor 4,18), ein »Überführtwerden von Dingen, die man nicht sieht« (Hebr 11,1). Der Leiter mit Vision bleibt nicht bei dem, was Menschen möglich ist, sondern weiß, dass alle Dinge möglich sind bei Gott. Dieses Denken und Planen von den Möglichkeiten Gottes her (*possibility thinking*) zeichnet einen geistlichen Leiter aus. Nur so wird er in der Lage sein, den Weg zu zeigen und den Kurs anzugeben, indem er vor anderen hergeht und die Richtung vorgibt.

3. Biblische Qualifikationen für den Leitungsdienst

Die Berufung zu einem Leitungsdienst durch den Heiligen Geist erfolgt souverän, d.h. nach göttlichen und somit von Menschen nicht immer nachvollziehbaren Kriterien. Für die Bestätigung der Gemeinde gibt das Neue Testament einige grundlegende Maßstäbe, die an die Qualifikation eines Leiters angelegt werden. In den folgenden neutestamentlichen Texten werden sie ausführlich genannt:

1Tim 3,2-13: »Der Aufseher nun muss untadelig sein, Mann einer Frau, nüchtern, besonnen, sittsam, gastfrei, lehrfähig, kein Trinker, kein Schläger, sondern milde, nicht streitsüchtig, nicht geldliebend, der dem eigenen Haus gut vorsteht und die Kinder mit aller Ehrbarkeit in Unterordnung hält – wenn aber jemand dem eigenen Haus nicht vorzustehen weiß, wie wird er für die Gemeinde Gottes sorgen? –, nicht ein Neubekehrter, damit er nicht, aufgebläht, dem Gericht des Teufels verfalle. Er muss aber auch ein gutes Zeugnis haben von denen, die draußen sind, damit er nicht in übles Gerede und in den Fallstrick des Teufels gerät.

Ebenso die Diener: ehrbar, nicht doppelzüngig, nicht vielem Wein ergeben, nicht schändlichem Gewinn nachgehend, die das Geheimnis des Glaubens in reinem Gewissen bewahren. Auch sie aber sollen zuerst erprobt werden, dann sollen sie dienen, wenn sie untadelig sind. Ebenso sollen die Frauen ehrbar sein, nicht verleumderisch, nüchtern, treu in allem. Die Diener seien jeweils Mann einer Frau und sollen den Kindern und den eigenen Häusern gut vorstehen, denn die, welche gut gedient haben, erwerben sich eine schöne Stufe und viel Freimütigkeit im Glauben, der in Christus Jesus ist.«

1Petr 5,1-7: »Die Ältesten unter euch nun ermahne ich, der Mitälteste und Zeuge der Leiden des Christus und auch Teilhaber der Herrlichkeit, die geoffenbart werden soll: Hütet die Herde Gottes, die bei euch ist, nicht aus Zwang, sondern freiwillig, Gott gemäß, auch nicht aus schändlicher Gewinnsucht, sondern bereitwillig, nicht als die, die über ihren Bereich herrschen, sondern indem ihr Vorbilder der Herde werdet! Und wenn der Oberhirte offenbar geworden ist, so werdet ihr den unverwelklichen Siegeskranz der Herrlichkeit empfangen. Ebenso ihr Jüngeren, ordnet euch den Ältesten unter! Alle aber umkleidet euch mit Demut im Umgang miteinander! Denn Gott widersteht den Hochmütigen, den Demütigen aber gibt er Gnade. Demütigt euch nun unter die mächtige Hand Gottes, damit er euch erhöhe zur rechten Zeit, indem ihr alle eure Sorge auf ihn werft! Denn er ist besorgt für euch!«

Neben diesen beiden grundlegenden Auflistungen finden sich in Tit 1,5-9 vergleichbare Aussagen des Paulus. Diese Passagen und dazu noch eine ganze Reihe Hinweise in der Bibel zeigen an, welche Voraussetzungen für einen Leitungsdienst gegeben sein sollten.

a) Die Begabung zur Leitung

Dass ein Leiter die Gabe zu leiten aufweisen sollte (1Kor 12,28; Röm 12,8), wird man als Selbstverständlichkeit betrachten. Es ist bereits erläutert worden, dass die Ausprägung dieser Leitungsbegabung durchaus unterschiedlichen Charakter haben kann (diakonische und prophetische Leitung). Denken wir an die Vielfalt unterschiedlichster Leitungsdienste im Neuen Testament, so setzen wir voraus, dass z.B. der Leitungsdienst eines Lehrers auch im Einklang mit seiner Begabung zur Lehre steht oder dass ein Prophet natürlich auch die Gaben der Prophetie und Offenbarung anvertraut bekommen hat.

Immer wieder geschieht es, dass Menschen, die Gott zu einem Leitungsdienst beauftragt oder/und die auch von der Gemeinde in einen Leitungsdienst gerufen werden, selber eine mangelnde Begabung bei sich sehen. Wohl mögen Gottes Berufungen auch bei den Begabungen eines Menschen ansetzen, sie können aber auch erst nach einer erfolgten Berufung freigesetzt werden. »Gott beruft nicht immer die Begabten, aber er begabt immer die Berufenen«, dieser Satz muss in diesem Zusammenhang in Erinnerung geführt werden. Diese Begabungen können auch durch Gebet (evtl. unter Handauflegung) für den Leitungsdienst erbeten werden.

b) Die Grundhaltung des Dienens

Immer wieder wird in der Bibel der Akzent auf diese Voraussetzung für einen Leitungsdienst gesetzt. Jesus selbst wird nicht müde, seinen Jüngern diesen Gedanken durch Worte und durch Beispiele einzuprägen. Wer die Gemeinde Jesu beherrschen will, ist nicht geeignet einen Leitungsdienst zu übernehmen. Dienen bedeutet dabei allerdings nicht, es jedermann recht zu machen. Es geht in erster Linie um einen Dienst Jesu, d.h. einen Dienst in seinem Namen, in seinem Auftrag und in seiner Autorität. Nur wer in der Leitungsverantwortung alles daransetzt, Jesus Christus selber zu dienen, der wird auch seiner Gemeinde dienen können. Menschendienerei jedoch, die sich oft sehr demütig gebärden kann, führt auf Dauer dazu, dass die Gemeinde nicht geistliche Frucht bringt, sondern zu einem beliebigen Verein verkommt. Der Dienst manches Pastors und Gemeindeleiters wird fruchtlos und unbrauchbar, wenn er ständig auf Anerkennung, Lob oder Tadel schielt. Ein Diener Jesu Christi, so sagt es auch Paulus, kann nicht zugleich Menschendiener sein (Gal 1,10).

c) Das Erfülltsein mit dem Heiligen Geist

Eines der Auswahlkriterien für die Einsetzung der Diakone in Apg 6 ist die Erfüllung mit dem Heiligen Geist: »So seht euch nun um, Brüder, nach sieben Männern unter euch, von gutem Zeugnis, voll Geist und Weisheit, die wir über diese Aufgabe setzen wollen« (Apg 6,3). Aber woran jedoch erkennt man, ob jemand mit dem Heiligen Geist erfüllt ist? Gilt diese Aufforderung zudem nicht allen Christen? Sollte nicht jeder wiedergeborene Christ mit dem Heiligen Geist erfüllt sein?

Die Diskussion um die Lehre der Geisterfüllung hat gerade in den letzten Jahren aufgrund charismatischer Erfahrungen in diesem Punkt manche Verunsicherung, aber auch manche Klärung hervorgebracht. Es geht hier nicht um eine von dem normalen geistlichen Erleben abgehobene, gesonderte geistliche Erfahrung, die geradezu als ein fest anzusetzender »zweiter Segen« bezeichnet werden könnte. Das Empfangen des Heiligen Geistes gehört unmittelbar zu der Grunderfahrung eines jeden Christen, ebenso wie Buße, Bekehrung und die Taufe mit Wasser (vgl. Apg 2,38).

Ohne das innere Zeugnis des Heiligen Geistes ist es nicht möglich, dass sich ein Mensch als Kind Gottes entwickelt. Dieser Geist befähigt die Christen zu einem kindlichen Verhältnis zu Gott (vgl. Röm 8,15-17), aber auch zum Zeugnis von Christus: »Ihr werdet Kraft empfangen, wenn der Heilige Geist auf euch gekommen ist; und ihr werdet meine Zeugen sein, sowohl in Jerusalem als auch in ganz Judäa und Samaria und bis an das Ende der Erde« (Apg 1,8). Jesus Christus mahnt seine Jünger geradezu, den weiterführenden Dienst nicht wahrzunehmen, ohne den Heiligen Geist empfangen zu haben.

In vielen Gemeinden wird dieser grundlegenden Erfahrung leider viel zu wenig Beachtung geschenkt, und oft fehlt es an klarer Lehre über den Heiligen Geist. So ist zwar das Erlebnis der Bekehrung und auch der Taufe markant, das bewusste Empfangen des Heiligen Geistes jedoch ist vielfach nicht gegeben. Das führt zur Verunsicherung. Deshalb ist es gut, wenn im Zusammenhang mit der Taufe unter Handauflegung um eine Zurüstung mit dem Heiligen Geist gebeten wird.

Der Heilige Geist ist es, der einen Christen auf seinem Weg der Nachfolge leitet und führt. Er spricht auch Berufungen aus (Apg 13,1-2) und die Berufenen bedürfen immer wieder einer neuen Erfüllung mit dem Heiligen Geist.[16] Hiermit ist sowohl eine wiederholte klare Beauftragung als auch eine erneute Bevollmächtigung gemeint. Die Fülle des Geistes wird sichtbar durch die klare Ausrichtung auf Jesus Christus, die tiefe Liebe zum Herrn der Gemeinde und zu seinem Werk als auch durch das christusgemäße Lebenszeugnis – ein mit dem Heiligen Geist erfüllter Mensch weist mit seinem ganzen Leben, mit seinen Worten und Taten klar auf Jesus Christus hin.

Das Erfülltsein mit dem Heiligen Geist wird auch deutlich in dem Bewusstsein zunehmender Abhängigkeit von Gott. So wie Jesus sich selbst absolut abhängig wusste vom Vater, so wünscht er diese Verwobenheit auch zwischen sich und seinen Nachfolgern. In seinen Abschiedsreden an seine Jünger spitzt er es in dem Satz zu: »Getrennt von mir könnt ihr nichts tun« (Joh 15,5). J. Oswald Sanders fasst zusammen: »Mit dem Heiligen Geist erfüllt sein heißt – mit einfachen Worten gesagt –, dass die Persönlichkeit, die sich als Anwort auf den geschenkten und angeeigneten Glauben freiwillig ausliefert, vom Heiligen Geist erfüllt, gemeistert und beherrscht wird. Der Intellekt, die Gefühle und der Wille sowie auch die physischen Kräfte werden ihm zur Verfügung gestellt, um die Ziele Gottes zu erreichen. Unter seiner Kontrolle wird Begabung zum leitenden Dienst geheiligt und zu ihrer höchsten Entfaltung gebracht. Der jetzt ungetrübte und ungehinderte Geist ist fähig, die Frucht des Geistes im Leben des Leiters hervorzubringen, seinem Dienst neue Anziehungskraft zu verleihen und seinem Zeugnis für Christus neue Kraft. Jeder wahre Dienst ist nur das Ausströmen des Heiligen Geistes durch das hingegebene und erfüllte Leben.« (Joh 7,37-39)[17]

d) Das Gebetsleben des Leiters

Wenngleich die Aufforderung zum intensiven Gebet in der Bibel nicht ausdrücklich als Qualifikationsmerkmal für einen geistlichen Leiter aufgeführt wird, so scheint es mir doch notwendig, dieses hier mit anzuführen. Es ist keineswegs so, dass die geistlichen Führungskräfte der Gegenwart immer auch Menschen des Gebetes sind, und gerade darin liegt wohl eines der größten Mankos unserer Zeit. Von den leitenden Brüdern der Gemeinde in Antiochien heißt es, dass sie zum Gebet und zum Fasten zusammenkamen (Apg 13,1f), und von Petrus und Johannes wissen wir, dass sie feste Gebetszeiten einhielten (Apg 3,1f). Nicht zuletzt gilt den leitenden Schwestern und Brüdern auch die Aufforderung: »Betet ohne Unterlass!« (1Thess 5,17)

Jesus selbst lebte aus der Verbundenheit mit dem Vater im Himmel. Seine Vollmacht bestand darin, dass er mit dem Willen und Werk des Vaters eins war. Alle biblischen Führer und Leiter waren auch Beter – Menschen, die in erster Linie Gott suchten und ihre Aufgabe durch die intensive Verbundenheit mit ihm wahrnahmen. Dieses wiederum bedeutet nun nicht, dass alle Christen, die sehr viel Zeit im Gebet verbringen, zugleich auch Leiter im Volk Gottes sind. Aber jemand, der eine Leitungsfunktion ausübt, kann das nur, indem er im Gebet dauerhaft mit Gott verbunden ist. So muss das Gebet eine Vorrangstellung haben, wenn es um die Wahrnehmung unterschiedlichster Aufgaben im Leitungsdienst geht. Da, wo Pastoren und Gemeindeleiter sich in Geschäftigkeit üben, jedoch den Dienst im Gebet und am Wort vernachlässigen, werden sie eine Gemeinde nicht mehr leiten können (vgl. Apg 6,1f). Wenn das gemeinsame Gebet in Leitungskreisen nur noch als eine Art Vorspann zur eigentlichen Gemeindeleitungssitzung betrachtet wird, bei dem wir den Segen Gottes für unsere Vorhaben erbitten, so ist im Kern etwas falsch. Es gibt kaum noch Zusammenkünfte von Gemeinden und Gemeindeleitungen, die ausschließlich dem Gebet gewidmet sind. Wir müssen wieder neu lernen und beherzigen, dass die Kompetenz zu leiten in der intensiven Verbindung und Kommunikation mit dem eigentlichen Hirten der Gemeinde liegt. Für die meisten Menschen in Leitungsverantwortung sind die sich häufenden Pflichten ein Grund dafür, die Zeit des Gebetes zu verkürzen. Für den geschäftigen Martin Luther war Mehrarbeit jedoch ein zwingendes Argument für eine längere Gebetszeit. Der Reformator und viele andere Männer und Frauen Gottes sollten uns hierin ein Vorbild sein.

e) Weitere geistliche Qualifikationen

Ein Mensch in Leitungsverantwortung soll nach den Ausführungen des Paulus im dritten Kapitel des Timotheusbriefes »besonnen« und »sittsam« sein. Die beiden Ausdrücke bezeichnen die Fähigkeit der Selbstbeherrschung durch die Kraft des Heiligen Geistes, der auch ein Geist der Besonnenheit ist (2Tim 1,7). Die Besonnenheit zeigt ein Maß an geistiger Ausgeglichenheit an, das durch eine klare vom Geist Gottes gesetzte Wertestruktur gekennzeichnet ist.

Ein besonnener Leiter weiß, auf welche Grundwerte er »Wert« zu legen hat; er lässt sich nicht durch jede Gefühlsregung oder eine neue Lehre verunsichern. In der hellenistischen Welt kam der Besonnenheit ein besonders hoher Stellenwert zu. Für die Griechen war sie der disziplinierte Zustand eines Geistes, der eben nicht von plötzlichen Impulsen regiert wurde. Zur Besonnenheit gehört auch die Fähigkeit zuzuhören und mit einer inneren von Gott geschenkten Souveränität auf schwierige Situationen geistlich zu reagieren.

Eine ähnliche Qualifikation ist gemeint, wenn von einem Ältesten einer Gemeinde erwartet wird, dass er »sittsam« sei. In der griechischen Sprache schwingt hier der Begriff *kosmos* mit, der die schöne und gute Zuordnung jedes Einzelnen in die Gesamtschöpfung beschreibt. Ein sittsamer Mensch ist jemand, der in Demut seinen eigenen Platz erkennt und einnimmt. Auch in seinem eigenen Leben hat alles seine von Gott zugewiesene Wertigkeit. Ein sittsamer Mensch wird nicht durch Süchte oder Überbetonung einzelner Lebensbereiche dominiert.

Auch das Stichwort der »Demut«, wie es im ersten Petrusbrief angeführt wird (vgl. 1Petr 5,5-7), kennzeichnet diese geistliche Haltung eines Leiters. Ein demütiger Mensch ist nicht etwa jemand, der keine Meinung hat, es allem und jedem recht machen will. Es ist keine unscheinbare Person, die von sich selbst nur als »Wurm« spricht und sich in unterwürfiger Haltung anbiedert. Ein demütiger Mensch ist vielmehr jemand, der seinen eigenen Wert vor Gott erkannt hat und der zur richtigen Zeit auch selbstbewusst seine Stimme erheben kann.

Ein geistlicher Leiter sollte den Platz einnehmen, der ihm von Gott zugewiesen wurde, und mit aller Energie und Kraft diesen Platz auch ausfüllen. Jesus selbst forderte seine Jünger auf, von ihm Demut zu lernen: »Nehmt auf euch mein Joch und lernt von mir! Denn ich bin sanftmütig und von Herzen demütig ...« (Mt 11,29). Ein Mensch, der sich seines Wertes als Kind Gottes nicht sicher ist, wird immer in der Gefahr stehen, vom Lob und Tadel anderer abhängig zu sein. Das Gegenteil von Demut ist in diesem Sinne nicht unbedingt Stolz, der allen Mitmenschen offensichtlich ins Auge springt, sondern oftmals auch ein verborgenes Sich-ständig-um-sich-selbst-Drehen.

A. W. Tozer schreibt: »Der demütige Mensch kümmert sich überhaupt nicht darum, wer größer ist als er; denn er hat längst für sich erkannt, dass die Wertschätzung der Welt nicht der Mühe lohnt. Er lernt, sich selbst liebevoll auf den Arm zu nehmen und zu sich selbst zu sprechen: ›Aha, man hat dich also übersehen? Man hat jemand anderen dir vorgezogen? Man flüstert sich zu, dass du auf doch recht niedriger Stufe stehst? Und nun fühlst du dich verletzt, weil alle Welt genau das über dich sagt, was du von dir selbst gesagt hast? Erst gestern noch hast du Gott gesagt, dass du ein Nichts seist, ein Wurm im Staube. Wo ist deine Beständigkeit? Komm, demütige dich, hör auf, dich darum zu kümmern, was andere über dich denken.‹«[18]

Demut begründet auch eine andere wichtige Eigenschaft eines Leiters: Humor. Humor ist die Fähigkeit, sich selber aus der Distanz sehen zu lernen. Und Helmut Thielicke rät nicht umsonst: »Sollten wir nicht sehen, dass Lachfalten um die Augen ein besseres Zeichen als Sorgenfalten sind ... Eine Kirche befindet sich auf schlechter Fährte, wenn sie das Lachen aus dem Heiligtum verbannt und es dem Kabarett, dem Nachtlokal und den Toastmeistern überlässt.«[19] Ein Leiter, der seinen Selbstwert in der Liebe und dem Vertrauen begründet weiß, das Gott ihm entgegenbringt, kann auch über sich selbst lachen.

Die Demut des Leiters ist es auch, die ihn von der Sucht nach Anerkennung und Ruhm befreit. So schreibt Paulus den Galatern: »Es sei aber fern von mir, mich zu rühmen als allein des Kreuzes unseres Herrn Jesus Christus, durch den mir die Welt gekreuzigt ist und ich der Welt« (Gal 6,14). Eine solche demütige Grundhaltung kann nur im Laufe einer gewissen Zeitspanne reifen. Aus diesem Grund weist Paulus auch darauf hin, dass ein neu bekehrter Christ sich nicht für einen Leitungsdienst einsetzen lassen soll, »damit er nicht, aufgebläht, dem Gericht des Teufels verfalle« (1 Tim 3,6).

Ein Leiter soll sich also in der Nachfolge Jesu bewährt haben. Er sollte auch in der Lage sein, Gemeindemitglieder diesbezüglich zu unterweisen. Die Bereiche, in denen er lehrt, können ganz verschieden sein, nicht immer ist dabei an die Verkündigung durch die Predigt zu denken. Auch die Unterweisung im persönlichen Gespräch oder im Hauskreis kann hierunter verstanden werden. Jemand, der z.B. die Basissätze christlichen Glaubens nicht lehrmäßig reflektiert hat, sollte keine Führungsaufgabe übernehmen, er mag noch so begabt und interessiert sein. Leider wird dieser Grundsatz in manchen Gemeinden zu wenig beachtet. Gerade in kleineren Gemeinden, in denen oft ein Mangel an geistlichen Leitern ist, werden Jungbekehrte oft zu schnell in Leitungsämter gestellt.

f) Charakterliche Qualifikationen

Auch für die charakterliche Reife eines Menschen gibt das Neue Testament Hinweise, wenn es um die Berufung in eine Führungsverantwortung geht. Paulus mahnt in Röm 12,8 zum Eifer bzw. Fleiß. Ein hoch begabter und begnadeter Mensch kann also nicht einfach davon ausgehen, dass sich die Gabe der Leitung wie von selbst ereignet. Leitungsbegabungen müssen trainiert, ausgebildet und eingesetzt werden. Auch die theologische Ausbildung von geistlichen Führungskräften kann hierin begründet werden.

Umfassender ist die Anweisung, dass geistliche Leiter »untadelig« sein sollen (1Tim 3,2), d.h. ihr Charakter darf sie nicht dem Angriff oder Tadel aussetzen. Hier geht es nicht darum, vollkommen zu sein, sondern darum, dass der Charakter eines Leiters nicht der Sache des Evangeliums schadet: »Wir geben in keiner Sache irgendeinen Anstoß, damit der Dienst nicht verlästert werde, sondern in allem empfehlen wir uns als Gottes Diener« (2Kor 6,3-4). Das Anstößige an unserem Dienst soll in der Botschaft vom Kreuz und von der Auferstehung Jesu Christi liegen und nicht in unserer Persönlichkeitsstruktur.

Natürlich ist niemand vollkommen, aber man sollte diesen hohen Standard nicht schmälern. An einen Leiter sollen und dürfen andere Maßstäbe angelegt werden als an seine Mitarbeiter. Paulus mahnt Timotheus: »Sei ein Vorbild der Gläubigen im Wort, im Wandel, in Liebe, im Glauben, in Keuschheit!« (1Tim 4,12). Es ergibt sich als logische Folgerung, dass ein geistlicher Leiter nicht streitsüchtig und gewalttätig sein darf, sondern warmherzig und gütig sein soll.

Auch die Mahnung, dass die Abhängigkeit vom Alkohol nicht mit einem Leitungsdienst zu vereinbaren ist, wird vom Apostel sowohl für die Wahrnehmung des Ältestendienstes als auch für die Diakonendienste angeführt (1 Tim 3,3.8). Hierbei geht es nicht um ein grundsätzliches Alkoholverbot für Gemeindemitarbeiter – die bekannte Anweisung des Paulus in 1 Tim 5,23 weist darauf hin: »Trinke nicht länger nur Wasser, sondern gebrauche ein wenig Wein um deines Magens und deines häufigen Unwohlseins willen.« Ebenso ist ein »trockener« Alkoholiker nicht etwa unbrauchbar für einen Leitungsdienst in der Gemeinde. Das von Paulus gebrauchte Wort bedeutet so viel wie »einer, der beim Alkohol bleibt und somit nicht mehr Herr seiner Sinne ist«.

Der starke innere Druck, der auf vielen geistlichen Leitern lastet, hat dazu geführt, dass die Suchtgefährdung – nicht nur im Alkoholbereich – enorm zugenommen hat. Hier gilt es, mit Umsicht und Liebe, aber auch mit Eindeutigkeit auf die Voraussetzungen für einen geistlichen Leitungsdienst hinzuweisen. Gefragt ist Nüchternheit, die so oft im Neuen Testament gefordert wird, wobei Nüchternheit nicht mit der Vernunft eines Menschen gleichzusetzen oder als Gegensatz zum Gefühl zu verstehen ist. Im Neuen Testament wird unter Nüchternheit jedoch die direkte Kontrolle des Heiligen Geistes über alle unsere Sinne und unsere Wahrnehmungen verstanden. Der Friede Gottes, der die menschliche Vernunft übersteigt, soll alle diese Sinne unter seine Herrschaft nehmen können (vgl. Phil 4,7). Ein betäubter Sinn – durch Alkohol oder ein anderes Suchtmittel – macht eine derartige Nüchternheit unmöglich. Die vom Heiligen Geist bewirkte Nüchternheit führt zur Offenheit gegenüber dem Reden und Wirken Gottes und steuert somit den geistlichen Leiter.

Paulus führt als ein weiteres Merkmal geistlicher Leiterqualität die Freiheit von Geldgier an (1 Tim 3,3). Auch Petrus betont diesen Aspekt, wenn er mahnt, dass »schändliche Gewinnsucht« nicht das Motiv für geistliche Führerschaft sein darf (1 Petr 5,2). Dieses Problem ergibt sich am ehesten im hauptamtlichen Leitungsdienst der Gemeinde. So mancher Pastor entscheidet sich für den besser bezahlten Dienst, wenn er die Wahl hat. Auch äußere Bedingungen des

Dienstes, wie die der Wohnqualität oder der beruflichen Möglichkeiten anderer Familienmitglieder, haben schon so manche Berufung scheitern lassen. Gleichzeitig gilt diese Ermahnung jedoch auch den unbezahlten leitenden Mitarbeitern, die zuweilen knauseriges Verhalten zeigen, wenn es darum geht, den oder die vollzeitlichen Mitarbeiter finanziell zu versorgen. Der geistliche Leiter muss in seinem Dienst darauf achten, dass das Geld immer eine untergeordnete Rolle spielt.

Geldgier ist jedoch nicht die einzige Bedeutung, wenn Petrus von »schändlicher Gewinnsucht« spricht. Es kann hier ebenso die Sucht nach Popularität oder Ruhm gemeint sein.

g) Soziale Qualifikationen

Nicht nur die charakterlichen und moralischen Qualifikationen werden in Bezug auf einen Leitungsdienst angesprochen. Paulus liegt besonders daran, dass auch der Ruf und das Sozialverhalten einer Leitungsperson gut sind.

Mehrfach wird in diesem Zusammenhang auf das Ehe- und Familienleben Bezug genommen. Sowohl von einem Ältesten als auch von einem Diakon erwartet man, dass er jeweils »Mann einer Frau« sei (1Tim 3,2.12). Dieses Qualifikationsmerkmal hat Anlass zu unterschiedlichen Deutungen gegeben. Anknüpfend an die Tatsache, dass Paulus hier in der griechischen Sprache ein Zahlwort verwandte, gehen einige Exegeten davon aus, der Apostel wehre hier der Polygamie. Der Mann solle gemäß der Schöpfungsordnung nur eine Frau haben und nicht zwei oder gar mehr. Es könnte sich hierbei auch um eine Formel handeln, die einen geschiedenen und dann neu verheirateten Mann von einem solchen Leitungsdienst ausschließt.

Für Paulus ist die Ehe ein Bild für Christus und die Gemeinde. Daher kommt einem Eheverhältnis in der Gemeinde großer Wert zu (Eph 5,32). Ein Mann, der geschieden und wieder verheiratet ist, könnte diesem Bild nur schwer entsprechen. Zum anderen führt der Apostel in seiner Ehelehre im Korintherbrief an, dass es Gründe für eine Ehescheidung geben kann, die einen Menschen nicht binden und somit auch den Weg für eine neue Ehe öffnen (vgl. 1Kor 7,39; Mt 19,9). Es ist auch kaum denkbar, dass ein Mann, der in ungläubigem Zustand geschieden und wieder verheiratet ist und durch Buße ein neues Leben bekam, nun nicht Ältester werden kann. Gott vergibt alle Sünde, wenn wir sie bekennen (1Joh 1,9). Gerade in einer Zeit, in der jede dritte Ehe wieder geschieden wird, sollte jedoch auf diesen Punkt bei der Berufung in einen Leitungsdienst großer Wert gelegt werden. Die Ehe zeigt an, wie hoch Verbindlichkeit und Treue in einer Beziehung gewertet werden.

Dass es sich bei der Aussage »Mann einer Frau« um eine indirekte Ausschließlichkeitsformel handelt, nach dem Motto: »Nur Männer dürfen einen Leitungsdienst übernehmen«, ist nicht anzunehmen, da z.B. die Frauen Phöbe und Junias in ihren Leitungaufgaben als Diakoninnen (Röm 16,1) bzw. im apostolischen Dienst (Röm 16,12) von Paulus erwähnt werden.

Nahe liegender scheint da die Deutung zu sein, die u.a. von Adolf Schlatter und anderen konservativen Auslegern gegeben wird. Sie sehen darin die Aufforderung für einen Gemeindevorsteher bzw. Diakon, dass er in einer festen Eheverbindung stehen müsse. Ledige würden sich demnach für Gemeindeleitungsdienste nicht eignen: »Paulus will keinen Vorstand, der nicht verheiratet ist oder es nicht wenigstens gewesen ist.«[20]

Diese Interpretation trägt jedoch nicht der Tatsache Rechnung, dass Paulus selbst unverheiratet war. Nicht nur, dass der Apostel den Ehelosen für ein Leitungsamt nicht für ungeeignet hält, er empfiehlt sogar die Ehelosigkeit für Menschen im Dienst für Jesus (vgl. 1Kor 7,25ff). Demnach kommen auch Unverheiratete für einen Leitungsdienst in der Gemeinde in Frage und stehen den Verheirateten in keiner Weise nach.

Bei der Vielschichtigkeit unterschiedlicher Deutungen dieses Pauluswortes ist die Gefahr der gesetzlichen Auslegung groß. Paulus geht es darum, dass sich ein Mann, wenn er in einem Leitungsdienst steht, auch im Bereich seiner Ehe treu, verlässlich und vorbildhaft verhält. Paulus betont die Notwendigkeit eines harmonischen Ehe- und Familienlebens, in dem Gott geehrt wird: »... der dem eigenen Haus gut vorsteht und die Kinder mit aller Ehrbarkeit in Unterordnung hält – wenn aber jemand dem eigenen Haus nicht vorzustehen weiß, wie wird er für die Gemeinde Gottes sorgen?« (1Tim 3,4-5). Jemand, der in geistlicher Verantwortung lebt, muss – wenn er verheiratet ist – einen Partner in der Ehe haben, der ihn in seinem Dienst unterstützt und fördert, der auch bereit ist, die notwendigen Opfer zu bringen. Das heißt nicht, dass das Ehe- und Familienleben immer erst nach dem Einsatz für die Gemeinde kommen soll – zu oft sind Ehen und Familien schon an einem Übereifer für die Gemeinde zerbrochen oder konnten sich nur mangelhaft entwickeln. In der Familie, diesem engsten sozialen Rahmen, muss sich die Leitungsqualität unter Beweis stellen.

In diesem Zusammenhang ist es angebracht, ein seelsorgerliches Wort zu sagen: Ein geistlicher Leiter ist nicht Zeit seines Lebens für den Lebenswandel seiner Kinder bzw. seiner erwachsenen Kinder verantwortlich. Wenn Paulus hier von dem »eigenen Haus« spricht, so wird vorausgesetzt, dass Eltern und Kinder in einer Wohn- und Lebensgemeinschaft stehen. Wenn ein erwachsenes Kind heutzutage mit achtzehn aus dem Haus geht, dann ist auch der direkte Einfluss der Eltern nicht mehr möglich, und zumindest rechtlich sind sie nicht mehr verantwortlich für ihr »Kind«. Es ist durchaus denkbar, dass jemand einen Leitungsdienst übernimmt, dessen erwachsene Kinder ganz »eigene« und oft auch unchristliche Wege gehen. Auch für die Schwierigkeiten, die jede Erziehung mit sich bringt – insbesondere in der Zeit der Pubertät –, sollte eine Gemeinde Verständnis haben und einen Leiter nicht gleich als unqualifiziert ablehnen. Auf der anderen Seite ist es nach diesen neutestamentlichen Aussagen durchaus legitim, nach dem Ehe- und Familienleben eines Anwärters für einen Leitungsdienst zu fragen.

Als ein weiteres typisches Merkmal eines Leiters führt Paulus die

Gastfreiheit an (1Tim 3,2). Gastfreiheit bedeutet so viel wie »dem Fremden ein Freund sein«. Es geht hier also nicht lediglich darum, den Freunden das Haus und die Wohnung zu öffnen, sondern gerade auch dem Reisenden, dem, der kein Quartier hat. In Deutschland wird Gastfreundschaft im Vergleich zu anderen Ländern nicht sehr groß geschrieben, und der zunehmende Individualismus führt immer häufiger dazu, dass unsere Häuser voreinander verschlossen bleiben.

Doch gerade hier geschieht Gemeinschaft in neutestamentlichem Sinn: Anteil geben und Anteil nehmen. Gastfrei sein bedeutet: »Komm und lebe doch ein Stück deines Lebens mit mir!« Jemand, der Leitungsfunktionen in der Gemeinde ausübt, sollte dieses Maß an Transparenz in seinem Leben nicht nur zulassen, sondern darin auch vorbildlich sein.

Worte und Taten sollen echt und ehrbar sein. Doppelzüngigkeit – wie sie in 1Tim 3,8 erwähnt wird – disqualifiziert einen Diakon und genauso andere Menschen in Leitungsfunktionen. Auf die Aussagen des Leiters muss Verlass sein; er soll sich nicht in Widersprüchen verfangen oder aus Diplomatie oder Harmoniebedürfnis mit doppelter Zunge reden. Das bedeutet nicht, dass für einen Leitungsdienst nicht ein gewisses Maß an diplomatischer Weisheit gefragt ist. Gerade in verzwickten Gemeinde- oder Seelsorgesituationen gilt es oft, um die richtigen Worte zu ringen, um bei der Wahrheit zu bleiben und trotzdem nicht durch Worte zu verletzen. Auch in den sozialen Kontakten zu Menschen außerhalb der Gemeinde ist ein gewissenhafter Umgang mit Worten nötig. So ermahnt Paulus: »Wandelt in Weisheit gegenüber denen, die draußen sind, kauft die gelegene Zeit aus! Euer Wort sei allezeit in Gnade, mit Salz gewürzt; ihr sollt wissen, wie ihr jedem antworten sollt« (Kol 4,5-6). Ohnehin liegt dem Apostel daran, dass jeder Leiter in einer Gemeinde »ein gutes Zeugnis« haben soll gegenüber »denen, die draußen sind, damit er nicht in übles Gerede und in den Fallstrick des Teufels gerät« (1Tim 3,7). Hierbei geht es nicht etwa um ein oberflächliches Image, sondern darum, dass auch der allgemeine Ruf eines Gemeindeleiters in der Öffentlichkeit, in seinem beruflichen und örtlichen Umfeld, in seiner Nachbarschaft und seiner Stadt gut sein soll. Das bedeutet nicht, dass er über einen hohen Bekanntheitsgrad verfügen müsste, jedoch sollte es in seinem Leben nicht offensichtliches Fehlverhalten geben, das schließlich zum Gerede in seinem sozialen Umfeld führt und die Gemeinde und auch ihn selbst belastet.

4. Die Schwäche des Leiters

Betrachten wir die unterschiedlichen biblischen Aussagen über die Qualifikationsmerkmale von Ältesten und Diakonen, so könnte man den Eindruck bekommen, es müsse sich hierbei geradezu um perfekte Christen handeln. Aussagen wie »ohne Tadel« können jeden sensiblen Anwärter für ein Leitungsamt disqualifizieren. Umso tröstlicher ist es, dass die Bibel auch offen von den Schwächen und Fehlern geistlicher Leiter berichtet. Auch Leiter können in Krisen und Ängste kommen und brauchen die Unterstützung der Gemeinde im Gebet und durch praktische Hilfe. Immer wieder rufen die Apostel die Gemeinde auf, sie im Gebet zu fördern, weil sie sich im Kampf mit den Mächten Satans sehen. Paulus mahnt im Epheserbrief: »Mit allem Gebet und Flehen betet zu jeder Zeit im Geist, und wachet hierzu in allem Anhalten und Flehen für alle Heiligen und auch für mich, damit mir Rede verliehen werde, wenn ich den Mund öffne, mit Freimütigkeit das Geheimnis des Evangeliums bekannt zu machen – für das ich ein Gesandter in Ketten bin –, damit ich in ihm freimütig rede, wie ich reden soll.« (Eph 6,18-20)

Das unterstützende Gebet soll allen »Heiligen« gelten, aber in Sonderheit auch dem Apostel. Hier ist wiederum ein Grundton des Neuen Testamentes zu hören, der bei allem Nachdenken um Qualifikationen zum Leitungsdienst immer wieder beachtet werden muss: Letztlich gelten diese Anforderungen auch allen anderen Nachfolgern

Jesu Christi. Vor diesem Hintergrund verwundert es nicht, dass es kaum Unterschiede zwischen dem Qualifikationskatalog für Älteste und Diakone gibt. Das Maß der Verantwortung schlägt sich allerdings nieder in der Beurteilung im göttlichen Gericht. Jakobus mahnt die Brüder: »Werdet nicht viele Lehrer, meine Brüder, da ihr wisst, dass wir ein schwereres Urteil empfangen werden! Denn wir alle straucheln oft. Wenn jemand nicht im Wort strauchelt, der ist ein vollkommener Mann, fähig auch den ganzen Leib zu zügeln.« (Jak 3,1-2)

5. Die Bevollmächtigung zum Leitungsdienst

Wenn der Apostel Paulus betont, dass das Streben nach einem geistlichen Leitungsdienst auch etwas Gutes ist (1 Tim 3,1), so denkt er dabei sicher auch an die unzähligen beglückenden Momente, in denen ein Leiter sich Gott ganz nahe weiß.

So darf ein Evangelist häufig Zeuge des größten Wunders werden, wenn ein Mensch sich durch Gottes Gnade zu Jesus Christus bekehrt und ein neues Leben im Heiligen Geist empfängt; ein Prophet und Prediger darf im Namen und Auftrag Gottes reden und Weisung und Deutungen zur Auferbauung der Gemeinde aussprechen. Ein Lehrer und Hirte weiß sich in den großen Dienst des einen Lehrers und Hirten Jesus Christus berufen und darf mithelfen, dass aus Gott fernen Menschen begeisterte Jünger Jesu werden. Ein Gemeindeleiter erlebt die Höhen und Tiefen einer Gemeinde und teilt die Freude und den Schmerz des einen Herrn der Gemeinde. Ein Diakon weiß sich in den Dienst Jesu Christi berufen und dient in seinem Auftrag und in seiner Kraft.

Diese besondere innere Verbundenheit mit Christus selbst ist eines der größten Vorrechte, die ein geistlicher Leiter genießt. Oft geschieht es, dass nach Gottesdiensten und geistlichen Versammlungen zwar die physische Kraft nachlässt, die innere Frische und der Friede Gottes aber wachsen, so dass man mit niemandem auf der Welt tauschen möchte. Immer da, wo ein geistlicher Leiter aus der Kraft Gottes lebt, wird er auch die Grenzen seines eigenen Lebens spüren.

Der Herr sendet keinen Arbeiter in seinen »Weinberg«, ohne ihm die nötige Dienstausrüstung mitzugeben. Jesus überträgt seinen Jüngern nicht nur seinen Dienst, sondern auch seine Vollmacht, die aus einem Leben in der Verbindung mit dem Heiligen Geist resultiert: »Friede euch! Wie der Vater mich ausgesandt hat, sende ich auch euch. Und als er dies gesagt hatte, hauchte er sie an und spricht zu ihnen: Empfangt Heiligen Geist! Wenn ihr jemandem die Sünden vergebt, dem sind sie vergeben, wenn ihr sie jemandem behaltet, sind sie ihm behalten« (Joh 20,21-23). Der Heilige Geist setzt das neue Leben in und aus Christus in dem Glaubenden frei und entwickelt einzelne Gaben und Fähigkeiten (Charismen). Und diese Gnadenzuweisungen sind zugleich Gabe und Aufgabe.

Die Bevollmächtigung eines Leiters besteht jedoch nicht lediglich in der Befähigung zum Dienst, sondern auch in der Autorisierung. Paulus versteht sich als eine Art »Botschafter an Christi Statt«. Ein Botschafter eines Landes ist autorisiert sein Land zu vertreten, er wird dazu eingesetzt und benannt. In ähnlicher Weise beruft Jesus seine Mitarbeiter in seinem Reich. Er erteilt ihnen Vollmacht »in seinem Namen« zu handeln und zu sprechen. Das evangelistische Wort wird legitimiert (oder bestätigt) durch folgende Zeichen: »In meinem Namen werden sie Dämonen austreiben; sie werden in neuen Sprachen reden, werden Schlangen aufheben, und wenn sie etwas Tödliches trinken, wird es ihnen nicht schaden; Schwachen werden sie die Hände auflegen, und sie werden sich wohl befinden.« (Mk 16,17-18)

Diese Bevollmächtigung und Befähigung durch den Heiligen Geist ist es, die im tiefsten Sinn zum geistlichen Leitungsdienst ausrüstet. Sie ist ein Gnadengeschenk Gottes und kann nicht durch menschliche Anstrengung oder durch gute Ausbildung erwirkt oder ersetzt werden. O. S. v. Bibra mahnt: »Wenn unser Herr nicht einmal den Männern, die Er selbst auserwählt und auf dieses Werk vorbereitet hatte, erlauben konnte, ihren Dienst zu beginnen, bis sie die dazu nötige Vollmacht von oben empfangen hatten – wie können wir als gewöhnliche Sterbliche in diese Arbeit eintreten, ehe wir mit dem Heiligen Geist gesalbt (erfüllt, versiegelt), d.h. von Gott so bevollmächtigt sind, dass wir es wissen? Diese Vollmacht des Heiligen Geistes ist es, mit der jeglicher Dienst am Wort steht und fällt.«[21] Diese Autorität und Befähigung zum Dienst gilt allerdings nicht nur für die Verkündigung in Predigt und Evangelisation, sondern auch für alle anderen Lebens- und Dienstbereiche der Gemeinde (z.B. Diakonie, Gebet, Organisation u.a.). Sie steht am Anfang des Dienstes und kann immer wieder erneuert werden. Vollmacht steht auch im Zusammenhang mit dem Lebenswandel eines Berufenen. Sie kann durch ein »heiliges Leben« nicht gemehrt werden, aber sie kann durch einen unheiligen Lebenswandel vermindert werden oder – wie bei einem Simson – verloren gehen.[22]

6. Frauen in leitender Verantwortung

Kaum eine Frage wurde in den vergangenen Jahren in evangelischen Freikirchen so heftig diskutiert wie die nach der Stellung der Frau. Gefördert durch die unterschiedlichen Bemühungen um die Emanzipation des weiblichen Geschlechts gegenüber einer Jahrhunderte andauernden Dominanz der Männer wurden die biblischen Aussagen zum einen als überholt und zeitgebunden abgetan, zum anderen als revolutionär erkannt.

Hier soll es nicht um die umfassende Fragestellung des Verhältnisses der Geschlechter gehen, sondern speziell um die Leitungsverantwortung von Frauen in der Gemeinde. Ohne Zweifel ist dieses Kapitel der Kirchengeschichte noch lange nicht abgeschlossen. In den meisten evangelischen Landeskirchen sind Pastorinnen schon lange keine Seltenheit mehr, und im Bund Evangelisch-Freikirchlicher

Gemeinden in Deutschland können Frauen ebenfalls den Pastorendienst tun, wenn eine Ortsgemeinde sich dazu entschließt, eine Pastorin zu berufen. In vielen baptistischen und den meisten brüdergemeindlichen Ortsgemeinden ist eine Frau als hauptamtliche Leiterin jedoch noch immer undenkbar. Im Bund Freier evangelischer Gemeinden in Deutschland besteht die Möglichkeit eines weiblichen Pastorats bislang gar nicht. Häufiger trifft man jedoch weibliche Mitglieder in Gemeindeleitungen an, d.h. Frauen, die quasi als Diakoninnen tätig sind, hier und da auch im Amt einer Ältesten oder als Gemeindeleiterin. Da die Autonomie der Ortsgemeinden in evangelischen Freikirchen einen hohen Stellenwert hat, bietet sich dem Beobachter in dieser Frage ein vielschichtiges Bild.

Einigkeit besteht allerdings darin, dass Mann und Frau im Neuen Testament grundsätzlich als gleichwertig angesehen werden. Diese Gleichwertigkeit wird neutestamentlich nicht zuletzt damit begründet, dass sowohl Männer als auch Frauen im Vollsinn Miterben Christi sind und als Kinder Gottes angesehen werden. Beide sind durch Christus erlöst und zu ewigem Leben berufen. Paulus schreibt an die Galater: »Nachdem der Glaube gekommen ist, sind wir nicht mehr unter einem Zuchtmeister; denn ihr alle seid Söhne Gottes durch den Glauben in Christus Jesus. Denn ihr alle, die ihr auf Christus getauft worden seid, ihr habt Christus angezogen. Da ist nicht Jude noch Grieche, da ist nicht Sklave noch Freier, da ist nicht Mann und Frau; denn ihr alle seid einer in Christus Jesus. Wenn ihr aber des Christus seid, so seid ihr damit Abrahams Nachkommenschaft und nach Verheißung Erben.« (Gal 3,25-28)

Obwohl diese neue Ordnung in Christus gilt, werden dadurch die Unterschiede von Mann und Frau nicht übersehen. So spricht das Neue Testament mit einer großen Selbstverständlichkeit von Männern und Frauen und ihren Beziehungen untereinander. Diese in der Schöpfung Gottes festgelegte Verschiedenheit wird immer wieder angeführt, wenn es um die unterschiedliche Zuordnung von Aufgaben und Diensten in der Gemeinde geht. Ohne Zweifel steht im Alten Testament wie auch im Neuen Testament der Leitungsdienst von Männern nicht in Frage, er wird als selbstverständlich vorausgesetzt. Dass jedoch auch Frauen geistliche Leitung wahrnahmen, wissen wir durch Gestalten wie Mirjam, Deborah, Esther oder auch diverse neutestamentliche Namen.

Die Wertschätzung der Frau kommt dementsprechend auch an unterschiedlichen Stellen des Neuen Testamentes zum Tragen, und zwar in einer – im Vergleich zum damaligen kulturellen Kontext – erstaunlichen Klarheit. Gott handelt mit Frauen in gleicher Weise wie mit Männern. Die Geburt Jesu wurde einer Frau angekündigt. Jesus hatte Frauen nicht nur zusammen mit den Jüngern als Begleitung, sondern er hat sie gewürdigt und geachtet. Mehr als vierzig Belegstellen allein in den Evangelientexten nehmen Bezug auf die Stellung von Frauen. Das Verhalten Jesu Frauen gegenüber ist einzigartig in der Religionsgeschichte und steht in auffälligem Kontrast zum Verhalten der jüdischen Rabbis seiner Tage. Jesus hat Frauen gedient und er ließ sich auch von Frauen dienen. Jesus hat jedoch nicht ausdrücklich über den Dienst, geschweige denn einen Leitungsdienst der Frau in der Gemeinde gelehrt. Ohnehin liefern die Evangelien ja keine konkreten Anweisungen über Leitungsdienste in den Gemeinden, auch nicht für Männer. Wie aber sieht es dann mit den übrigen Texten des Neuen Testamentes aus?

Aus den Grußlisten der neutestamentlichen Briefe wird deutlich, dass Paulus viele persönliche Kontakte zu Frauen hatte. Außer denen, die im Folgenden noch genannt werden, sind es »die Mutter des Rufus, die auch mir Mutter geworden ist, Philologus und Julia, Nereus und seine Schwester und alle Heiligen. Grüßt einander mit heiligem Kuss« (Röm 16,13-16). Diese Aussagen des Apostels deuten auf eine innere Freiheit im Umgang mit Frauen und auf ihre Wertschätzung, ähnlich wie wir sie auch bei Jesus finden (vgl. Joh 4,9.27).

Nach 1 Kor 11,3-16 durften Frauen sich auch in den gottesdienstlichen Versammlungen öffentlich äußern, laut beten und prophetische Beiträge einbringen. Dieses Rederecht der Frau schränkt der Apostel

Paulus jedoch in 1Kor 14,33b-36 wiederum ein, wenn er anordnet, dass Frauen in Gemeindeversammlungen schweigen sollen. Hilfreich ist in diesem Zusammenhang die Feststellung, dass sich die christliche Versammlung (*ekklesia*) auf fünffache Weise ereignen kann.[23] Wir unterscheiden folgende Versammlungsformen:

(1) Wortgottesdienst: 1Kor 14,26-33;

(2) Brotbrechen/Abendmahl: 1Kor 10,16;

(3) Gemeinsame Mahlzeit/Agape-Mahl: 1Kor 11,20.33;

(4) Unterweisung/Lehrhaus: vgl. Apg 17,11;

(5) Beratung und Entscheidungsversammlung: vgl. Apg 6,1-5.

Ekklesia, ein Begriff, der aus dem säkularen Bereich stammt, steht am ehesten für die Beratungs- und Entscheidungsversammlung. In derartigen »Volksversammlungen« durften Frauen in der griechischen Welt nicht einmal anwesend sein, geschweige denn reden. Immerhin wird die Frau zum öffentlichen Gottesdienst zugelassen und ihr wird auch eingeräumt zu reden; gleichwohl wird mit der christlichen Aufwertung der Frau nicht sofort das ganze gesellschaftliche Rollenverhalten auf den Kopf gestellt. Aus heutiger Sicht stellt sich die Frage, warum Paulus diese gesellschaftliche Ordnung nicht zugleich auch grundsätzlich und konsequent in Frage stellte. Augenscheinlich liegt bei ihm in diesem Punkt – ähnlich wie in der Sklavenfrage – der Schwerpunkt nicht im Bemühen um gesellschaftliche Veränderung. Paulus will nur nicht, dass die christlichen Frauen in ihrer neu gewonnenen Freiheit etwas tun, das man allgemein als ungehörig empfinden würde, ähnlich wie das Auflösen der Haare beim prophetischen Reden. Weil es also als ungehörig gelten würde, sind Menschen, die so etwas tun, geistlich unreif. Der katholische Neutestamentler Norbert Baumert kommt in seiner herausragenden exegetischen Arbeit *Frau und Mann bei Paulus* zu dem Resultat:»Dahinter steht der Grundsatz: Bei geänderten Verhältnissen das tun, was dann als passend empfunden wird! So würde Paulus nach demselben Prinzip, nach dem er damals das ›Mitreden‹ in dieser Form verboten hat, heute so etwas nicht nur gestatten, sondern dazu anhalten. Andernfalls wären alle unsere Gemeinderäte ›unbiblisch‹.«[24]

Der vielfach als frauenfeindlich abgestempelte Paulus war also – gemessen an dem kulturellen Umfeld seiner Zeit – alles andere als ein Frauenhasser. In diesem Zusammenhang werden auch Frauen genannt, die mit ihm gemeinsam im Dienst standen oder ihn in seiner Aufgabe unterstützten. So bezeichnet er in Röm 16,6 und 12 die Frauen Maria, Tryphaina, Tryphosa und Peris als solche, die »sich abmühen im Herrn« (vgl. auch 1Thess 5,15; 1Kor 16,16). Ausdrücklich werden Evodia und Syntyche genannt, die mit Paulus »gemeinsam gekämpft« haben (Phil 4,2). Beide werden als Mitarbeiterinnen bezeichnet (Vers 3). Auch das Ehepaar Priskilla und Aquilla wird in der Mitarbeit des Apostels benannt. Offensichtlich hat sich Priskilla in der Lehrunterweisung bewährt (vgl. Röm 16,3; Apg 18,26, 1Kor 16,19), ja, man kann davon ausgehen, dass Priskilla die aktivere Persönlichkeit war, weil sie meist – für die damalige Zeit ungewöhnlich – vor ihrem Mann genannt wird.

Schließlich finden sich in der viel zitierten Grußliste aus Römer 16 noch zwei Namen von Frauen, die ausdrücklich mit einer Leitungsfunktion betitelt werden. Da ist zunächst von Phöbe die Rede, die als Diakonin der Gemeindeversammlung in Kenchräa vorsteht (Röm 16,1). Inwiefern es eine typisch weibliche Ausübung des Diakonendienstes gab, ist aus dem neutestamentlichen Zeugnis nicht abzulesen. Es fällt lediglich auf, dass nirgends von einer Frau berichtet wird, dass sie predigte. Auf der anderen Seite ist davon auszugehen, dass zur Leitung der Gemeinde in Kenchräa auch Verkündigungsdienste zählten.

Das Gleiche gilt wohl für den Aposteldienst der Junia (Röm 16,7). Nachweislich führen die ältesten Handschriften »Junia« als eindeutigen Frauennamen, der erst im zweiten Jahrtausend in den biblischen Abschriften durch die männliche Form »Junian« ersetzt wurde. Der Apostelbegriff hat sich im Laufe der Kirchengeschichte dermaßen verengt, dass man ihn nicht mehr auf eine Frau anwenden zu können glaubte. Wenngleich davon auszugehen ist, dass Junia zu dem erweiterten Apostelkreis zählte, bleibt kein Zweifel daran, dass diese vornehmste Leitungsfunktion der Gemeinde Jesu auch zu neutestamentlicher Zeit schon von Frauen wahrgenommen wurde.

Trotz dieser Erwähnungen bleibt der Eindruck, dass es sich bei diesen Frauen in Leitungsaufgaben in den Anfängen der Christenheit noch um Ausnahmen handelte; Ausnahmen allerdings, die wegweisend für die weitere Entwicklung der christlichen Kirche sein sollten. Wenn die folgenden Jahrhunderte die Anstöße des Neuen Testamentes nicht entschieden genug weitergeführt haben, so bleibt doch wahr, dass Jesus und Paulus durch ihre Hochschätzung und Förderung der Frau vielleicht keine sofortige Änderung der Rollenverteilung herbeiführten, aber doch eindeutig in eine Richtung wiesen, die gesellschaftlich und gemeindlich nicht übersehen werden darf. Wie weit dieser Weg noch ist, beweisen neuerliche Veröffentlichungen wie die des bekannten Bibellehrers J. David Pawson unter dem deutschen Titel *Ist geistliche Leiterschaft Männersache?* (Leadership is male).

Grundlegend bei der Behandlung der Frage nach Frauen im Leitungsdienst wird der unterschiedliche Zugang zur Bibel sein. Ein Bibelverständnis, das die zeitlich-kulturell gebundenen Aussagen von den zeitlich ungebundenen Aussagen nicht zu unterscheiden vermag, wird immer in große Konflikte führen. Hiermit soll nicht etwa einer liberalen Bibelauslegung das Wort geredet werden, die alle »unbequemen« Aussagen der Heiligen Schrift mit einem historisch-kritischen Seitenzug unbedeutend werden lässt, vielmehr soll – unter Einbeziehung und Kenntnis der Kultur neutestamentlicher Zeiten – die verbindliche und klare Zielrichtung des biblischen Wortes aufgenommen werden. In Bezug auf den Leitungsdienst der Frauen liegt in den meisten freikirchlichen Gemeinden hier noch ein weiter Weg vor uns. Dabei sollten wir bedenken, dass wir mit Schwestern und Brüdern unterwegs sind, die in dieser Frage eine andere Erkenntnis haben und die Leitungsfunktionen von Frauen in der Gemeinde sehr einschränken. Es könnte hierbei eine Hilfe sein, wenn das neutestamentliche

Zeugnis von der breiten Fächerung und Vielzahl unterschiedlicher Leitungsfunktionen stärker in den Blick kommt und eine Konzentration auf die »klassischen« Leitungsfunktionen wie z.B. Predigen oder die Leitung von Versammlungen nicht mehr die Diskussion dominiert. Frauen praktizieren eine Vielzahl von Leitungsaufgaben in Gemeinden und es ist m.E. wünschenswert, dass Frauen mit einer ausgesprochenen Leitungsgabe diese auch in ihrer Gemeinde ausüben können.

7. Mitarbeitergewinnung und Nachwuchsförderung

Kein Gemeindeleiter – ob haupt- oder ehrenamtlich – kommt ohne Mitarbeiter aus. Es ist offensichtlich, dass alle Leitungspersonen, die im Neuen Testament erwähnt werden, in kleinen Teams arbeiteten, und auch Jesus sandte seine Jünger zu zweit aus. Im Reich Gottes sind nicht Einzelkämpfer gefragt, sondern Menschen, die sich in ihrer Funktion in den Gesamtleib Jesu Christi eingliedern lassen. Dabei ist es enorm wichtig, dass jeder an seinem Platz ist und auch den Dienst ausüben kann, den Gott ihm zugedacht hat. Dafür zu sorgen ist eine der wichtigsten Aufgaben eines geistlichen Leiters. Aus Christus »wird der ganze Leib zusammengefügt und verbunden durch jedes der Unterstützung dienende Gelenk, entsprechend der Wirksamkeit nach dem Maß jedes einzelnen Teils, und so wirkt er das Wachstum des Leibes zu seiner Selbstauferbauung in Liebe« (Eph 4,16).

Immer wieder müssen auch Gemeindeleiter daran denken, dass es um den Leib Christi geht, dass also Christus selbst gebaut werden soll. Dies ist besonders wichtig, wenn es um Mitarbeitergewinnung in der Gemeinde geht. Wohl kaum eine Gemeinde würde von sich behaupten, dass sie für alle Dienstbereiche genügend Mitarbeiter habe. Gerade leitende Mitarbeiter sind rar und müssen durch Gebet und Überzeugungsarbeit gewonnen werden.

Damit ist auch schon der erste wichtige Punkt genannt: Am Anfang jeder Mitarbeitergewinnung steht das Gebet. Jesus mahnt seine Jünger angesichts der großen missionarischen Herausforderung: »Die Ernte zwar ist groß, die Arbeiter aber sind wenige. Bittet nun den Herrn der Ernte, dass er Arbeiter aussende in seine Ernte« (Mt 9,37-38). Diese Worte Jesu sind bekannt, finden jedoch oft viel zu wenig Beachtung. Das inständige Gebet um die Freisetzung und Berufung von Menschen für die vielen Aufgaben und Funktionen im Reich Gottes steht nicht nur am Anfang, sondern sollte das permanente Gebet einer Gemeinde und besonders einer Gemeindeleitung sein.

Dabei darf man sich auch auf so manche Überraschung gefasst machen. Nicht immer sind es die Namen, die einem ohnehin sofort einfallen, wenn es um die Benennung von Mitarbeitern und weiteren Leitern in der Gemeinde geht. Wer hat schon an den Hirtenjungen David gedacht, als ein neuer König für Israel gesalbt werden sollte. Oder wer hätte den Christenverfolger Saulus für die apostolische Aufgabe der Mission berufen? Gottes Geist jedoch sieht Menschen, die im Reich Gottes gebraucht werden. Es gilt in den meisten freikirchlichen Gemeinden als schicklich, sich nicht selbst für die Mitarbeit zu melden oder für eine Leitungsaufgabe vorzuschlagen. Sicher ist es der »Königsweg«, wenn eine Gemeinde jemanden erkennt und herausstellt und um Mitarbeit bittet. Es gibt aber auch die Möglichkeit, dass der Geist Gottes im Herzen eines Menschen Sehnsucht, Freude und schließlich auch die innere Gewissheit einer Berufung wachsen lässt. Warum sollte sich jemand mit einer solchen Gewissheit nicht an die Gemeindeleitung wenden und fragen, ob diese einen solchen Dienst auch erkennen kann? Gerade bei Benennungen von Leitungsdiensten herrscht in frommen Kreisen oftmals eine gekünstelte Demut, die nur wenig von der erfrischenden Natürlichkeit und Offenheit der Kinder Gottes widerspiegelt.

In einem solchen Berufungsprozess sollte es allerdings auch ein hohes Maß an Klarheit darüber geben, wozu jemand berufen wird, d.h. welche Aufgaben, Dienste und Kompetenzen er übernehmen soll.

Es sollte geklärt sein, was von dem Mitarbeiter erwartet wird – mit welchen anderen Mitarbeitern und Leitern er zusammenarbeiten soll und welche Gaben und Talente erforderlich sind, um einen bestimmten Dienst auszuüben. Auch ein offenes Gespräch über den erforderlichen Zeiteinsatz ist wichtig. So mancher Mitarbeiter und Leiter hat sich schon überreden lassen, einen Dienst zu übernehmen, nur um schließlich festzustellen, dass er nicht genügend Kraft und Zeit dafür hat. Gegebenenfalls sollte ein solches Gespräch auch mit dem jeweils betroffenen Ehepartner oder der ganzen Familie geführt werden.

Das Benennen und Einsetzen von Mitarbeitern ist in der Regel eine Aufgabe der Gemeindeleitung. Je nach Gemeindestruktur und -aufbau werden in dieser Angelegenheit die einzelnen Gruppen der Gemeinde bei einer Berufung mit einbezogen sein. In manchen Gemeinden wählen die Gruppen auch ihre Leiter selbst und stellen sie dann erst der Gemeindeleitung bzw. der Gemeinde vor. Wie auch immer die Verzahnung zwischen Gruppen und Gemeindeleitung geschieht, eine Gemeindeleitung sollte gerade bei der Berufung von neuen Mitarbeitern große Sorgfalt walten lassen. Es ist sicher nicht zu empfehlen, wenn z.B. in Kindergruppen ausschließlich Pubertierende oder Jugendliche die pädagogische Leitung übernehmen oder wenn Gruppenleiter in wesentlichen Lehrfragen wie z.B. dem Taufverständnis nicht mit der Gemeindeleitung übereinstimmen. Bei anderen Aufgaben in der Gemeinde spielen lehrmäßige und pädagogische Fragen nur eine untergeordnete Rolle, so dass möglicherweise auch Freunde der Gemeinde sich in die Mitarbeit einbringen können.

Wenn ein Mitarbeiter von der Gemeinde bzw. Gemeindeleitung mit einem bestimmten Dienst betraut wird, so ist es anzuraten, dass er auch für eine solche Aufgabe gesegnet wird. Dieses geschieht in der Regel in einer Mitgliederversammlung oder im Rahmen eines Gottesdienstes. Leider werden in diesem Zusammenhang häufig nur herausragende Leitungsdienste berücksichtigt; auch jemand, der z.B. den Begrüßungs- oder Besuchsdienst in einer Gemeinde tut, braucht die geistliche Unterstützung und das Gebet der Gemeinde.

Die Mitarbeiterberufung ist allerdings nur der erste Schritt. Es folgen die Ausbildung und die Begleitung von Mitarbeitern. Natürlich kann eine Gemeinde nicht in allen Bereichen auch eine fachliche Aus- oder Weiterbildung anbieten. Eine Gemeindeleitung sollte dann besonders großen Wert darauf legen, dass ihre Mitarbeiter auch in überregionalen Schulungsangeboten in ihrem Dienst gefördert werden. Hierzu bieten alle Kirchen und Freikirchen inzwischen ein hervorragendes weit gefächertes und differenziertes Schulungsprogramm an. Wenn es einer Gemeinde möglich ist, sollte sie für die Ausbildung der Mitarbeiter in ihrem Haushalt einen bestimmten Betrag vorsehen, damit auch finanziell schwächer gestellte Mitarbeiter die Möglichkeiten der Schulungen nutzen können. Dererlei Schulungsangebote ersetzen allerdings nicht die kontinuierliche Begleitung in der Gemeinde selbst. Wie oft geschieht es, dass Gruppenleiter und Mitarbeiter nicht wissen, wer eigentlich für sie »zuständig«, also ihr Mentor bzw. Ansprechpartner ist. Es gehört zu den Aufgaben der Leitung, hier für Klarheit zu sorgen, z.B. dadurch, dass in der Gemeindeleitung oder auch im Ältestenkreis eine unmissverständliche funktionale Zuordnung geschieht. In diesem Fall wendet sich ein Mitarbeiter der Jungschar an den zuständigen Diakon oder Ältesten für Kinderarbeit in der Gemeinde usw.

Es ist zu empfehlen, dass – besonders am Anfang – ein regelmäßiger Austausch zwischen dem Mitarbeiter und dem zuständigen Leiter stattfindet. Am besten wäre es, wenn dies auch auf ganz persönlicher Ebene geschieht. Mitarbeiter möchten nicht nur wissen, wie man arbeitet, sie brauchen auch das Vorbild. Jesus hat seine Jünger nicht nur unterwiesen, sondern teilte mit ihnen das Leben. Ebenso nahm Paulus viele seiner Mitarbeiter mit auf Reisen und durchlitt mit ihnen manche Krise und erlebte mit ihnen viele Höhepunkte.

Der Stellenwert dieser persönlichen Beziehungen ist nicht hoch genug anzurechnen. Geistliches Leben wird nicht in erster Linie durch Wissen vermittelt, sondern durch Personen. In der persönlichen Begleitung wird es deshalb auch nicht nur um »fachliche« Fragen gehen, sondern auch um ganz persönliche. Die Gespräche und Begegnungen in Mitarbeiterbesprechungen sollten deshalb auch immer die seelsorgerliche Dimension ermöglichen. Es ist eine gute Form, wenn am Anfang einer Mitarbeiter- oder Leitungssitzung der persönliche Austausch und das Gebet füreinander stehen. Auch das motivierende und unterstützende Wort darf nicht fehlen. Gerade in Deutschland scheint die Fähigkeit, die Leistung anderer anzuerkennen und sie auch einmal kräftig zu loben, unterentwickelt zu sein. Die Kritik steht zu sehr im Vordergrund, so dass sehr schnell Entmutigung einsetzen kann. Leiter müssten es sich zur Auflage machen, ihre Mitarbeiter regelmäßig zu loben und zu ermutigen. In einem solchen Kontext findet dann auch das kritische Wort Beachtung. Ein geistlicher Leiter sollte in puncto Kritik sehr sorgfältig vorgehen und im Gebet fragen, zu welchem Zeitpunkt und in welcher Weise er seine Bedenken vorträgt. Eine geistlich gesteuerte Kritik führt den Mitarbeiter weiter und fördert ihn in seinem Dienst und bewahrt ihn gegebenenfalls auch vor einem möglichen Scheitern.

Eine besondere Aufgabe kommt der Gewinnung von weiteren geistlichen Leitern zu. Viele, die einst in der Mitarbeit einer Gemeindegruppe begonnen haben, entwickeln sich weiter zu Frauen und Männern mit herausragenden Leitungsdiensten. Der Apostel Paulus weiß, wie wichtig es ist, auch in den Leitungsaufgaben für Nachwuchs zu sorgen. Er schreibt an Timotheus, seinen »Ziehsohn«: »Du nun, mein Kind, sei stark in der Gnade, die in Christus Jesus ist; und was du von mir in Gegenwart vieler Zeugen gehört hast, das vertraue treuen Menschen an, die tüchtig sein werden, auch andere zu lehren!« (2Tim 2,1-2)

Die Aufgabe, künftige Mitarbeiter für die unterschiedlichen Leitungsaufgaben zu fördern, ist schwierig und erfordert ein hohes Maß an Weisheit und Einsicht. Oft sind Leiter davon überzeugt, dass niemand die Aufgabe so gut tun kann wie sie selbst, und mancher hält sich für unersetzbar und klebt geradezu an einer Leitungsaufgabe. Wenn Leiter mit fünfzig oder sechzig Jahren sich noch immer als junge Leitungsgeneration sehen, dann haben sie einen entscheidenden »Augenfehler«. Oft geschieht es, dass in Gemeinden oder auch in leitenden Gremien eine ganz bestimmte Generation gemeinsam über viele Jahre die Leitungsfunktion wahrnimmt. Diese Menschen sind ein eingespieltes Team und haben vielleicht einmal als jüngere Generation begonnen. Da die Zusammenarbeit immer so gut funktioniert hat, rückt kaum jemand Jüngeres nach. So kommt es schließlich dazu, dass auf einmal alle geistlichen Leiter aus Altersgründen ausscheiden und kein Nachwuchs da ist. Um derartige Situationen zu vermeiden, muss es für jede Gemeindeleitung eine ständige Aufgabe bleiben, nicht nur kurzfristig für gute Mitarbeiter in den verschiedenen Diensten zu sorgen, sondern auch mittelfristig und langfristig geistliche Leiter, Diakone und Älteste an Leitungsdienste heranzuführen. Oswald Sanders schreibt: »Es ist die wichtigste und fruchtbarste Arbeit unserer Zeit, den Leitern von morgen zu helfen, ihre geistlichen Möglichkeiten zu entfalten. Diese Aufgabe erfordert genaue Denkarbeit, weise Planung, unendlich viel Geduld und echte Liebe. Unser Herr benutzte die meiste Zeit seines dreijährigen Dienstes dazu, den Charakter seiner Jünger zu formen und ihren Geist zu schärfen.«[25]

In diesem Zusammenhang muss ein offenes Wort zum Thema »Vorbild« gesagt werden: Viele, die sich so auf den Weg machen, ihren »Nachwuchs« zu fördern und zu begleiten, wünschen sich natürlich, dass sie gute Vorbilder für die potenziellen Nachfolger abgeben. Bei den sich rapide verändernden Herausforderungen der unterschiedlichen Zeiten und Generationen darf nicht erwartet werden, dass die Folgegeneration von Leitern auch die gleichen Strukturen, Wege und Formen der Leitung einfach übernimmt. Jede Generation wird vielmehr ihre eigenen Wege finden müssen. Das Vorbildhafte bezieht sich vor allen Dingen auf die geistliche Grundhaltung, auf Motivations- und Persönlichkeitsfragen. So ist es für einen geistlichen Vater oder eine geistliche Mutter möglicherweise mit innerem Schmerz verbunden, wenn die Söhne und Töchter die Dinge in einer anderen Weise angehen, gestalten und leiten als sie. Die Fähigkeit loszulassen, zu schweigen und sich in die Reihe derer zu begeben, die geleitet werden anstatt zu leiten, die beraten anstatt zu bestimmen, gehört auch dazu, wenn man ein guter geistlicher Leiter sein will. Die Jungen allerdings täten gut daran, auch den Rat der vorhergehenden Leitergeneration zu hören und von ihren Erfahrungen zu profitieren. Dieser Rat ist heute vielfach nicht mehr gefragt. Gerade in der Gemeinde Jesu sollten die Schwestern und Brüder, die über Jahre die Gemeinde geleitet haben, gehört und geehrt werden, auch dann, wenn sie offiziell kein Mandat mehr haben. Wo jedoch ein ehemaliger Gemeindeleiter sich selber immer wieder Gehör und Ehre dadurch verschaffen will, dass er sich selbst nach wie vor für den »eigentlichen« Leiter einer Gemeinde hält, zeigt er an, dass er die geistliche Qualifikation für einen Leitungsdienst in der Gemeinde verloren hat.

8. Der gefährdete Leiter

Als Paulus sich von den Ältesten der Gemeinde in Ephesus verabschiedete, gab er ihnen einen Rat, der auch von den Gemeindeleitern unserer Zeit nicht überhört werden sollte: »Habt Acht auf euch selbst und auf die ganze Herde, in welcher der Heilige Geist euch als Aufseher eingesetzt hat, die Gemeinde Gottes zu hüten, die er sich erworben hat durch das Blut seines eigenen Sohnes! Ich weiß, dass nach meinem Abschied grausame Wölfe zu euch hereinkommen werden, die die Herde nicht verschonen. Aus eurer eigenen Mitte werden Männer aufstehen, die verkehrte Dinge reden, um die Jünger abzuziehen hinter sich her. Darum wacht und denkt daran, dass ich drei Jahre lang Nacht und Tag nicht aufgehört habe, einen jeden unter Tränen zu ermahnen! Und nun befehle ich euch Gott und dem Wort seiner Gnade an, das die Kraft hat, aufzuerbauen und ein Erbe unter allen Geheiligten zu geben. Ich habe von niemandem Silber oder Gold oder Kleidung begehrt. Ihr selbst wisst, dass meinen Bedürfnissen und denen, die bei mir waren, diese Hände gedient haben. Ich habe euch in allem gezeigt, dass man so arbeitend sich der Schwachen annehmen und an die Worte des Herrn Jesus denken müsse, der selbst gesagt hat: Geben ist seliger als Nehmen.« (Apg 20,28-35)

a) Konflikte in der Gemeinde

Der Apostel spricht in diesem seelsorgerlichen Schlusswort manche Gefahren an, die einen in die Gemeindeleitung Berufenen treffen können. Da sind zunächst die »grausamen Wölfe«, die von außen auf die Gemeinde einwirken und auch dem Leiter einer Gemeinde den Dienst enorm erschweren können. Es kann sein, dass eine ganze Gemeinde durch irreführende Lehren eines Gastpredigers verwirrt wird, dass Gemeinden bei der Bevölkerung in Misskredit kommen oder dass sogar verfolgungsähnliche Zustände eintreffen. Die verantwortliche Leiterschaft einer Gemeinde wird durch derartige Anfechtungen und Nöte besonders in Mitleidenschaft gezogen sein. Das kann zu schlaflosen Nächten führen, zu Ängsten oder inneren Kämpfen. Jeder, der schon einmal eine Gemeindekrise durchlebt hat, weiß, wie schnell die Angriffe sich auch gegen die Leiterschaft der Gemeinde richten.

Manchmal sind es aber auch die Angriffe aus den eigenen Reihen, die zu Unfrieden und massiven Auseinandersetzungen innerhalb der Gemeinde führen. In Gemeindestunden werden dann die Vorwürfe laut – und zudem häufig noch protokolliert. Man wirft sich Intrigenspiel und Hintergehungen vor. Sicher, teilweise mögen diese Vorwürfe berechtigt sein, dennoch scheint mir, dass es in den meisten Situationen eine Attacke des Satans ist, der die Gemeinde zerteilen und uneins machen will. Erstaunlicherweise sind die Probleme oft gar nicht genau zu benennen. Die Konflikte sind allzu oft in der verschiedenen Persönlichkeitsstruktur der unterschiedlichen Leiter zu sehen. Da mag einer ein absoluter Nähetyp sein, der erst in feinster Analyse alle Beziehungen geklärt haben muss, bevor er in eine weitere kreative Phase der Leitung einsteigt. Die Gemeinde entartet zu einer Gemeinschaft, die sich immer und immer wieder selber zum Thema hat. Ein anderer mag auf diese Dinge kaum Wert legen. Er will die Gemeinde antreiben zur Mission und Aktivität, ungeachtet der Beziehungen. Es kann durchaus eine große Hilfe sein, wenn die unterschiedlichen Leiter sich ihrer verschiedenen Persönlichkeitsprofile bewusst werden. Hier kann z.B. ein so genannter DISG-Test eine Orientierungshilfe sein (DISG steht für vier Persönlichkeitsprofile: Dominant – Initiativ – Stetig – Gewissenhaft).[26]

Die Verschiedenartigkeit der Charaktere bildet nur eine der vielen Varianten der Gefährdung einer geistlichen Leiterschaft. Gehen wir einmal davon aus, dass in einer Gemeinde – ähnlich wie im Epheserbrief benannt (Eph 4,11) – Apostel, Propheten, Lehrer, Hirten und Evangelisten sind. Gemäß ihrer unterschiedlichen Leitungsgaben, werden sie viele Dinge der Gemeinde auch verschieden wahrnehmen und deuten. Für einen »Vollblut-Evangelisten« ist immer die Zeit zur Evangelisation, wohingegen ein Hirte auch schon einmal eine andere Priorität betont. Der Lehrer möchte vielleicht mit aufgeschlagener Bibel nach einer Wegweisung aus dem Wort Gottes suchen und die Leiterschaft in ein Lehrgespräch einbeziehen. Für den Propheten sind endlose Debatten oft nicht auszuhalten. Er ruft zum Gebet auf und zum Hören auf Gott.

Dies sind nur einige Facetten der hochgradig spannungsvollen Situationen, die in der unterschiedlichen Zusammensetzung der Leiterschaft liegen. Bei aller Bereitschaft im Team zu arbeiten, ist es hilfreich – besonders bei einer größeren Anzahl von Leitungsmitgliedern –, wenn deutlich ist, wer das »letzte Wort« zu sprechen hat. In vielen Gemeinden wird das der Pastor sein, in freikirchlichen Gemeinden ist es aber häufig auch der Gemeindeleiter, der für die Mitglieder schon über viele Jahre hin eine Art »Vater in Christus« ist. Dieser »Erste unter Gleichen« sollte allen Wert auf das partnerschaftliche Aufeinanderhören legen.

Sinnvoll für die Konfliktbegrenzung ist es, wenn für einzelne Aufgabenfelder auch die Zuständigkeiten geklärt sind. So könnte z.B. für die Gottesdienstgestaltung der Pastor das Team anführen, wohingegen im Bereich der Finanzen ein Ältester und für einen anderen Dienstbereich wiederum der zuständige Diakon das letzte Wort hat. Das in den deutschen freikirchlichen Gemeinden übliche duale Leitungssystem, das einen ehrenamtlichen Gemeindeleiter und einen hauptamtlichen Pastor an der Leitungsspitze einer Gemeinde sieht, wird in den Landeskirchen so nicht praktiziert, aber auch z.B. in den meisten amerikanischen Baptistengemeinden nicht. Hier ist der Pastor in der Regel auch der Gemeindeleiter. Es mag sein, dass dadurch mancher uns geläufige Konflikt ausgespart ist, andere Gefährdungen treten dadurch jedoch in den Vordergrund (z.B. die Fixierung auf eine Person). Schwierig wird es trotz der Zwei-Personen-Leitung, wenn der Pastor von dem Gemeindeleiter lediglich als Angestellter der Gemeinde betrachtet wird oder wenn in umgekehrter Weise der Pastor die anderen leitenden Mitarbeiter nur als Berater für seine Arbeit sieht. In beiden Fällen besteht die Gefahr eines Konflikts.

b) Stress und »Burnout« bei Leitern

Unter Pastoren hört man immer wieder die Klage: »Ich habe einfach zu viel zu tun!« Es scheint, als ob Verantwortliche sich in ihrer Geschäftigkeit und ihrem Fleiß von kaum jemandem überbieten lassen wollen. Da sie sich ja von Gott selbst in diese Lebensaufgabe hineingerufen sehen, ist es für die meisten auch selbstverständlich, dass Pausen hier nicht erlaubt sind.

Die Frauen und Männer, die in einem ehrenamtlichen Leitungsdienst in der Gemeinde stehen, füllen die Zeit, die ihnen neben ihren Berufen bleibt, mit Gemeindeterminen. Und es ist erstaunlich, welch hoher Zeit- und Krafteinsatz hier geleistet wird. Gemeindeleitungssitzungen dauern nicht selten bis in die Nachtstunden, und wenn andere am Sonntagvormittag endlich einmal ausschlafen und mit der Familie gemütlich frühstücken, steht so mancher Gemeindeleiter in der Anspannung der letzten Vorbereitungen für den Gemeindegottesdienst. Kommen zu den Aufgaben in der Ortsgemeinde dann auch noch die überregionalen Konferenztermine, so wird mit Sicherheit auch der eine oder andere Urlaubstag dabei eingesetzt.

Aus diesen Gründen ist es verständlich, wenn auch von den hauptamtlichen Mitarbeitern der Gemeinde ganzer Einsatz erwartet wird – und nicht etwa nur »Dienst nach Vorschrift«, der auf die Einhaltung von Freizeit pocht.

Allerdings führt ein solch hoher Zeit- und Kraftaufwand nicht immer zu dem erwarteten Erfolg. Immer mehr Christen in Leitungsfunktionen fühlen sich unter enormem Stress. Sie hetzen von einem Termin zum anderen, sie sind ständig aktiv, haben aber das Gefühl, nur selten ein Ziel zu erreichen. Natürlich ist Stress ein Phänomen unserer Zeit, und es trifft nicht nur Menschen in geistlichen Leitungsdiensten. Dennoch scheinen geistliche Verantwortungsträger in besonderer Weise gefährdet zu sein. Einige kommen dann auch zu einem Punkt, den wir als »Burnout« bezeichnen.

Wenn man eine Kerze an beiden Enden anzündet, mag sie doppelt so viel Licht erzeugen, aber sie brennt auch doppelt so schnell ab. Dieses Bild beschreibt sehr gut den Prozess des Ausbrennens (Burnout). Schließlich entdeckt man seine geistigen, psychischen und physischen Grenzen. Die Kraft ist erschöpft und der Wille weiterzumachen ist am Ende. Myron Rush erklärt in seinem Buch *Ausgebrannt – was nun?*: »Ausbrennen ... ist die Art Stress und emotionale Ermüdung, Frustration und Erschöpfung, die dann auftritt, wenn eine Abfolge (oder eine Kombination) von Ereignissen in einer Beziehung, einem Vorhaben, einer Lebensform oder im Beruf nicht die erwarteten Resultate erbringt. Das Ausbrennen widerfährt gewöhnlich zielorientierten Tatmenschen, die dem Erfolg nachjagen. Ihr Terminkalender ist normalerweise voll, und sie arbeiten immer mehr, als von ihnen verlangt wird.«[27]

Roy Oswald betont in einer Studie über das Ausgebranntsein bei Kirchenleitern: »17 % aller Hauptamtlichen in der Kirche – ca. jeder Fünfte – ist ausgebrannt. Das heißt nicht, dass diese Leute nun nicht mehr aktiv in der Gemeinde sind. Sie sind immer noch in der Lage, ihren Dienst ›ordentlich‹ zu absolvieren, aber sie haben ihre Ausstrahlung, ihre Freude und ihren Enthusiasmus für die Sache verloren. Sie treten lahm und uninteressiert auf, so als ständen sie unter einer Betäubung, und nur wenig Unternehmenskraft und Kreativität ist in ihnen übrig geblieben. Es ist eine Tragödie, dass dieses Ausgebranntsein vor allen Dingen unsere besten Leute trifft. Sie sind in Wirklichkeit ja nicht so lahm und unkreativ; sie haben einfach über einen viel zu langen Zeitraum zu viel von sich selbst eingebracht.«[28]

In ähnlicher Weise zeigt Paul Beasley-Murray auf, dass Pastoren unter ganz bestimmten Stresssituationen leiden, die mit dem geistlichen Leitungsdienst verbunden sind. So nennt er u.a. den inneren hohen »Berufungsdruck« (*high calling and high stress*), die hohen Erwartungen an den pastoralen Dienst in Bezug auf die persönliche Lebensführung, die Transparenz des familiären Lebens, die schlechte Bezahlung von Menschen im hauptamtlichen geistlichen Dienst und auch die Einsamkeit des geistlichen Leiters.[29]

Betrachten wir alle diese Faktoren, so wird deutlich, dass sie aufs Engste mit dem Leitungsverständnis eines Verantwortlichen verbunden sind. Entsprechen die Erwartungen der Gemeinde oder auch die eigenen Ansprüche, denen man genügen möchte, eigentlich dem biblischen Verständnis von Leiterschaft? Darf ein Leiter nicht schwach sein, keine Fehler haben, nicht einmal für eine längere Zeit ausgepowert sein? Muss ein Christ in Leitungsfunktionen immer bis an die Grenzen seiner Kraft kommen, sich sozusagen selbst bis zum Letzten aufopfern und dabei möglicherweise selber die Freude an der Nachfolge Christi verlieren?

Es hat den Anschein, dass die Worte Jesu von der Kreuzesnachfolge das Idealbild eines geistlichen Leiters prägen: »Wer sein Leben verliert um meinetwillen, der wird es finden« (Mt 10,39). Ganze Leitergenerationen leben mit der Vorstellung, dass die Aufopferung des Ichs, ja, das absolute Ausschalten jeglicher persönlicher Ansprüche Voraussetzung für den geistlichen Dienst sei. Aber was ist mit der Kreuzesnachfolge im Dienst denn gemeint? Sicher, jeder Leitungsdienst fordert einen umfassenden Einsatz der Person. Doch heißt das zugleich, dass ein geistlicher Leiter keine Ruhepausen mehr machen darf, dass es keinen Urlaub mehr gibt und er Tag und Nacht – gleich einem Märtyrer – bis zur Erschöpfung arbeiten soll für die Sache des Herrn?

Wenn man bedenkt, dass Jesus selbst das Vorbild für alle geistlichen Leiter ist, dann muss uns das zu einem anderen Schluss führen. Die Evangelientexte vermitteln nicht das Bild, dass Jesus in dieser Weise gestresst durch die Lande zog, von einem Termin zum anderen. Auch der Meister zog sich zurück, tankte auf und missachtete nicht die schöpfungsgemäßen Ordnungen im Leben. Der Apostel Paulus kennt den Einsatz, der bis zur Erschöpfung und zum Verlust körperlicher und psychischer Kraft führt. Aber er kennt auch die Zeiten des Auftankens, er kennt die Kraftquelle, die ihn nicht müde werden lässt, so dass er resümiert: »Deshalb ermatten wir nicht, sondern wenn auch unser äußerer Mensch aufgerieben wird, so wird doch der innere Tag für Tag erneuert.« (2Kor 4,16)

Der Apostel gewährt in seinen Ausführungen im zweiten Korintherbrief einen Einblick in seine Leiterexistenz, der viele seelsorgerliche Hilfen für geistlich Verantwortliche beinhaltet. Er zeigt auf, worin Anfechtungen und Stressfaktoren liegen, er wird aber auch nicht müde, auf die Kraftquellen zu verweisen, die es ihm ermöglichen, in derartigen Anforderungen zu leben.[30]

Stress durch schwierige Umstände und Personen

In 2Kor 1,8-11 spricht Paulus von Umständen und Menschen, die ihn und seine Mitarbeiter in eine innere Bedrängnis geführt haben: »Denn wir wollen euch nicht in Unkenntnis lassen, Brüder, über unsere Bedrängnis, die uns in Asien widerfahren ist, dass wir übermäßig beschwert wurden, über Vermögen, so dass wir sogar am Leben ver-

80

zweifelten. Wir selbst aber hatten in uns selbst schon das Urteil des Todes erhalten, damit wir nicht auf uns selbst vertrauten, sondern auf Gott, der die Toten auferweckt. Und der hat uns aus so großer Todesgefahr errettet und wird uns erretten; auf ihn hoffen wir, dass er uns auch ferner erretten werde; wobei auch ihr durch das Gebet für uns mitwirkt, damit von vielen Personen für das uns verliehene Gnadengeschenk gedankt werde, durch viele für uns.«

Es ist nicht genau auszumachen, auf welche der vielen Bedrängnisse Paulus sich in diesen Ausführungen bezieht. Offensichtlich ging es aber an die Grenze des Erträglichen und sogar über »das Vermögen« hinaus. Es gibt diese Nullpunktsituationen im Leben für den Herrn Christus. Der Apostel zeigt in diesem Zusammenhang drei Prinzipien auf, wie er mit solchem Stress umgeht:

– Extreme Stresssituationen (oder sogar Todesängste) führen uns zu der Erkenntnis, dass wir allein von der errettenden Kraft Gottes leben.

– Die Erinnerung an die bereits erfahrenen und in der Bibel berichteten Rettungswunder Gottes hilft, den Glauben und die Hoffnung nicht aufzugeben (V. 10).

– Die enormen Belastungen führen zum Aufruf zur Fürbitte der Gemeinde (V. 11).

Stress durch die Erfahrung menschlicher Schwäche

In 2Kor 4,7-11 erwähnt Paulus die starke Belastung, die durch körperliche und seelische Grenzerfahrungen entstehen: »Wir haben aber diesen Schatz in irdenen Gefäßen, damit das Übermaß der Kraft von Gott sei und nicht aus uns. In allem sind wir bedrängt, aber nicht erdrückt; keinen Ausweg sehend, aber nicht ohne Ausweg; verfolgt, aber nicht verlassen; niedergeworfen, aber nicht vernichtet; allezeit das Sterben Jesu am Leib umhertragend, damit auch das Leben Jesu an unserem Leibe offenbar werde. Denn ständig werden wir, die Lebenden, dem Tod überliefert um Jesu willen, damit auch das Leben Jesu an unserem sterblichen Fleisch offenbar werde.«

Die außerordentliche Spannung, die mit diesen Worten beschrieben wird, zeigt die Grunderfahrung eines jeden geistlichen Dienstes an. Es hat den Anschein, dass, je intensiver der Dienst für Jesus Christus ist, auch die Anfechtungen, die Nöte und die Defiziterfahrungen größer werden. Wenn Paulus bildhaft vom »irdenen Gefäß« spricht, so nimmt er damit auf die Zerbrechlichkeit und Schwachheit der menschlichen Existenz Bezug. Aber auch in diesem Fall weiß der Apostel, woher ihm Kraft und Zuversicht erwachsen.

- Das Wissen, dass die eigentliche Kraft immer von Gott selber kommt, und nicht etwa aus dem menschlichen Vermögen (V. 7).
- Die Deutung der Anfechtung im Zusammenhang mit dem Kreuz und der Auferstehung Jesu. Paulus sieht seinen Dienst so eng mit Christus verbunden, dass er sein eigenes Leiden mit dem Leiden Christi identifiziert.

Gerade dieses Grundverständnis eines Dieners Jesu Christi ist es, das ihm auch die Spannkraft gibt, in aussichtslosen, fruchtleeren Zeiten des Einsatzes nicht aufzugeben, sondern auf Christus selbst zu hoffen. Das innere Verbundensein mit Christus, dem Haupt der Gemeinde, ist auch die eigentliche Basis dafür, dass wir im geistlichen Führungsdienst nicht müde werden.

Sicher wird es Situationen geben, in denen wir uns zurückziehen oder auch einen anderen Ort des Dienstes aufsuchen müssen. Auch Petrus und Paulus wissen bei ihren Missionsreisen von solchen Situationen zu berichten. Ein vorschneller Wechsel – etwa von einer Pastorenstelle zur anderen – bricht aber auch manchmal Situationen ab, die mit Geduld und Leidenschaft durch Krisen in eine neue Phase des Gemeindelebens führen könnten. Insofern ist ein »stressfreier« Dienst in einer geistlichen Leitungsfunktion mit Sicherheit nicht möglich.

Paulus scheut sich nicht, gegenüber den Korinthern diesen »stressreichen« Dienst auch beim Namen zu nennen: »In allem empfehlen wir uns als Gottes Diener, in vielem Ausharren, in Bedrängnissen, in Nöten, in Ängsten, in Schlägen, in Gefängnissen, in Tumulten, in Mühen, in Wachen, in Fasten, in Reinheit, in Erkenntnis, in Langmut, in Güte, im Heiligen Geist, in ungeheuchelter Liebe, im Reden der Wahrheit, in der Kraft Gottes; durch die Waffen der Gerechtigkeit zur Rechten und zur Linken; durch Ehre und Unehre, durch böse und gute Nachrede, als Verführer und Wahrhaftige; als Unbekannte und Wohlbekannte; als Sterbende, und siehe, wir leben; als Gezüchtigte und doch nicht getötet; als Traurige, aber allezeit uns freuend; als Arme, aber viele reich machend; als nichts habend und doch alles besitzend.« (2Kor 6,4-10)

Hier tut sich ein wahrhaft spannungsreiches Panorama geistlicher Existenz auf. Wer also ein ruhiges, beschauliches, stressfreies Dasein wünscht, der sollte auf keinen Fall ein geistliches Leitungsamt anstreben! Meiner Meinung nach entsteht ein hohes Maß an innerem Zerrissensein, an Stress gerade dadurch, dass diese Spannung vermieden werden soll. Wer ein »Ja« zu einem geistlichen Leitungsdienst hat, der muss auch ein »Ja« zu dieser geradezu paradox wirkenden Existenzweise haben. Wenn hier keine klare Berufung vorliegt, wird auch die Zuhilfenahme von Zeitmanagement-Büchern nicht zum Abbau von Stress führen.

Das heißt nicht, dass Zeitmanagement nicht seine Berechtigung hätte. Die vielen guten Hilfen, die in den letzten Jahren auf den Markt gekommen sind, können durchaus auch zum Abbau von Stressfaktoren führen. Wer seine Zeit besser einteilt, der wird möglicherweise auch zu mehr Ausgeglichenheit in seiner Lebensführung finden. Meine Beobachtung ist allerdings die, dass die Menschen mit dem dicksten und differenziertesten Zeitplanungssystem oft auch die am meisten gestressten zu sein scheinen. Nicht allein die Fülle der Arbeit und Anforderungen führt zum Stress, sondern die Grundeinstellung zu Arbeit und Dienst ist ausschlaggebend.

Wer sich mit dem Dienst und dem Anliegen Jesu Christi eins weiß, der stellt sich täglich unter die Führung des Heiligen Geistes, um die Aufgaben zu erledigen, die Gott für diesen Tag vorgesehen hat (vgl. Eph 2,10). Jesus wusste genau, dass er von der unmittelbaren Führung durch den Heiligen Geist abhängig war. Dabei gab es durchaus Zeiten des Ausruhens. Auch für Männer und Frauen im Leitungsdienst gilt das Gebot der Ruhe. Schlaflose Nächte und das permanente Übersehen des Sabbatgebotes sind kein Zeichen von geistlicher Reife.

Doch nur wenigen Pastoren und Gemeindeleitern gelingt es, einen Tag in der Woche wirklich auszuruhen. Einige Pastoren halten sich den Montag der Woche frei, was allerdings von Gemeindemitgliedern nicht immer respektiert wird. Für ehrenamtliche Gemeindeleiter gestaltet sich die Einhaltung eines arbeitsfreien Tages noch viel schwieriger. Nach einem vollen Gemeindesonntag haben sie in der Regel am darauf folgenden Montag nicht das Vorrecht, einen freien Tag zu haben. Natürlich kann man anführen, dass ja der Feiertag dazu da sei, um Gott zu ehren, und das geschehe schließlich in den Gemeindeveranstaltungen. Jeder Insider jedoch weiß, dass auch die Leitung von Gottesdiensten Kraft und Zeit kostet. Das Gebot, den Feiertag zu heiligen, beinhaltet eben auch das »Ruhen von den Werken«, einmal wirklich nichts zu tun, nicht zu funktionieren, nicht unter Druck zu stehen.

Ein weiterer Punkt zum Thema Stress sei noch angefügt: die Kunst der Aufgabenverteilung oder des Delegierens. Als Mose – ein wahrhaft geistlicher Führer – unter der Fülle der Arbeit zusammenzubrechen drohte, gab ihm sein Schwiegervater Jitro einen weisen Rat: »Die Sache ist nicht gut, die du tust. Du reibst dich auf, sowohl du als auch dieses Volk, das bei dir ist. Die Aufgabe ist zu schwer für dich, du kannst sie nicht allein bewältigen. Höre nun auf meine Stimme, ich will dir raten, und Gott wird mit dir sein: Vertritt du das Volk vor Gott, und bringe du die Sachen vor Gott. Belehre sie über die Ordnungen und Weisungen und zeige ihnen den Weg, den sie gehen, und das Werk, das sie tun sollen. Du aber suche dir aus dem ganzen Volk tüchtige, gottesfürchtige Männer aus, zuverlässige Männer, die ungerechten Gewinn hassen, und setze sie über sie: Oberste von Tausend, Oberste von Hundert, Oberste von Fünfzig und Oberste von Zehn, damit sie dem Volk jederzeit Recht sprechen. Und es soll geschehen, dass sie jede große Sache vor dich bringen, jede kleine Sache aber selbst richten. Auf diese Weise entlaste dich und sie mögen es mit dir tragen. Wenn du dies tust und Gott es dir gebietet, dann wirst du bestehen können, und auch dieses ganze Volk wird in Frieden an seinen Ort kommen.« (2Mo 18,18-23)

Ein wesentlicher Grund für die Überlastung von leitenden Mitarbeitern ist oft die mangelnde Fähigkeit zur Delegation. Da wo Leiter kein Vertrauen in andere Mitarbeiter setzen, weil sie ständig selbst die Kontrolle über alles behalten wollen, ist der Stress vorprogrammiert. Sicher werden viele Mitarbeiter zunächst die Aufgaben nicht in der gleichen Qualität ausführen wie der Leiter selber, aber trotzdem gibt es keinen anderen Weg. Wer sich in den vielen unzähligen Aufgaben der Gemeinde verliert, kommt oft nicht zum eigentlichen geistlichen Dienst. Viele Pastoren und Gemeindeleiter befassen sich einen Großteil ihrer Zeit mit Aufgaben, die sie durchaus an andere delegieren könnten (vgl. hierzu auch Apg 6,1ff).

c) Wenn Macht missbraucht wird

Wer von den Gefährdungen geistlicher Leiter spricht, der muss auch über den möglichen Missbrauch von Macht reden. Bei einer Schulung für Gemeindeälteste kam die Rede auf dieses Thema, und das Problembewusstsein schien in diesem Punkt nicht gerade sehr ausgeprägt. Es gehört wohl dazu, dass diejenigen, die Macht ausüben, sie häufig gar nicht als solche erleben. Verstehen die geistlichen Leiter sich nicht als Diener, als Menschen, die Gott und der Gemeinde zur Verfügung stehen, die sich aufopfern und alles einbringen? Wie kann man da von Macht oder gar Machtmissbrauch reden?

Jesus nimmt dieses Thema auf, nachdem unter seinen Jüngern ein Streit entstand, wer denn von ihnen nun der Größte sei. »Die Könige der Nationen herrschen über sie, und die Gewalt über sie üben, lassen sich Wohltäter nennen. Ihr aber nicht so! Sondern der Größte unter euch sei wie der Jüngste und der Führende wie der Dienende. Denn wer ist größer, der zu Tisch Liegende oder der Dienende? Nicht der

zu Tisch Liegende? Ich aber bin in eurer Mitte wie der Dienende.«
(Lk 22,25-27)

Jesus knüpft bei den in der Welt üblichen Machtsystemen an, er spricht von Herrschaft und Gewaltausübung und auch von der Diskrepanz zwischen den Versprechungen der Mächtigen und ihren eigentlichen Taten. Dieses Streben nach Größe und Einfluss ist etwas, dass wir bis in unsere Tage im Bereich von Politik, Wirtschaft und Kultur finden. Jedes menschliche System braucht Leitung, braucht Hierarchien, die das Leben ordnen.

Und dennoch stellt Jesus hier für das Reich Gottes die Dinge wieder einmal auf den Kopf. Im Reich Gottes sollen die Großen die Dienenden sein. Da ist das, was man »oben« nennt, unten – und umgekehrt. Was Jesus hier brandmarkt, ist nicht das Streben nach Einfluss an sich, sondern die Art und Weise, wie das in der Welt geschieht, denn diese Art der Machtausübung hat Ehre und Ruhm des Mächtigen zum Ziel. Das Streben nach höheren »Weihen« und nach mehr Anerkennung kann und darf nicht federführend sein, wenn jemand einen geistlichen Leitungsdienst ausübt. Je größer der Einfluss eines Verantwortlichen ist, desto demütiger und dienstbereiter muss er auch sein.

Im Bereich von Kirche und Gemeinde ist Macht nicht auf den ersten Blick zu erkennen, und ein Missbrauch lässt sich nicht sofort an den sonst üblichen Indizien festmachen. Die Gemeinde ist nicht etwa Befehlsempfänger und die Leiter der Gemeinde müssen sich nicht durch geschickteres Auftreten oder die Größe von Büros oder Autos von den sonstigen Gemeindemitgliedern abheben.

Hier geht es vielmehr um verborgene »Machtindizien«: Wer hat mehr Vollmacht im Gebet? Wer spendet den höchsten Betrag? Wer macht die meisten Besuchsdienste in der Gemeinde? Wer meldet sich häufig zu Wort und wer betet regelmäßig in den Versammlungen? Es gibt sehr subtile Formen der Machtausübung, die immer mehr Menschen in große innere Nöte führen. Der seelische Druck, der z.B. in der Verkündigung oder auch in der Seelsorge ausgeübt werden kann, führt manche Christen in die Verzweiflung.

In diesem Zusammenhang muss leider erwähnt werden, dass die so genannten ekklesiogenen Neurosen in der Psychiatrie keine Seltenheit sind. Hier sind Menschen aufgrund unterschiedlicher Erfahrungen in Kirchengemeinden und allgemein im religiösen Bereich an ihrer Seele krank geworden. Sicher hängen diese Erkrankungen nicht alle mit den geistlichen Leitern zusammen, aber sie spielen dabei häufig eine große Rolle. Kaum ein Buch hat in evangelikalen und charismatischen Gemeinden in der letzten Zeit für so viel Aufruhr gesorgt wie der von David Johnson und Jeff Van Vonderen veröffentlichte Titel *Geistlicher Missbrauch*[31], in dem es um die zerstörende Kraft frommer Gewalt geht. Wenngleich die Ausführungen zu diesem heiklen Thema z.T. sehr pauschal sind (und somit wiederum irreführend und auch gefährlich sein können), zeigen die Autoren auf, dass geistliche Leiterschaft immer wieder in der Gefahr des Machtmissbrauchs steht.

Parallelen hierzu sind bereits in der Bibel aufgezeigt. Wenn Jeremia die falschen Propheten angreift (Jer 5,26-31; 6,13-14) oder auch wenn Jesus aufs Schärfste den Machtmissbrauch der Schriftgelehrten und Pharisäer anprangert, wird deutlich, wie verbreitet diese Gefährdung ist. In Bezug auf die religiösen Führer nahm Jesus kein Blatt vor den Mund: »Hütet euch vor den falschen Propheten, die in Schafskleidern zu euch kommen! Inwendig aber sind sie reißende Wölfe. An ihren Früchten werdet ihr sie erkennen. Liest man etwa von Dornen Trauben oder von Disteln Feigen? So bringt jeder gute Baum gute Früchte, aber der faule Baum bringt schlechte Früchte. Ein guter Baum kann nicht schlechte Früchte bringen, noch kann ein fauler Baum gute Früchte bringen. Jeder Baum, der nicht gute Frucht bringt, wird abgehauen und ins Feuer geworfen. Deshalb, an ihren Früchten werdet ihr sie erkennen.« (Mt 7,15-20)

Jesus wird nicht müde, das Volk und seine Jünger auf die starke Diskrepanz zwischen der Lehre und dem Leben der geistlichen Führer seiner Zeit aufmerksam zu machen: »Alles nun, was sie euch sagen, tut und haltet; aber handelt nicht nach ihren Werken! Denn sie sagen es und tun es nicht. Sie binden aber schwere und schwer zu tragende

Lasten zusammen und legen sie auf die Schultern der Menschen, sie selbst aber wollen sie nicht mit ihren Fingern bewegen. Alle ihre Werke aber tun sie, um sich vor den Menschen sehen zu lassen; denn sie machen ihre Gebetsriemen breit und die Quasten groß. Sie lieben aber den ersten Platz bei den Gastmählern und die ersten Sitze in den Synagogen und die Begrüßungen auf den Märkten und von den Menschen Rabbi genannt zu werden. Ihr aber, lasst ihr euch nicht Rabbi nennen! Denn einer ist euer Lehrer, ihr alle aber seid Brüder. Ihr sollt auch nicht jemanden auf der Erde euren Vater nennen; denn einer ist euer Vater, nämlich der im Himmel. Lasst euch auch nicht Meister nennen; denn einer ist euer Meister, der Christus. Der Größte aber unter euch soll euer Diener sein. Wer sich aber selbst erhöhen wird, wird erniedrigt werden; und wer sich selbst erniedrigen wird, wird erhöht werden.« (Mt 23,3-12)

Menschen, die andere durch religiöse Macht verführen und bedrängen, sind für Christus Heuchler (Mt 23,13.25.29), blinde Führer (Mt 23,16), ja, »Schlangen und Otternbrut« (Mt 23,33). Auch Paulus warnt aufs Schärfste vor geistlichen Verführern, die häufig eine neue Gesetzlichkeit verkünden und somit Menschen stark belasten (vgl. z.B. die Ausführungen im Galaterbrief).

Das Problematische beim »geistlichen Missbrauch« besteht darin, dass dieser von den Tätern in der Regel nicht als solcher empfunden wird – wohl kaum ein Pharisäer, Gesetzeslehrer oder Schriftgelehrter zur Zeit Jesu hat sich selber als »blinder Führer« oder als Heuchler angesehen. Sie meinten, das Ausüben von Macht diene der guten Sache Gottes.

Doch die Geschichte liefert genügend Beispiele, wo geistliche Führer, Kirchen- und Gemeindeleiter Menschen »im Namen Gottes« unterdrückten, hassten und mordeten. Die Verführbarkeit der Menschen im religiösen Bereich wird in unserer Zeit neu deutlich durch die zunehmende Präsenz religiöser Splittergruppen und Sekten. Ein typisches Merkmal einer Sekte ist die starke Bindung an einzelne Leiterpersönlichkeiten, die von ihren Nachfolgern unbedingten Gehorsam verlangen und dabei nicht selten die Aussagen der Bibel missbrauchen. Die Gefahr der Manipulation liegt auf der Hand: Weil Menschen Gott gehorsam sein wollen, gehorchen sie auch den geistlichen und religiösen Führern.

Es wäre ein Fehler zu meinen, dass diese Gefahr in kirchlichen oder freikirchlichen Kreisen nicht besteht. Bis heute müssen uns die Vorgänge um die so genannte »Colonia Dignidad« eine Warnung sein. Diese vorwiegend in freikirchlichen Gemeinden entstandene Sekte hat unter der Führung ihres Leiters Paul Schäfer unzählige Menschen und Familien in eine Menschenabhängigkeit geführt und sie geistlich missbraucht. Ein wirklicher geistlicher Leiter dagegen ist Vorbild in Worten und Werken, und seine klare Bindung an Jesus Christus als den Herrn ist ebenso unerlässlich wie das Prüfen seiner Lehre am biblischen Wort.

Wenn aber die Gefahr des Machtmissbrauchs so deutlich gegeben ist, stellt sich die Frage, ob es in der Gemeinde Jesu überhaupt Macht geben muss. Kommt nicht alle Macht und Ehre Christus, dem Haupt des Leibes, zu? Wie wir bereits gesehen haben, hat Gott in seiner Souveränität beschlossen, seine Macht, seine Autorität *(exousia)* Menschen anzuvertrauen, indem er sie in einen Leitungsdienst beruft. Das Ideal lautet also nicht etwa: In der Gemeinde soll es keine Macht, keine Autorität von Menschen geben! Die Frauen und Männer, die Gott in Leitungsdienste beruft, sollen diese jedoch in klarer innerer Motivation und im Geiste Jesu ausüben. Das Stichwort des Dienens ist hier von größter Bedeutung. Es ist deshalb auch angemessen, von Leitungsdiensten zu reden und nicht in erster Linie von »Ämtern« oder gar »Posten«, die vergeben werden.

In diesem Zusammenhang sei nochmals darauf hingewiesen, dass Jesus sich von dem in der Welt üblichen Leitungsverständnis deutlich distanziert hat: »Ihr aber (sollt es) nicht so (tun)!« (Lk 22,26). Wenn Jesus sich immer wieder selbst als Vorbild für die geistliche Leitung hinstellt, so könnte dieses neue Leitungsverständnis auch zu einem Leitbild für außergemeindliche Führung gesehen werden. »Wir brauchen eine neue *Leadership*, die Führungskunst und nicht Führungs-krampf produziert«, fordert der bekannte Kreativitätsforscher Gottlieb Guntern in seinem Buch *Argumente für eine neue Führungskultur – Im Zeichen des Schmetterlings.*[32] Er vergleicht die weltliche Leitungskul-tur – die Jesus zu seiner Zeit auch ansprach – mit dem Verhalten eines Dinosauriers, der für Macht und Größe steht. In Wirtschaft und Politik, in Staat und Kirche – überall sitzen für ihn die »Dinos«, die herrschen wollen. Der Schmetterling wird für Guntern zum Symbol eines neuen Führungsstils, den er an der Schwelle zum neuen Jahrtausend für unentbehrlich hält und der gekennzeichnet ist von optimalen Anpas-sungsstrategien, maximaler Flexibilität, Kreativität und Harmonie.

Ein solcher Führungsstil hat viel gemeinsam mit der »Kultur des Dienens«, die Jesus vertrat. Waren in den vergangenen Jahren die kirchlichen Führungskräfte häufig in die Schule der Manager aus Wirt-schaft, Politik und Gesellschaft gegangen, so könnte es schon bald umgekehrt sein. Die christliche Leitungskultur setzt Akzente, die auch im säkularen Leben in Zukunft von großer Bedeutung sein können.

Eine derartige Kultur des Dienens muss allerdings auch gepflegt werden und sollte in der Gemeinde ihren klaren Rahmen haben. Der demokratische Gedanke der Gewaltenteilung findet sich zumindest ansatzweise in der Tatsache wieder, dass im Neuen Testament Leitung immer im Team geschieht. Es gibt dort nicht den einzigen Leiter, der einer Gemeinde vorsteht und alle Leitungsdienste abdeckt. Die Viel-falt der charismatischen Begabungen zeigt vielmehr eine Abhängig-keit untereinander auf. Es ist deshalb überaus sinnvoll, dass geistliche Leitungsdienste in der Gemeinde auf mehreren Schultern ruhen. Auch wenn die unterschiedlichen Berufungen und Begabungen ein gewis-ses Konfliktpotenzial bieten, so liegt darin doch ein großer Schutz vor dem Missbrauch von Macht, wenn es um die einzelne Person eines Leiters geht. Im Leitungsteam kann man aufeinander achten und sich gegenseitig korrigieren und wenn nötig ermahnen.

Schwieriger ist es, wenn ein Gemeinde- oder Ältestenrat als Gan-zes eine Gemeinde dominiert, anstatt in einer dienenden Haltung aufzutreten. Eine Gemeindestruktur, die – wie in den meisten freikirch-lichen Gemeinden – der Mitgliederversammlung eine höhere Autoriät zuspricht als der von ihr gewählten Gemeindeleitung, kann die Ent-wicklung von Machtmissbrauch durch das Leitungsgremium ein-dämmen. Letzlich ist man in der Gemeinde Jesu jedoch darauf ange-wiesen, aufeinander Acht zu haben, damit der dienende Geist Jesu auch in allen Leitungsaufgaben zum Tragen kommt. Sollte es in extre-men Situationen zu massiven Nöten in der Gemeinde kommen, so kann auch bei überörtlichen Instanzen Hilfe angefragt werden (etwa bei der zuständigen Vereinigung oder Kreissynode).

d) Der »Pfahl im Fleisch«

Wenn man von bedeutenden Frauen und Männern der Kirchen-geschichte liest, kann man feststellen, dass erstaunlich viele von ihnen ein ganz spezifisches Leiden hatten, das sie vor Hochmut und Überheblichkeit schützte. Von Martin Luther ist bekannt, dass er unter depressiven Zuständen litt, und von Billy Graham wissen wir, wie sehr ihn seine parkinsonsche Krankheit in den letzten Jahren eingeschränkt hat. Dies sind nur zwei Beispiele, und es gibt noch viele andere. Nicht immer ist es Krankheit, aber oft sind es Schwachpunkte des Körpers, die einen geistlichen Leiter lähmen können.

Auch der Apostel Paulus wusste von solch einer körperlichen Schwäche zu berichten, die er – in der bekannten Lutherformulierung – als »Pfahl im Fleisch« bezeichnete: »Darum, damit ich mich nicht überhebe, wurde mir ein Dorn für das Fleisch gegeben, ein Engel Satans, dass er mich mit Fäusten schlage, damit ich mich nicht über-hebe. Um dessentwillen habe ich dreimal den Herrn angerufen, dass er von mir ablassen möge. Und er hat zu mir gesagt: Meine Gnade genügt dir, denn meine Kraft kommt in Schwachheit zur Vollendung. Sehr gerne will ich mich nun vielmehr meiner Schwachheiten rühmen, damit die Kraft Christi bei mir wohne. Deshalb habe ich Wohlgefallen an Schwachheiten, an Misshandlungen, an Nöten, an Verfolgungen, an Ängsten um Christi willen; denn wenn ich schwach bin, dann bin ich stark.« (2Kor 12,7-10)

Dieses berühmte Wort des Apostels muss in seinem Zusammenhang gesehen werden. Während Paulus sich unmittelbar zuvor rühmt, dass er besondere ekstatische spirituelle Erlebnisse gehabt habe, führt er nun auch seine Schwäche an. In ein und derselben Person spiegelt sich beides, die verborgene tiefe Gotteserfahrung und die offensichtliche Schwäche. Dass es sich hierbei um etwas für alle Sichtbares handelt, ist aus Gal 4,14ff zu entnehmen, wenn auch nicht klar wird, welche Art von Schwäche gemeint ist.

Jeder Versuch einer moralisch-pädagogischen oder theologischen Deutung des Leidens fehlt bei Paulus vollständig; es wird auch nicht angedeutet, dass Leiden ein verdienstreiches Werk der Askese sein könnte. Ebenso wenig wird das Leiden als solches verherrlicht. Im Gegenteil: Es ist eine Einwirkung dämonischer Mächte. Doch über der Aktivität des Satansengels leuchtet dennoch die sieghafte Kraft der Gnade Gottes auf. Wenn es heißt, dass diese Gnade ausreiche, so wird damit deutlich, dass die Gnadenzuweisungen und oftmals auch die Frucht des Dienstes nicht von dem Heiligungs- und Heilungszustand des Leiters abhängen.

Der Rückschluss, dass der körperliche und seelische Zustand bzw. auch das Maß der Heiligung demnach völlig unwichtig seien, ist allerdings auch nicht zulässig. Natürlich kommen Fragen auf, wenn man erfährt, dass ein Mann oder eine Frau Gottes, die vielen anderen Menschen zum Segen gesetzt war, gefallen ist und schließlich nur noch schamvoll vom Dienst zurücktreten kann. So mancher amerikanische TV-Prediger hat hier seine Zuhörer schon in ein böses Erstaunen versetzt.

Ist aber mit dem von Paulus angesprochenen »Dorn im Fleisch« auch zugleich der heimliche oder auch offenbare sündhafte Fall des Leiters angesprochen? Meint er nicht eher eine Schwäche des Körpers, die also nicht durch Eigenverantwortlichkeit oder geistliche Disziplin in den Griff zu bekommen ist? Und dennoch führen diese schwachen Stellen im Leben allzu vieler Leiter auch oft zum Fall und zur Sünde. Und der Satansengel schlägt nicht ziellos zu, sondern er möchte, dass Paulus dadurch zu Fall kommt. Genau das jedoch soll nicht gelingen, da Gott selber sich in eben dieser Schwachheit, in dieser geschlagenen dunklen Höhle der Persönlichkeit mit seinem hellen Gnadenschein hervortut. So gesehen, ist der Satansengel geradezu ein Gehilfe Gottes.

Wenn man diese persönliche Passage aus dem Leben des Apostels heute liest, ahnt man kaum, welch ungeheure Gebetskämpfe und Nöte ihm seine Schwäche verursacht hat. Ob es sich nun um eine körperliche oder seelische Erkrankung handelte oder ob vielleicht suchthaftes Verhalten oder auch sexuelle Nöte gemeint waren, bleibt offen.[33] Der Ausdruck »Dorn im Fleisch« legt nahe, dass es bei Paulus um eine körperliche Anfechtung ging. Der griechische Begriff für Fleisch, *sarks*, kann jedoch auch im umfassenderen Sinn die gesamte Person eines Menschen meinen. Paulus sah sich hier einer Not gegenübergestellt, die er mit eigenen Kräften offensichtlich nicht aus seinem Leben schaffen konnte. Diese Not hat mit seiner Köperlichkeit zu tun. Er muss sich damit abfinden, dass ihm diese Not nicht genommen wird. Gelang es dem Satan durch seine Schläge, Paulus innerlich in die Knie zu zwingen, ja, in die Sünde zu treiben, so wurde der Apostel umso massiver auf die Gnade der Vergebung gestoßen; konnte er Paulus körperlich oder seelisch derart schwächen, dass dieser sich nicht mehr auf die eigene Kraft und Erfahrung verlassen konnte, so leuchtete die Gnade Gottes umso klarer auf.

Massive körperliche Anfechtungen finden wir auch heute noch im Leben von geistlichen Leitern. Immer wieder kommt es vor, dass vollmächtige Prediger in diesen Bereichen völlig schwach sind und wirklich durch dämonische Einwirkung gedemütigt werden. Dabei kann man verschiedene Schwächen unterscheiden.

Schwächen durch Krankheit oder Alter

Dass der menschliche Körper in dieser Welt nach wie vor unter dem Gesetz der Sünde, d.h. unter dem Verfall steht, wird von Paulus in differenzierter Weise in Röm 8 verdeutlicht. Zwar spricht er von dem neuen Gesetz des Geistes, in dem wir auch zu einer neuen Gesamtexistenz berufen sind, aber zugleich weist er darauf hin, dass die Erlösung des Leibes noch aussteht: »... auch wir selbst seufzen in uns selbst und erwarten die Sohnschaft: die Erlösung unseres Leibes.« (Röm 8,23)

Der menschliche Körper ist anfällig für Krankheiten und vergänglich und die Kraft nimmt mit zunehmendem Alter ab. Wohl bezeugt das Neue Testament, dass im Reich Gottes immer wieder die Zeichen der Wiederherstellung und Heilung geschehen, doch ein neuer, unzerstörbarer, ewiger Leib wird uns erst nach unserer Auferstehung verheißen (vgl. 1 Kor 15). Gerade körperliche Einschränkungen durch Alter oder Krankheit können auch im Leitungsdienst zu einer Gefährdung des Leiters führen. Da, wo Verantwortliche ihre eigenen Grenzen nicht berücksichtigen, überschreiten sie das Maß, das ihnen von Gott gesetzt wird.

Eine besondere Gefährdung im Dienst kann enstehen, wenn Gott in seiner Gnade Menschen heilt, wenn er – um das Bild des Paulus aufzunehmen – dem Satansengel Einhalt gebietet. Schlagen derartige persönliche Heilungserfahrungen in eine Erfahrungstheologie um, die sich nicht mehr in die Gnade Gottes schicken kann, sondern nur noch das Wunder der Heilung kennt, dann werden Menschen, die im Einflussbereich eines solchen Leiters stehen, auch sehr schnell unter Druck kommen: Heilung muss sein, sonst wird nicht mehr recht geglaubt. Natürlich gehört das Gebet um Heilung körperlicher Gebrechen auf die Tagesordnung jeder Gemeinde; dennoch behält Gott es sich selbst vor, ob er Leiden und Krankheit beseitigt oder sie tragen hilft.

Schwächen im Bereich der Sexualität

Zum Bereich der Körperlichkeit gehört auch die Sexualität des Menschen. Hier und da entsteht der Eindruck, Pastoren und geistliche Leiter könnten geradezu als sexuelle Neutren angesehen werden. Aber selbst ein Zölibat macht eine geistliche Leitungsperson nicht unempfänglich für sexuelle Bedürfnisse – immerhin gilt die Sexualität als einer der stärksten Triebe des Menschen. Auch Pastoren und Gemeindeleiter sind – wie zahlreiche Schicksale belegen – nicht immun gegen die Gefahren ehebrecherischer Gedanken und Taten. Oft sind diese auch Ergebnis eines verborgenen Leidens, das manchmal über Jahre hin getragen wurde. Hinzu kommt, wie die seelsorgerliche Praxis immer wieder zeigt, dass starke Leitungspersönlichkeiten nicht selten auch eine starke Sexualität haben.

In der Ehe findet die Sexualität eines verheirateten Leiters auch einen guten, von Gott vorgegebenen Rahmen. Aber das Leben beschränkt sich ja nicht allein auf die Ehe und zudem sind nicht alle geistlich Leitenden verheiratet. Es wird immer Menschen geben, die wir attraktiv finden und die uns auch erotisch anziehen. Von entscheidender Bedeutung wird sein, dass ein geistlicher Leiter den Bereich der Sexualität nicht als Ventil ansieht, um der sonst erforderlichen psychischen und oft auch körperlichen Konzentration zu entfliehen.

Gerade ein Lebensbereich, der eine solch starke Dynamik entfalten kann, braucht ein hohes Maß an Disziplin. Diese setzt bereits in der Gedankenwelt an. Wenn etwa ein Pastor oder Gemeindeleiter spätabends von der Versammlung kommt und dann – um zu entspannen – noch das Fernsehgerät anschaltet und einen späten Erotikthriller schaut, wird sich das ganz sicher auch auf seine Sexualität auswirken. Es bedarf eines hohen Maßes an Selbstbeherrschung, die Augen unter Kontrolle zu halten, damit nicht der ganze Mensch durch ehebrecherische Bilder in einen Sog gerät, aus dem er dann nicht mehr freikommt.

Eine besondere Gefährdung ist für Seelsorger und Seelsorgerinnen gegeben. Gerade da, wo ein Mensch sich einem anderen anvertraut, entsteht oft eine tiefe innere Verbundenheit. Wenn dazu noch körperliche Zeichen der Zuwendung kommen – etwa eine tröstende Umarmung –, kann eine seelsorgerliche Beziehung schnell auch in eine erotische umschlagen. Immer wieder hört man leider auch von sexuellen Vergehen an Kindern, die im kirchlichen Unterricht oder in einer Gemeindejugendfreizeit durch Gruppenleiter und -leiterinnen geschehen. Wer in diesen Bereichen schnell anfechtbar ist, sollte auf alle Fälle selbst in einer ständigen seelsorgerlichen und offenen Begleitung stehen.

Die Gefährdung im Bereich der Sexualität scheint unter geistlichen Leitern sehr unterschiedlich ausgeprägt zu sein. Während dies für die einen überhaupt kein Thema ist, bringt andere ihre unbewältigte Sexualität um die innere Freude und Vollmacht im Dienst. Man denke in diesem Zusammenhang nur einmal an Simson, der ja bekanntlich durch sein unbeherrschtes sexuelles Verlangen die Salbung Gottes verlor.

Ungeheiligte, nicht vom Geist Gottes geprägte Sexualität ist eines der größten Angriffsfelder für geistliche Leiter. Geheiligte Sexualität hingegen kann zu einer großen Stärkung im Dienst führen. Da, wo dieser wichtige Bestandteil des Lebens in einer guten ehelichen Ordnung steht, werden auch Kräfte freigesetzt.

Andere körperliche Schwächen

Es liegt sicher nicht nur an unserer hektischen Zeit, dass immer mehr Menschen massive Essprobleme haben. Magersucht und Bulimie sind Extremformen von Essstörungen, die in unserer Gesellschaft zunehmend auftreten und von denen insbesondere Frauen betroffen sind. Doch es gibt auch weniger auffällige Formen gestörten Essverhaltens. Von Thomas von Aquin und Martin Luther wissen wir, dass sie in diesem Bereich ein Problem hatten, und heute haben viele Menschen – auch Menschen in geistlichen Leitungspositionen, die besonderen psychischen Belastungen ausgesetzt sind – ein ungesundes Verhältnis zum Essen.

Außerdem ist auch der Griff zur Wein- oder Bierflasche in unseren Breiten unter geistlich Verantwortlichen keine Seltenheit. In einer

Gesellschaft, in der Alkoholsucht immer mehr zunimmt, sollte ein geistlicher Führer an diesem Punkt besondere Sensibilität an den Tag legen. Ähnliches muss in Bezug auf die Aufnahme anderer Suchtmittel wie Nikotin oder Koffein gesagt werden. Der Schritt in die Abhängigkeit ist oft nicht groß und manch ein geistlicher Leiter merkt gar nicht, wie er ohne es zu merken, unfrei wird. Da, wo eine körperliche oder auch psychische Abhängigkeit im Sinne einer Sucht eintritt, sollte ein Leiter seelsorgerliche und gegebenenfalls auch therapeutische Hilfe in Anspruch nehmen.

e) Das »liebe Geld«

Kaum ein Thema findet in der Bibel so viel Beachtung wie das Geld. Immerhin handelt etwa ein Drittel aller Gleichnisse Jesu davon und auch in den Briefen des Neuen Testaments werden die Finanzen angesprochen. Mit Geld kann unendlich viel Gutes getan werden, es kann Menschen aber auch völlig vereinnahmen. Wichtig bei allem Umgang mit Geld ist, dass der »schnöde Mammon« nicht Macht ausübt. Wie bei allen Gefährdungen eines geistlichen Leiters kann es auch hier so sein, dass etwas anderes wichtiger wird als Gott. Dass Geld eine solche Macht ausüben kann, betont Jesus in der Bergpredigt: »Niemand kann zwei Herren dienen, denn entweder wird er den einen hassen und den anderen lieben, oder er wird einem anhängen und den anderen verachten. Ihr könnt nicht Gott dienen und dem Mammon« (Mt 6,24). Wenn Jesus den aramäischen Begriff *mammon* gebraucht, um Reichtum zu beschreiben, gibt er ihm einen persönlichen und spirituellen Charakter. Er personifiziert das Geld als eine Art rivalisierenden Götzen und macht dadurch die Gefahr deutlich. Mammon ist eine Macht, die uns beherrschen will. Aus diesem Grund mahnt auch der Apostel Paulus seinen Mitstreiter Timotheus zur Wachheit: »Die Gottseligkeit mit Genügsamkeit aber ist ein großer Gewinn; denn wir haben nichts in die Welt hereingebracht, so dass wir auch nichts hinausbringen können. Wenn wir aber Nahrung und Kleidung haben, so wollen wir uns daran genügen lassen. Die aber reich werden wollen, fallen in Versuchung und Fallstrick und in viele unvernünftige und schädliche Begierden, welche die Menschen in Verderben und Untergang versenken. Denn eine Wurzel alles Bösen ist die Geldliebe, nach der einige getrachtet haben und von dem Glauben abgeirrt sind und sich selbst mit vielen Schmerzen durchbohrt haben. Du aber, o Mensch Gottes, fliehe diese Dinge; strebe aber nach Gerechtigkeit, Gottseligkeit, Glauben, Liebe, Ausharren, Sanftmut!« (1Tim 6,6-11). Auch hier wird deutlich, welch eine vernichtende Sogkraft das Geld im Leben eines Christen bekommen kann.

Nichtsdestotrotz müssen wir mit diesem Geld leben. Jesus fordert seine Jünger sogar auf, es für die gute Sache zu nutzen: »Macht euch Freunde mit dem ungerechten Mammon« (Lk 16,9). Obwohl uns der vergiftete Charakter des Geldes bewusst ist, nehmen wir es, verwenden es und machen es für Gottes gute Zwecke brauchbar.[34] Dem Christen ist die Berufung gegeben, das Geld zu gebrauchen, sich aber nicht von ihm beherrschen zu lassen. Richard Foster gibt in seinem Buch *Geld, Sex und Macht* hierzu einige Richtlinien, die auch für geistliche Führungskräfte hilfreich sein können.[35]

Besonders betont Foster den Zusammenhang von Geld und Gebet: »Geld ist eine geistliche Sache, und das Gebet ist unsere Hauptwaffe im geistlichen Leben. Lassen Sie uns füreinander darum beten, dass Gier und Neid gebunden werden und Freigebigkeit und Großzügigkeit freien Raum erhalten. Gehen Sie im Gebet davon aus, dass die Macht des Geldes schon gebrochen ist. Stellen Sie sich vor, wie die geistigen Mächte hinter dem Geld unter die Herrschaft Christi gebracht werden. Machen Sie sich ein Bild davon, wie das Geld die Notleidenden erreicht und für sie die notwendige Nahrung und medizinische Versorgung ermöglicht. Stellen Sie sich vor, wie Christen im Geschäftsleben bestimmen, investieren und Geld in neue kreative, das Leben fördernde Wege leiten. Beten Sie darum, dass die Regierungen der Welt ihre gewaltigen Mittel umleiten, so dass aus Bomben Brot wird ...

Lernen Sie es, nicht erst zu beten, wenn ein finanzielles Problem auftritt, sondern vorher.«

Leiter in der Gemeinde Jesu sollten lernen, den geistlichen Gebrauch des Geldes in der Gemeinde voranzutreiben, die Gemeinde in Bezug auf die Gefahren, aber auch die Chancen des Geldes zu belehren. Vor allen Dingen sollten sie wachsam sein, dass sie nicht der Gefahr erliegen, dem »Mammon« zu dienen.

In einer Gemeinde können die Finanzen schnell zum Entscheidungsfaktor werden. Da mag es gute Ideen geben und leidenschaftliche Überzeugungen für missionarische oder diakonische Projekte – allein das »liebe Geld« fehlt. Der Blick zum Kassierer lässt oftmals jegliche Kreativität in der Gemeindearbeit im Keim ersticken. Es scheint klar zu sein: Geld, das man nicht hat, kann man auch nicht ausgeben!

Aber gilt dieser so einleuchtende und wahre Satz auch bei den Planungen der Ausgaben einer Gemeinde? Wo liegt die gute Balance zwischen dem, was wir Glaubenshaushalt nennen, und dem vernünftigen Abwägen von finanziellen Möglichkeiten und Grenzen? Manche Gemeindeleitung hat sich schon übernommen und die Gemeinde so sehr verschuldet, dass kaum noch Bewegung für neue Projekte bleibt. Wer trägt dann die Verantwortung für solche Engpässe? Sind es nicht auch die geistlichen Leiter einer Gemeinde?

Eine andere Facette der Bedeutung der Finanzen spiegelt sich im Leben der hauptamtlichen Mitarbeiter einer Gemeinde. Die meisten Pastoren und Gemeindediakone haben kein großes Gehalt zu ihrer Verfügung. Von einem Pastorenhaushalt erwartet man zudem ein »offenes Haus« und Gastfreundschaft. Bei vielen Geburtstags- und Hochzeitsbesuchen fällt ein nicht geringer Betrag für Mitbringsel und Geschenke an. Nur wenige Gemeinden sehen hierfür auch einen Haushaltstitel vor, so dass der hauptamtliche Mitarbeiter in die eigene Tasche greifen muss – »freiwillig« natürlich. Größere finanzielle Belastungen entstehen zudem durch die häufigeren Umzüge, die durch einen Gemeindewechsel bedingt sind.

Leider ist es in vielen Gemeinden heute immer noch so, dass für derartige Bedürfnisse von hauptamtlichen Mitarbeitern kein großes Verständnis aufgebracht wird. Von Pastoren oder hauptamtlichen Mitarbeitern erwartet man, dass sie in bescheidenen Verhältnissen leben. Andere geistliche Leiter, wie etwa ein Gemeindeältester oder ein Mitglied der Gemeindeleitung, können dagegen – so das allgemeine Empfinden – ruhig über einen gewissen Wohlstand verfügen. Dass hier mit doppeltem Maß gemessen wird, ist den meisten Gemeindeleitern nicht bewusst.

Andere erkennen, dass die Pastorenfamilie finanziell knapp ist, und unterstützen sie in vielerlei Hinsicht. Oft sehen einzelne Gemeindeglieder oder Familien hierin einen besonderen Auftrag. Wenn man dem Pastor früher einmal einen Schinken oder einen Sack Kartoffeln brachte, so sind es heute oft Buchgeschenke oder auch Geldzuwendungen. So angenehm und willkommen diese manchmal sein mögen, so sollte ein geistlicher Leiter hier jedoch eine sehr große Zurückhaltung und Scheu an den Tag legen. Geschenke können auch in sich eine gewisse Verpflichtung bergen, die sich in der Erwartung besonderer seelsorgerlicher Zuwendung äußert. Besonders schwierig wird es, wenn solche »unterstützenden« Geschwister auch eine seelsorgerliche Ermahnung haben müssen, da sie vielleicht in Sünde leben oder eine Belastung für die Gemeinde sind. Die Gefahr ist, dass der geistliche Leiter dann nicht mehr unabhängig ist.

Von einem Christen in Leitungsfunktion darf erwartet werden, dass er auch in Bezug auf Geld besondere Sorgfalt an den Tag legt. Es kommt immer wieder vor, dass einem Pastor oder Diakon Geld für einen bestimmten guten Zweck in die Hand gelegt wird. Die sorgfältige Verwaltung dieser Spendengelder, die Menschen für Gottes Werk zur Verfügung stellen, muss gewährleistet sein. Sie sollten auch nicht zwischenzeitlich für einen anderen – womöglich privaten Zweck – genutzt werden. Sorgfalt muss auch walten, wenn es um die Abrechnung von Fahrtkosten, Telefonkosten oder anderen Ausgaben für die Gemeinde geht. Nicht allein, dass dieses aus steuerrechtlichen Gründen schon notwendig ist, auch hier sollte das Gewissen eines Verantwortlichen rein sein. Sicher ist es nicht immer in letzter Klarheit zu sagen, ob eine Autofahrt oder ein Telefonat rein dienstlich oder auch privat war; dennoch muss hier ein hohes Maß an Sorgfalt gegeben sein, auch wenn das Geld knapp ist.

Der geistliche Leiter muss anstreben, auch im Umgang mit Geld ein Vorbild abzugeben. Das bedeutet auch, dass er die in den meisten freikirchlichen Gemeinden übliche Abgabe des »Zehnten«, also 10 % von seinem finanziellen Einkommen, für die Sache Gottes zur Verfügung stellt (vgl. Mal 3,10).

In der Regel wird erwartet, dass dieses Opfer voll in den Gemeindehaushalt zurückfließt. Ein geistlicher Verantwortungsträger sollte sich aber auch jeweils vor Gott prüfen, ob er möglicherweise auch einmal ein gemeindefremdes oder überregionales Projekt im Reich Gottes unterstützt. Viele handhaben es so, dass der »Zehnte« in die eigene Gemeinde geht und andere Unterstützungen darüber hinaus möglich gemacht werden.

9. Wenn Leiter Seelsorge brauchen

Auch wenn sich ein geistlicher Leiter all der unterschiedlichen Gefahren bewusst ist, kann er der Versuchung dennoch erliegen. Jeder, der Leitungsaufgaben übernimmt, wird auch Fehler machen. Die Anforderungen an einen geistlichen Leitungsdienst sind groß und niemand ist perfekt.

Es kommt jedoch vor, dass geistliche Leiter sich so in Sünde und Unrecht verstricken oder derartig gravierende Fehler machen, dass eine Fortführung ihres Dienstes am selben Ort kaum denkbar ist. Wenn Verantwortliche in diesem Sinne »fallen«, so ist es besonders wichtig, dass sie nicht zugleich von der Gemeinde und ihren Glaubensgeschwistern und Freunden fallen gelassen werden. Die Herausforderung besteht wahrlich nicht darin, einen Leiter zu kritisieren und ihn wegen seiner Verfehlungen anzuprangern, sondern darin, ihn aufzurichten und ihm zu helfen, neu auf einen Weg mit Christus zu kommen. Die Gemeinde Jesu darf nicht einer Armee gleichen, die ihre eigenen Verwundeten erschießt.

Die Hilfe kommt in solchen Situationen allerdings oft nicht aus den eigenen Reihen. Mancher gefallene Leiter sucht deshalb Hilfe und Seelsorge außerhalb des eigenen Dienstbereiches, da das Vertrauen zu den nahe stehenden Mitarbeitern meist gestört ist. In vielen Freikirchen gibt es auch »offizielle« Ansprechpartner, die als eine Art Mentor und Seelsorger für derartige Fälle zur Verfügung stehen. Meist sehen sie ihre Aufgabe beschränkt auf die Pastorenschaft, so dass ehrenamtliche Älteste und Diakone oft keinen Ansprechpartner und keine kompetente seelsorgerliche Hilfe haben. Um den richtenden Blicken und Worten in der Gemeinde aus dem Weg zu gehen, verlassen sie die Gemeinden dann häufig, und zurück bleiben Verletzungen und unaufgearbeitete Beziehungen und vor allen Dingen das Gefühl, von nun an für Gott und sein Reich unbrauchbar zu sein. Dass ein solcher Weg für alle Beteiligten unbefriedigend ist, liegt auf der Hand.

Dabei könnte es doch auch ganz anders sein: Eine aufgearbeitete und innerlich bewältigte Krisensituation im Leben einer Führungsperson kann diese auch reifen lassen. Aus diesem Grunde allein lohnt es sich schon, mit Sorgfalt und Weisheit einen »gefallenen« Leiter aufzufangen und mit ihm gemeinsam nach seinem zukünftigen Weg zu fragen. Leider hängt einem einstmals »gefallenen« Leiter jedoch oft nach vielen Jahren noch ein Ruf an, der ihn in den Augen vieler disqualifiziert. Man denke nur an die Krisen im Leben von Jakob, von Paulus oder auch von Petrus.

Wenn ein Dienst nicht gelingt, so können die Gründe hierfür sehr unterschiedlicher Art sein. Nicht immer ist es moralisches Versagen, Untreue, Lüge, Ehebruch oder Ähnliches. Häufig kommt es auch zu einer Krise, wenn ein Verantwortlicher einfach am falschen Platz ist.

So kann es zur Überforderung oder auch zu einer Unterforderung kommen. Ein Mitarbeiter, der sich ständig mit Aufgaben konfrontiert sieht, die seiner Begabung nicht entsprechen, wird auf Dauer scheitern müssen. Leider geschieht es in Gemeinden immer noch zu häufig, dass jemand einfach in einen Leitungsdienst hineingewählt wird, ohne dass er über Charismen der Leitung verfügt.

Ein Herz für die Sache Jesu und ein gutes Maß an Sachverstand sind wichtig, aber im geistlichen Leitungsdienst nicht ausreichend. Wenn jemand z.B. Schwierigkeiten hat Entscheidungen zu treffen, so ist damit seine Leitungsfunktion eingeschränkt. Sicher kann es besonders in kleineren Gemeinden auch einmal zu einem personalen Engpass kommen, so dass Übergangslösungen geschaffen werden müssen. Wenn sich langfristig niemand mit der notwendigen Leitungsgabe zeigt, so sollte die Gemeinde inständig darum beten, dass sie der Gemeinde geschenkt wird. Hier kann es erstaunliche Entwicklungen geben.

Gott ist es, der Berufungen und Begabungen schenkt; er bewirkt das Wollen und Vollbringen und er setzt auch das Maß einer Berufung. Paulus mahnt in seinem Brief an die Römer: »Denn ich sage durch die Gnade, die mir gegeben wurde, jedem, der unter euch ist, nicht höher von sich zu denken, als zu denken sich gebührt, sondern darauf bedacht zu sein, dass er besonnen sei, wie Gott einem jeden das Maß des Glaubens zugeteilt hat« (Röm 12,3). Wenn nun jemand dieses Maß und den ihm von Gott gesetzten Berufungsrahmen überschreitet, so kann es zu Fehlentwicklungen in der Gemeinde führen. In solchen Fällen müsste es zu einer seelsorgerlichen Begleitung kommen, die dem Betreffenden hilft, seine Gaben und auch seinen Dienst zu erkennen. Manchmal kann das bedeuten, dass jemand aus der »ersten Reihe« in das zweite Glied tritt; es kann auch bedeuten, dass jemand aus der Gesamtverantwortung eines Ältestendienstes in eine spezifische Aufgabe eines Diakons geht, oder auch, dass jemand aus dem vollzeitlichen pastoralen Dienst ausscheidet und als Mitarbeiter einer Gemeindegruppe dient. Solche Klärungsprozesse sind notwendig, wenn die Gemeinde nicht noch größeren Schaden nehmen soll. Oft sind hierbei viele Einzelgespräche notwendig und vor allen Dingen das hörende und auch unterstützende Gebet für den Betreffenden.

Schwieriger gestaltet sich die Seelsorge an Leitern, die in moralischer Hinsicht versagt und sich offensichtlich in Sünde verstrickt haben. Eine Wiederherstellung des Dienstes ist nur dann möglich, wenn es zur Buße und zur Vergebung kommt. Buße setzt voraus, dass die betroffene Person erkennt, dass sich ihr Verhalten nicht mit dem Wort Gottes deckt und dass es sich um Sünde handelt. Es geht dabei nicht allein um die Schuld vor Gott, sondern auch um ein Schuldigwerden an der Gemeinde. Da, wo eine Gemeinde unmittelbar von der Verfehlung eines Leiters betroffen ist, ist auch ein Bekenntnis vor der Gemeinde angebracht. Dann sollte es aber auch zum Zuspruch der Vergebung kommen.

Handelt es sich um Verfehlungen, die dem geistlichen Leiter allein bekannt sind, so ist es angebracht, dass er einen persönlichen Seelsorger aufsucht und durch Buße und Bekenntnis zur Vergebung kommt. Wenn die Dinge dann wirklich geklärt sind, wird auch die Gemeinde erkennen, dass der geistliche Leiter mit neuer Freude und Gewissheit seinen Dienst tut. In diesem Zusammenhang sei darauf hingewiesen, dass es für einen geistlichen Leiter durchaus nicht selbstverständlich ist, auch einen Seelsorger zu haben. Wenn jedoch ein leitender Mitarbeiter in Not gerät und niemanden weiß, dem er sich vorbehaltlos anvertrauen kann, so sollte er Gott darum bitten, dass ihm eine solche Person gezeigt wird.

Kommen Verfehlungen auf Dauer nicht ans Licht, so wird ein Verantwortlicher niemals zu seiner eigentlichen Berufung durchdringen. So mancher Pastor und Gemeindeleiter sucht zu spät die Hilfe des Seelsorgers, so dass die Gemeinde schließlich von dem Problem erfährt. Selbst wenn dann durch Buße und Vergebung eine neue Basis für einen weiteren Dienst gegeben ist, bedeutet das nicht immer, dass die Weiterführung des Dienstes in der gleichen Gemeinde der richtige

Weg ist. Oft sind die Wunden zu tief, als dass man in gleichen Bahnen weitermachen könnte. In der Regel ist zu einem Neubeginn an einem anderen Ort oder in einer anderen Gemeinde zu raten. Ist ein Gemeinde- oder Ortswechsel nicht sinnvoll, so sollte ein Leiter für eine gewisse Zeit seinen Dienst ruhen lassen, um auch neues Vertrauen zu Gott und zu den Geschwistern zu gewinnen. Ohne eine solche Vertrauensbasis ist eine Fortführung des Leitungsdienstes in der Gemeinde nicht möglich.

Seelsorge ist jedoch nicht immer nur in einer solch extremen Krise vonnöten. Dieser umfassende Begriff, der zwar nicht aus der Bibel stammt, aber eine durchaus biblische Angelegenheit beschreibt, wurde nicht umsonst in der letzten Zeit wieder verstärkt in den Mittelpunkt gerückt. Seelsorge geschieht in der ganzen Breite: in großen Konferenzversammlungen, in Gruppengesprächen oder natürlich auch im Zweiergespräch. Während Seelsorge oftmals im klassischen Sinn als eine Art geistliches Krisenmanagement verstanden wird, kann man es auch so sehen, dass Seelsorge eine umfassende Aufbauhilfe für den neuen Menschen in Christus ist. Manchmal wird der Begriff sogar noch weiter gefasst, so dass jegliche Lebenshilfe und -beratung, die ein Christ einem anderen Menschen angedeihen lässt, als Seelsorge betrachtet wird.

So ist auch das Verhältnis von Seelsorge und Psychologie (und auch anderen Humanwissenschaften) in die Überlegungen über das Wesen von Seelsorge eingeflossen. Seelsorge gehört heute zu den klassischen Aufgaben geistlicher Leiter in den Gemeinden. Dabei wird davon ausgegangen, dass jeder, der eine geistliche Leitungsfunktion ausübt, zugleich auch seelsorgerliche Fähigkeiten hat. Wenn man die ganze Breite seelsorgerlichen Geschehens in der Bibel betrachtet, so ist diese Annahme sicher auch berechtigt: Da wird vom Ermahnen und Ermuntern gesprochen, vom Trost und von der Zurechtweisung und der aufbauenden Lehre oder Verkündigung. Menschen in geistlicher Verantwortung werden diese Aspekte des Dienstes immer auch beherzigen. Sicher wird es auch hier sehr unterschiedliche Begabungsschwerpunkte geben. Ein »Hirte« wird möglicherweise einen stärkeren Seelsorgedienst entwickeln als z.B. ein »Lehrer« oder »Evangelist« (vgl. Eph 4,11).

Seelsorger werden kontinuierlich einzelne Personen und Gemeinden im Blick haben und begleiten und nicht etwa erst als die »Nothelfer« agieren, wenn es zu einer Krise kommt. Sie sollten also nicht erst zum Einsatz kommen, wenn das »Kind« in den sprichwörtlichen Brunnen gefallen ist. Seelsorge begleitet den Menschen in seinen unterschiedlichen Lebensphasen.

Seelsorge kann auch auf sehr unterschiedlichen Ebenen geschehen. Immer zielt sie darauf hin, dass Menschen unter der Herrschaft Gottes ihr Leben gestalten und zu ihrer Berufung gelangen. Seelsorge dient dem Menschen im Namen Jesu und führt zu Orientierung, Heilung und Befreiung in der Kraft des Heiligen Geistes. Der seelsorgende Leiter wird hier gefordert, sein Ohr ganz bei dem zu haben, der die Seelsorge in Anspruch nimmt, und zugleich als Hörender ganz bei Christus zu sein. Seelsorge muss sich nicht in endlos langen Gesprächen ereignen, sie kann auch in einem zeitlich begrenzten Rahmen geschehen und sich über mehrere Gesprächsphasen hinziehen.

Nach diesen grundsätzlichen Überlegungen zum Verständnis von Seelsorge stellt sich nun die Frage, wie ein geistlicher Leiter seelsorgerlich begleitet werden kann. Es ist bereits mehrfach deutlich geworden, dass Menschen in Führungsaufgaben besonders gefährdet sind und entsprechend ihrer Aufgabe auch eine gute Begleitung und Beratung brauchen. Das weit verbreitete Bild eines geistlichen Leiters, der allein unmittelbar von Gott selbst seine Inspiration, seine Leitung und Kraft empfängt und nicht der menschlichen Hilfe bedarf, entspricht nicht dem biblischen Bild. Gerade nach neutestamentlichem Gemeindeverständnis hängen alle Glieder am »Leib Jesu« zusammen und sind miteinander verbunden. So manche Krise und mancher »Fall« eines geistlichen Leiters sind darauf zurückzuführen, dass es keine ausreichende seelsorgerliche Begleitung und Beratung gab.

Früher wurde – besonders in freikirchlichen Kreisen – immer wieder betont, dass ein Pastor oder geistlicher Leiter letztlich »einsam« sei, denn er könne in der Gemeinde keine Freunde haben. Ein Pastor, so hieß es, dürfe mit niemandem in der Gemeinde ein besonderes Näheverhältnis pflegen, da hierin eine Bevorzugung gegenüber den anderen Gemeindmitgliedern gesehen werden und somit Unmut in der Gemeinde entstehen könne. Der Pastor und Gemeindeleiter – so das angestrebte Ideal – ist für jeden in gleicher Weise da, ist für jeden ein Vater und Freund und Bruder.

Dieses Bild für geistliche Leiter hat verheerende Auswirkungen gezeitigt und entspricht in keiner Weise den Aussagen des Neuen Testaments. Jesus selbst hatte in seinem Jüngerkreis den so genannten Dreierkreis, den er besonders ins Vertrauen zog. Petrus, Jakobus und Johannes waren z.B. bei ihm auf dem Berg der Verklärung oder auch in der Nacht vor der Kreuzigung im Garten Gethsemane. Hier zeigte sich eine besondere Nähe Jesu zu diesen Jüngern. Auch Petrus und Paulus hatten Weggefährten, die ihnen besonders nahe standen, man denke nur an die Beziehung des Paulus zu Barnabas. Ein geistlicher Leiter braucht Vertraute, die Einblick auch in die intimen Bereiche seines Lebens haben. Ein geistlicher Leiter braucht Seelsorger, und Seelsorge setzt Offenheit und Vertrauen voraus – er braucht also Freunde.

Seelsorge kennt in der Regel unterschiedliche Ebenen, und deshalb konzentriert sie sich auch nicht auf nur eine Person. Da wir – auch als geistliche Leiter – in verschiedenen Vertrauensbeziehungen leben, ist es verständlich, dass Seelsorge an geistlichen Leitern mehrere Ansprechpartner voraussetzt. Da ist zunächst der enge und vertraute Bereich der Ehe und Familie. Die meisten, ja, vielleicht alle tief gehenden Fragen werden in einer guten Ehe auch miteinander besprochen und beraten. Der Ehepartner ist zugleich Freund, Berater und Seelsorger.

Aber die persönliche Nähe kann auch blind machen. So ist es erstrebenswert, einen Seelsorgepartner auch außerhalb der Ehe zu

suchen und zu konsultieren. Das sollte in der Regel ein gleichge-
schlechtlicher Partner sein. Frauen fällt es oft leichter sich einer
Freundin gegenüber zu öffnen und anzuvertrauen. Männerfreund-
schaften unter geistlichen Leitern sind leider immer noch sehr
selten.

Gute Freunde werden jedenfalls auch eine seelsorgerliche
Dimension ihrer Freundschaft haben. Ein regelmäßiger Gedanken-
austausch ist dabei wichtig, und auch das Gebet füreinander sollte
seinen festen Platz in einer seelsorgerlichen Freundschaft haben.
Die Häufigkeit der Treffen ist dabei gar nicht so ausschlaggebend,
sondern eher die Qualität. In einer guten seelsorgerlichen Freundschaft kommt man auch nach vielen Wochen des Getrenntseins sehr
schnell »auf den Punkt«. Manche solcher Freundschaften bestehen
über viele Jahre und Jahrzehnte und bleiben auch erhalten, wenn
einer der Partner wegzieht und an einem anderen Ort seinen Dienst
wahrnimmt.

Eine besondere Form der seelsorgerlichen Begleitung ist das
Mentoring. Der Begriff, der im Bereich des Managementtrainings
seit langem üblich ist, wird heute auch in gemeindlichen Zusammenhängen benutzt, wenn man von der stützenden Begleitung und
Förderung für einen Leitungsdienst spricht. Das Wort »Mentor«
selbst kommt zwar nicht in der Bibel vor, die Sache wird jedoch
mehrfach benannt. *Mentoring* in biblischer Zeit war ein Lebensstil.
Es war die vorrangige Methode, Können und Wissen von einer
Generation an die andere weiterzugeben. Es überrascht daher nicht,
dass uns die Bibel zahlreiche Beispiele für Mentorenbeziehungen
liefert: Jitro und Mose (2Mo 18); Mose und Josua (5Mo 31,1-8;
34,9); Mose und Kaleb (4Mo 13; 14,6-9; 34,16-19); Samuel und
Saul (1Sam 9-15); Samuel und David (1Sam 16; 19,18-24); Elia
und Elisa (1Kön 19,16-21; 2Kön 2,1-16; 3,11); Jojada und Joasch
(2Chr 24,1-25); Barnabas und Paulus (Apg 4,36-37; 9,26-30; 11,22-
30); Barnabas und Johannes Markus (Apg 15,36-39; 2Tim 4,11);
Priskilla, Aquilla und Apollos (Apg 18,1-3.24-28) und schließlich

Paulus und Timotheus (Apg 16,1-3; 1+2Tim) und Paulus und Titus (2Kor 7,6.13-15; 8,17; Tit).

In all diesen Fällen und auch heute geht es darum, dass ein reiferer Christ einen jüngeren begleitet und fördert. Früher sprach man häufig von den »Vätern und Müttern in Christus«. Die Redeweise vom »Mentor« betont die pädagogische und erzieherische Seite der Begleitung. Ein Mentor hat nicht nur die wirkliche geistliche Reife des Schülers zum Ziel, sondern fördert seinen »Schützling« auf allen Ebenen des Lebens. Hiermit rückt das *Mentoring* stark in die Nähe der Jüngerschaft. Ein geistlicher Leiter sollte zumindest am Anfang seines Dienstes einen solchen Mentor haben, der ihn begleitet und fördert. Bei Mitarbeitern im hauptamtlichen pastoralen Dienst ist eine derartige Begleitung durch einen Vikariatspartner vorgesehen, die aber nicht immer befriedigend verläuft. Mentoren geben den richtigen Rat zur richtigen Zeit; sie geben Anregungen an ihre Schüler weiter; sie riskieren zuweilen ihren eigenen Ruf, um ihre Schützlinge zu fördern und voranzubringen. Gute Mentoren sind ein Vorbild für ihre Schüler und dienen ihnen mit allen ihnen zur Verfügung stehenden Mitteln. Betrachten wir diese Kennzeichen eines guten Mentors, so wird deutlich, dass diese nicht immer für einen Vikariatsbegleiter oder auch einen Supervisor zutreffen. Ziel des geistlichen *Mentorings* ist nicht allein das Vermitteln von Wissen und Know-how, sondern das Weitergeben von Leben und Erfahrungen. Hilfreiche Anregungen finden sich in zahlreichen Büchern über *Mentoring*, so z.B. bei Howard und William Hendricks in »Man(n) braucht Freunde«.[36]

Gelingt eine solche Mentorenbegleitung gut, so werden oft aus den Schülern schließlich selbst Förderer und Mentoren. Hiermit wäre ein hohes Maß an seelsorgerlicher Begleitung von geistlichen Leitern gewährleistet.

Manches von dem, was man heute unter *Mentoring* versteht, wird in Gemeinden bereits praktiziert, ohne dass es besonders beachtet würde.[37]

Hier ist ein großer Reichtum von Erfahrungen und auch Bereit-schaft, einander um Jesu willen zu dienen. Viele gute Erfahrungen werden in der Teamarbeit eines Leitungskreises gemacht. Häufig wächst auch hier die Vertrauensebene so sehr, dass ein gutes und auch verbindliches seelsorgerliches Miteinander gegeben ist. Wenn der persönliche Austausch und das gemeinsame Gebet zu einer Selbstverständlichkeit unter geistlichen Leitern und Ältesten einer Gemeinde werden, wird im Vorfeld schon vieles aufgefangen, was eine weitere intensive Seelsorge im Sinne der Beratung überflüssig werden lässt.

III. Die freikirchliche Leitungspraxis

1. Das Leitungsverständnis in freikirchlichen Gemeinden

Die unterschiedlichen biblischen Akzente geistlicher Führung spiegeln sich auch im Leitungsverständnis freikirchlicher Gemeinden wider. Dabei gehen wir davon aus, dass gegenwärtig neben einigen allgemeinen Grundsätzen eine Vielzahl unterschiedlicher Leitungsmodelle praktiziert wird. Zunächst und vor allem wird die Gemeinde als Gemeinde bekennender und wiedergeborener Christen gesehen, sie ist »die Gemeinschaft der erlösten und mit Gott versöhnten, der glaubenden und gerechtfertigten, der getauften und geheiligten Menschen.«[38]

Die Christusgläubigen wissen sich von Gott nach seinem freien Willensentschluss erwählt (Röm 8,30; Eph 1,5.11) und sie haben ihrerseits eine persönliche Entscheidung für ein konsequentes Leben in der Gemeinschaft mit Christus und seiner Gemeinde getroffen. Jedes einzelne Gemeindemitglied kann sich nunmehr als ein Glied am Leib Christi verstehen (1Kor 12,27; Eph 4,12). Dieser Geistorganismus des Leibes Christi umfasst alle Gläubigen, Getauften und mit dem Heiligen Geist Erfüllten. Glaube, Taufe und Geistempfang sind die Kräfte, die den Leib Christi, und damit die Gemeinde Jesu konstituieren. Mit der Vorstellung vom Körper ist auch die Idee der sinnvoll gesetzten Ordnung gegeben. Paulus entwickelt in diesem Zusammenhang die Dienst- und Charismenlehre (vgl. 1Kor 12-14). Dabei handelt es sich um eine geistliche Ordnung. Die Gemeinde darf also nicht als rein menschliche Organisation verstanden werden, sondern sie hat eine charismatische Grundstruktur, die sich auch in ihrer Leitung widerspiegelt.

a) Der kongregationale Ansatz –
die Gemeindeversammlung

Grundlegend für das Leitungsverständnis freikirchlicher Gemeinden in Deutschland ist die hohe Würdigung der versammelten Gemeinde (Kongregation). In der Gemeindeversammlung wirkt der Heilige Geist mit den und durch die einzelnen Glieder einer Gemeinde. Da werden neue Mitarbeiter berufen (Apg 6), da geht es um die Verwaltung von Finanzen (Apg 11), um die Aufnahme von Mitgliedern (Apg 15) oder auch um Lehrfragen (Apg 15).

Insbesondere in der Tradition der Brüdergemeinden wird diesem kongregationalen Ansatz hohe Bedeutung beigemessen. Hier wird davon ausgegangen, dass der Heilige Geist die Versammlung selber leitet, indem er Männer (Brüder) sozusagen als Sprachrohr benutzt. Der Begründer der Brüderbewegung, Darby, hat es einmal so formuliert: »Man muss sich einfach im Namen Jesu versammeln, um die Wirksamkeit des Heiligen Geistes bitten und die offenbar gewordenen Gaben anerkennen und nutzen.«[39] So faszinierend dieser Gedanke auch ist, so zeigt gerade die Geschichte der Brüderbewegung auch die Schwächen eines solchen Leitungsverständnisses auf. Gerhard Jordy resümiert: »Das Überlegenheitsgefühl einer geistlichen Elite, die meinte, die Geistesleitung auf ihrer Seite zu haben, hat – besonders im englischen Raum – die Tragödie der Trennungen über die Brüderbewegung gebracht, und auch in den Zusammenkünften hat das vom Ansatz her so fruchtbare Prinzip der Geistesleitung Unzulänglichkeiten, die in der Schwachheit unseres menschlichen Ichs begründet sind, nicht verhindern können. Die oft wiederholte Ermahnung, dass ›allgemeines Priestertum nicht allgemeines Rednertum‹ bedeute, zeigt, dass die einseitige Betonung eines großartigen Grundsatzes auch ihre problematische Kehrseite hat. Bei der konsequenten Ablehnung aller menschlichen Ordnungsprinzipien fiel es oft schwer, eine Unordnung zu verhindern, die sich aus vordrängendem Geltungsbedürfnis oder auch aus falscher Bescheidenheit, kurz aus unseren menschlichen

(›fleischlichen‹) Eigenschaften herleitet.«[40] So ist es verständlich, dass in den heutigen Brüdergemeinden eine Neuorientierung eingesetzt hat, die das Verhältnis von Geistesleitung und Gemeindeordnung in ihrem praktischen Vollzug bedenkt.

Eine hervorragende Studienhilfe ist hierzu von René Schäfer unter dem Titel *Die Gemeinde Jesu* veröffentlicht worden. Er bleibt dem Leitungsverständnis der Brüdergemeinden treu, setzt jedoch auch eine deutliche Akzentuierung auf die Bedeutung der Leitungsdienste, wenn er u.a. schreibt: »In der Gemeindegründungsarbeit muss eine Führungsstruktur aufgebaut werden. Führung heißt nicht, dass eine kleine Gruppe von Ältesten da ist, die die Gemeindegründung leitet. Vielmehr muss darüber nachgedacht werden, wie und über welche Stationen die Gemeinde geleitet wird und wer die Verantwortung trägt. Es ist also eine ›nicht-hierarchische Führungskultur‹.«[41]

Damit nähern sich die so genannten Brüdergemeinden dem Leitungsverständnis der baptistischen und der Freien evangelischen Gemeinden an. In beiden Gemeindetraditionen hat die Gemeindeversammlung der Ortsgemeinde, auch Gemeindestunde genannt, die höchste Autorität. Peter Strauch begründet den hohen Stellenwert der Gemeindemitgliederversammlung im Bund Freier evangelischer Gemeinden u.a. mit dem Hinweis auf das allgemeine Priestertum aller Gläubigen: »Wir leben nicht mehr in alttestamentlichen Verhältnissen, sondern sind, wie es in 1. Petrus 2,9 heißt, alle Priester. So steht es auch in Offenbarung 1,6: ›Gott hat uns zu Königen und Priestern gemacht.‹ Jeder, der zur Gemeinde Gottes gehört, hat Gottes Geist bekommen (Römer 8,9), jeder ist damit ein ›Geistlicher‹ (Galater 6,1) und eben auch ein ›Priester‹ (Offenbarung 5,10; 20,6). Jeder Christ gehört zum Leib Christi und ist berufen, die Taten Gottes zu verkündigen (1. Petrus 2,9). Nur wenn wir diese Sicht von Gemeinde haben, werden wir aus unseren oft so schmalen Mitarbeiterstrukturen herausfinden können.«[42]

In ähnlicher Weise betonen baptistische Autoren den Grundsatz des allgemeinen Priestertums aller Glaubenden.[43] Zur Gemeindeversammlung gehören alle Mitglieder der Ortsgemeinde. Sie ist »das wichtigste und entscheidende Organ« der Gemeinde.[44] Jedes Gemeindemitglied hat das Recht und die Pflicht, die Entscheidungen, die den ganzen Leib Christi, die ganze Gemeinde betreffen, mitzutragen und mitzuprägen. Auf der Versammlung der Gläubigen liegt ein besonderer Segen. In gegenseitiger Ergänzung und Anerkennung hören die Einzelnen auf die Weisungen des Heiligen Geistes und treffen Entscheidungen im Vertrauen auf den Herrn der Gemeinde. Die Leitung geht von der Versammlung (Kongregation) der Gläubigen aus.

Die Gemeindeversammlung entscheidet in allen Angelegenheiten, die die Gemeinde betreffen, wie z.B. Berufung der hauptamtlichen Mitarbeiter (Pastor, Gemeindediakonin, Kastellan, Praktikanten), der Ältesten und Diakone und deren Bestätigung. Auch wenn Gemeindemitglieder aufgenommen oder ausgeschlossen werden sollen, bedarf es in der Regel der Zustimmung der Gemeindeversammlung. Bei Abstimmungen in der Versammlung wird ein hohes Maß an Übereinstimmung angestrebt. Kampfabstimmungen widersprechen der grundlegenden Überzeugung, dass in der gemeinsamen Prüfung und Übereinstimmung der Gemeinde der Wille Gottes erkennbar und das Wirken des Heiligen Geistes erfahrbar werden.

b) Der episkopale Ansatz – die Gemeindeleitung

Neben der kongregationalen Linie finden wir in den freikirchlichen Gemeinden auch die Betonung der herausgestellten Leitungsdienste. Was die Begrifflichkeit angeht, so handelt es sich bei den Ältesten *(presbyteroi)* und den Aufsehern oder Bischöfen *(episkopoi)* wohl um ein und dieselbe Leitungsfunktion. Während in den Gemeinden der jüdischen Welt der Begriff *presbyteroi* gebräuchlich war, verwandten die Christen der griechischen Welt mehr die für leitende Beamte und Verantwortungsträger gebräuchliche Bezeichnung *episkopoi*.

In den deutschen Freikirchen wird – mit Ausnahme der Evangelischen Methodistischen Kirche – der Begriff Bischof nicht verwandt. Die Bezeichnung »Ältester« für einen Leitungsdienst findet hingegen von Anfang an Aufnahme. Älteste werden in der Regel von der Gemeindeversammlung gewählt. Ausnahmen bilden allenfalls junge Gemeinden in ihrer Entstehungsphase oder auch zerstrittene Gemeinden, die vorübergehend keine Ältestenwahlen durchführen. Sowohl in der vom Bund Evangelisch-Freikirchlicher Gemeinden (BEFG) im Februar 1971 empfohlenen Mustersatzung für die Ortsgemeinden als auch in der entsprechenden Musterordnung für Freie evangelische Gemeinden setzt sich die von der Gemeindeversammlung gewählte Gemeindeleitung aus Ältesten und Diakonen bzw. weiteren Mitgliedern der Gemeindeleitung zusammen.[45]

Zu den Aufgaben der Ältesten gehört die geistliche Leitung der Gemeinde, die »Förderung des geistlichen Lebens, Seelsorge, Planung und Erarbeitung von Zielvorstellungen für die Gemeinde, Gewinnung und Betreuung von Mitarbeitern und deren Anleitung zum Dienst.«[46] Die Mustersatzung des BEFG empfiehlt ferner die Wahl eines »geschäftsführenden Ältesten« und eines oder mehrerer Stellvertreter, die von der Gemeindeversammlung zu bestätigen sind. Pastoren und Pastorinnen, die in der Liste anerkannter Pastoren des BEFG geführt werden, sollen nach der Mustersatzung ebenfalls zu dem Kreis der Ältesten einer Ortsgemeinde zählen. In den Erläuterungen zu dieser Mustersatzung wird kommentiert: »Die Bezeichnungen ›Ältester‹ und ›Diakon‹ stellen keine Ideallösung dar; sie bilden eine im gewissen Maße willkürliche Auswahl aus den mannigfachen Aufgabenbezeichnungen des Neuen Testaments und haben sich bei uns eingebürgert; bessere Bezeichnungen boten sich jedoch nicht an.«[47] 1971 ging man davon aus, dass der Kreis der Ältesten kein eigenes Organ der Gemeinde bildet. In den Folgejahren haben sich allerdings in vielen Gemeinden des BEFG Ältestenkreise mit einem hohen Maß an Kompetenz gebildet. So gibt es vereinzelt Ältestenkreise, die z.B. über die Mitgliedschaft entscheiden und die Gemeindeversammlung lediglich über die Beschlüsse informieren und um Zustimmung bitten.

Hier findet gegenwärtig in mehr und mehr Gemeinden eine Akzentverschiebung zugunsten der episkopalen Linie statt, die bis vor kurzem noch undenkbar schien.

Auch spricht man mit größerer Selbstverständlichkeit von dem Dienst der Leitung und Führung der Gemeinde. 1984 beschreibt Edwin Brandt die Aufgabe der Gemeindeleitung wie folgt: Die Gemeindeversammlung beauftragt eine Gruppe von Schwestern und Brüdern, »den geistlichen Kurs der Gemeinde zu fördern, Lehre und Seelsorge im Besonderen wahrzunehmen, einzelne Beschlüsse der Gemeindeversammlung auszuführen, sachliche und personelle Entscheidungen vorzubereiten oder die Gemeinde in bestimmten Angelegenheiten zu vertreten«.[48] Wenngleich der leitende Dienst der Ältesten hier inhaltlich klarer aufgeführt wird, so wird doch auch die Zurückhaltung deutlich, wenn es um Themen wie prophetische Leitung und Führung oder auch um Entscheidungskompetenz geht. Man ist darauf bedacht, den Teamgedanken der episkopalen Leitung zu betonen und die Gefahr der Manipulation durch Macht so gering wie möglich zu halten. Dementsprechend geht man gegenwärtig in fast allen freikirchlichen Gemeinden davon aus, dass eine Berufung zum Ältestendienst nicht auf Lebenszeit erfolgt. In der Regel gilt sie für eine Wahlperiode von vier bis sechs Jahren, wobei eine Wiederwahl durchaus möglich ist. Pastoren werden üblicherweise auf unbestimmte Zeit berufen. Einige Gemeinden sind allerdings in letzter Zeit dazu übergegangen, auch für Pastoren befristete Anstellungsverträge abzuschließen, um gegebenenfalls eine Lösung des Dienstverhältnisses zu erleichtern.

c) Ein Blick in die Geschichte

In diesem Zusammenhang ist zu erwähnen, dass das Verhältnis von Pastoren und hauptamtlichen Mitarbeitern der Gemeinde einerseits und ehrenamtlichen leitenden Mitarbeitern andererseits in evangelisch-freikirchlichen Gemeinden durchaus spannungsreich sein kann. Schon ein kurzer Blick in die Geschichte des deutschen Baptismus macht das deutlich.

Der Gründervater Johann Georg Oncken strebte noch ein Dualsystem in der Leitung an: Der einheitlichen Gemeinde als der beschließenden Körperschaft sollte ein Ältester als unabhängiger Leiter gegenüberstehen. Hierbei handelte es sich nicht um einen gewählten Amtsträger, sondern um einen Bruder, der aufgrund gewachsener Autorität zu diesem Dienst kam. Zwischen Ältesten und Gemeinde gab es keine weitere Instanz. Erst 1871 nach dem so genannten »Hamburger Streit« änderten sich die Verhältnisse. Die Diakone gründeten ein Verwaltungskomitee, in dem Älteste, Prediger und Diakone waren. Man sprach auch von einem »Vorstand«. Die Zeit eines derartigen Vorstandes war jedoch nur kurz, da mit der Ausbildung von Predigern die Entwicklung immer mehr in Richtung einer Pastorenkirche ging.

Um die Jahrhundertwende geht J. G. Fetzer, Lehrer am Predigerseminar in Hamburg, davon aus, dass es neben dem Ältestendienst, der auch als Hirtendienst oder Lehrdienst interpretiert werden kann, das Amt der Diakone gibt. Der Gemeindehirte ist für Fetzer der Prediger, der in seelsorgerlicher Weise die Verkündigung in der Gemeinde ausübt und die seelsorgerliche Betreuung der Gemeinde zur Aufgabe hat. Aber sein Dienst ist noch viel umfassender. Er ist *qua* Amt Mitglied in jedem Verein, jeder Gruppierung der Gemeinde. Er ist es, der jedem Gemeindeglied seine Dienste und Aufgaben zuweist. Und er fungiert als geistlicher Vater der Gemeinde. Die Diakone sollen hingegen den Prediger-Hirten unterstützen und ihm beistehen, sie sind jedoch nicht selbst in leitender Verantwortung. Diese starke Betonung des pastoralen Dienstes findet zunächst in den baptistischen Gemeinden in Deutschland kein dauerhaftes Echo.

1931 verfasste der Seminarlehrer Johannes Jansen die Schrift *Gemeinde und Gemeindeführung – Episkopat, Presbyterium oder Demokratie?* Er findet um 1930 neben dem Prediger einen oder meh-

rere Älteste, einen Vorstand und leitende Mitarbeiter als Gemeindeführung vor. Alle Entscheidungsmacht liegt jedoch bei der Gemeindeversammlung. Hierbei geht er – für die damalige Zeit durchaus nicht
selbstverständlich – von einer Art Gemeindedemokratie aus.

Seit dem Zweiten Weltkrieg gibt es in den baptistischen Gemeinden
eine starke Reflexion über das Pastorenleitbild. Statt vom »Amt« zu
sprechen, wird die Dienstfunktion betont, und an die Stelle eines Ein-
Mann-Systems tritt verstärkt der Gedanke der Teamleitung, wie er sich
z.B. auch in der Mustersatzung des BEFG niederschlägt. Zudem
kommt es in den letzten Jahren zu einem verstärkten Bemühen um
gabenorientierte Mitarbeit auch im Bereich von Leitungsaufgaben.

Mit der Verwurzelung des demokratischen Gedankens in Deutschland setzte sich auch in den evangelisch-freikirchlichen Gemeinden
ein immer stärkeres demokratisches Verhalten in der Leitung der
Gemeinden durch. Die teilweise unreflektierte Übernahme demokratischen Denkens hat jedoch heute vielfach dazu geführt, dass Leitung
im episkopalen Sinn nicht mehr ausgeübt wird. Der Begriff »Gemeindedemokratie« scheint zudem nicht sehr geeignet zu sein, um den
Prozess der geistlichen Leitung in der Gemeinde zu beschreiben.

Demokratie lebt von dem Gedanken der Notwendigkeit der Gewaltenteilung. In der Gemeinde geht es bei der Frage der Leitung jedoch
nicht um Macht, sondern grundsätzlich um einen Dienst. Ebenso lebt
die Demokratie von einer Opposition und von Parteien. Opposition
und Parteienbildung in der Gemeinde entsprechen jedoch nicht dem
neutestamentlichen Umgang mit der Vielfalt in der Gemeinde. Dass
trotzdem oft eine Lagermentalität herrscht, äußert sich in Sätzen wie:
»Ich vertrete in der Gemeindeleitung aber folgende Gruppe ...«, oder:
»Ich weiß von vielen in der Gemeinde, die auch meiner Meinung
sind.«

Liegt in solchen Fällen nicht der Gedanke nahe, es handle sich bei
der Gemeindeleitung um eine Gruppe von demokratisch gewählten
Menschen, die jeweils das Interesse »ihrer Wähler« im Prozess der
Gemeindeentscheidungen zu vertreten haben? Muss es uns dann ver-

wundern, wenn wir von »Mehrheitsbeschlüssen« und Diskussionen reden? Wo sind unter uns Männer und Frauen, die Gott gesetzt hat als Apostel, Propheten und Evangelisten, als Lehrer und Hirten? Wo sind die Menschen, die das Charisma der geistlichen Leitung ausüben, ohne ihren Einfluss zu missbrauchen? Sicher bedarf es auch in unserer Zeit diesbezüglich einer intensiven Neubesinnung in unseren Gemeinden. Wir brauchen beides: die autorisierte und vom Heiligen Geist geleitete Gemeindeversammlung und gute, biblisch begründete und zeitgemäße Leitungsdienste.

2. Die Mitgliederversammlung (Gemeindestunde)

a) Die Gemeindestunde – Fest oder Frust?

In kongregational verfassten Kirchen (dazu zählen die meisten freikirchlichen Gemeinden) ist die Mitglieder- oder auch Gemeindeversammlung das höchste Organ. Hier sollen alle wesentlichen Fragen des Gemeindelebens bedacht und entschieden werden. Auch die Ältesten einer Gemeinde sollen sich der Autorität der Gemeindeversammlung fügen. Wie bereits erläutert, ist dieses Verständnis in der Auffassung vom allgemeinen Priestertum aller Gläubigen begründet. Dieses Leitungsmodell soll allerdings nicht mit einer parlamentarischen Demokratie verwechselt werden. »Wenn wir behaupten, dass Gott sein Volk durch die Gemeindeversammlung regiert, dann bedeutet dies nicht, dass Gott durch ein normales demokratisches Verfahren regiert«, stellen Paul Beasley-Murray und Hans Guderian fest.[49] Für den Begründer des deutschen Baptismus Johann Georg Oncken waren die so genannten Gemeindestunden »heiliger Dienst«. Auf der baptistischen Bundeskonferenz im Jahre 1870 erklärt Oncken ausführlich, was er sich unter einer Gemeindestunde vorstellt:

»Das ist eine Versammlung von lieben Gotteskindern, die sich verbinden, um einander alle geistliche Pflege mitzuteilen auf dem Wege zum Himmel, sich erbauen, zu ermahnen und fortzuhelfen. Eine seltsame Idee wäre das, wenn man nur zur Schlichtung von Streitigkeiten zusammenkommen wollte oder Gegenstände vorgebracht werden sollten, die Veranlassung zu Zank geben könnten. Die Glieder der Gemeinde, die das Ideal aller Gemeinden sein soll, waren ein Herz und eine Seele und brachen das Brot hin und her in Häusern. Ohne diese sind wir keine ev. Gemeinde und wäre es in dem Falle nötig, dass wir eine ganz andere Praxis gewinnen möchten. Je häufiger wir zusammenkommen, desto besser. Trennung ist des Satans, und Gemeinschaft des Christen Luft. Wie war es in der ersten Zeit? Da waren wir alle Tage zusammen! Wie selig waren wir da! Da hatten wir alle Tage Hochzeit. Und wenn wir darin schwach geworden sind, so sollten wir ein Bündnis machen, jenes wiederherzustellen. Wir sollen als eine Familie Gottes zusammenkommen, miteinander beten, lesen, Gottes Wort betrachten und das Bundesmahl feiern. Lasst uns, liebe Brüder, darüber nachdenken, das Neue Testament darüber lesen. Und wenn wir dann Klarheit darüber haben und die Liebe in uns wieder rege wird, so werden wir ohne diese Versammlungen nicht fertig werden können. Und das ist die einzig köstliche Versammlung, wo die Gaben oder Talente zur Erbauung, Kräftigung, Heiligung und Tröstung in Anwendung gebracht werden. Ich empfehle die sonntäglichen Abendmahl-Versammlungen und Gemeinde-Versammlungen, für mich war das immer der größte Genuss, dass, wenn die magere Predigt gehalten war, ich das fette Mahl haben konnte. Ich empfehle, so möglich, die allsonntägliche Gedächtnisfeier und Gemeindeversammlung.«[50]

Dieses Bild einer Gemeindeversammlung scheint angesichts der oft sehr dünn besuchten Mitgliederversammlungen in heutiger Zeit geradezu idealistisch. In ihrer empirischen Untersuchung zum baptistischen Gemeindeverständnis in fünf Berliner Gemeinden stellt Birgit Marchlowitz 1995 fest, dass nur 30 % der Befragten die Gemeinde-

stunden als gut oder sehr gut bezeichnen.[51] Viele erwarten eine quali-
fizierte Auseinandersetzung über theologische und ethische Sachver-
halte, aber nur 5 % sind zu einer regelmäßigen Mitgestaltung der Diskussionen bereit. Der Frust über den Ablauf von Gemeindestunden ist
für die Leitenden wie für die teilnehmenden Gemeindemitglieder in
gleicher Weise zu beklagen. Mancherorts sind die Gemeindestunden
auch zu Orten der Kritik, der Parteisucht und der Streitereien entartet,
so dass kaum noch ein Gemeindemitglied den Eindruck haben kann,
es handele sich hierbei um die Verwirklichung des allgemeinen Priestertums aller Gläubigen.

Sicher ist hierin auch ein Grund zu sehen, warum an manchen
Orten der Besuch der Mitgliederversammlungen noch unter 30 %
liegt. Immer mehr Gemeinden gehen dazu über, die Anzahl der
Gemeindestunden im Jahr zu drosseln. In den meisten Gemeinden
werden gegenwärtig drei bis sechs Mitgliederversammlungen durchgeführt, die je nach Bedarf geplant werden. Im Bereich der Brüdergemeinden kommt man vielfach auch mit einer Jahresgemeindestunde
aus, die dann allerdings mehr die formal-juristischen Fragestellungen
aufnimmt. Dem Verständnis der Brüdergemeinden gemäß ist jede
Brüderversammlung als eine Art Gemeindestunde anzusehen.

Eine Reduzierung der Zahl der Mitgliederversammlungen führt
meist zu einer Überfrachtung der Tagesordnung mit geschäftlichen
Fragen. Zu oft stehen finanzielle Entscheidungen oder bloße Sachfragen an, die eine zeitlich umfangreichere Meinungsbildung kaum möglich machen. Jürgen Tischler stellt fest: »Geistliche, ethische oder theologische Themen kommen zu kurz. Man geht dann nicht gestärkt,
sondern eher verärgert nach Hause. Die in einem lebendigen Gemeindeleben häufig anstehenden nötigen Entscheidungen belasten die
Tagesordnung und ermüden die Mitglieder. Durch die Formen von
Protokoll, Tagesordnung, Anträgen und demokratischen Beschlüssen
entsteht eine geschäftsmäßige Atmosphäre. Zudem taucht die Frage
der ›Mündigkeit‹ der Gemeinde auf, wenn manche Entscheidungen
von Einzelnen eher nach Name und Sympathie als nach Sachkenntnis

getroffen werden. Wie gut informiert die Gemeindeleitung vorher und
während der Versammlung über die anstehenden Fragen, und wie gut
bereiten sich die Einzelnen selbst darauf vor? In manchen Gemeinden
wird die Tagesordnung erst bei Beginn der Stunde bekannt gegeben.
Die Arbeitsweise und das Zusammenspiel Gemeindeleitung und
Gemeindeversammlung für eine effektive Leitung bedarf also einer
ständigen Reflexion, Kontrolle und Veränderung. Viele Mitglieder
erleben in ihrem Berufsalltag ein sehr viel effektiveres Vorgehen, als
sie es in der Gemeinde ›erleiden‹ müssen. Mehr denn je kommt es
heute darauf an, dass Leitungsinitiative und die Verantwortlichkeit
der Gesamtgemeinde sich nicht gegenseitig einschränken, sondern
fördern.«[52]

b) Die Gemeindestunde – Chancen und Grenzen

Angesichts der vielen Probleme ist es gegenwärtig notwendig, die
Möglichkeiten und Chancen einer Gemeindestunde neu zu entwickeln.
Dieses wird natürlich in den unterschiedlichen Gemeinden jeweils
anders aussehen. Generell ist festzustellen, dass in kleineren Gemeinden die prozentuale Beteiligung an Gemeindestunden erheblich über
der in großen Gemeinden liegt. Kleine Gemeinden haben eine andere
Kommunikationsstruktur und können über persönliche Beziehungen
manche Fragestellungen und auch Konflikte im Vorfeld einer offiziellen Gemeindeversammlung abklären. Dieses hat Vorteile, aber auch
Nachteile. Immer wieder gilt es, eine gute Balance zwischen der Verantwortung jedes einzelnen Gemeindemitgliedes einerseits und der mit
der Leitung beauftragten Mitglieder andererseits zu finden. Einige
konkrete Anregungen zur Gestaltung der Gemeindestunde können helfen, sie in ihrer kybernetischen Funktion wieder neu zu beleben:

Die Vorbereitung
Das Gelingen einer Gemeindestunde hängt nicht unwesentlich von

der Vorbereitung ab. Dabei geht es zum einen um eine äußerst sorgfältige Beratung der sachlichen Inhalte, der Formen der Präsentation und der Gesamtgestaltung der Versammlung. Auch eine gute zeitliche Zuordnung (*timing*) sollte bedacht werden. Wenn die schwierigen Punkte in einer Gemeindeversammlung grundsätzlich erst zu später Stunde auf der Tagesordnung stehen, ist ein entscheidender Planungsfehler gemacht worden. Wer welche Tagesordnungspunkte leitet und wann welche Themen zur Sprache kommen, ist nicht unwichtig für das Gelingen einer guten Gemeindestunde.

Ein ausgewogenes Verhältnis von geistlichem Austausch und Gebet, Informationen, Meinungsbildung und Entscheidungen ist anzustreben. Auch Glaubenszeugnisse sollten ihren Platz in einer Gemeindestunde haben. Besonders erfreulich ist es, wenn Menschen den Schritt in die verbindliche Nachfolge Jesu Christi wagen und sich zur Taufe melden oder um die Aufnahme in die Gemeinde bitten. Die Gemeinde ist angehalten diese Zeugnisse aufmerksam zu hören und auch durch ihre Zustimmung zu bestätigen. Eine geheime Abstimmung darüber – wie sie in früheren Zeiten häufig noch durchgeführt wurde – findet heute in der Regel nicht mehr statt.

Zu den weniger attraktiven Tagesordnungspunkten gehören vielfach geschäftliche und juristische Fragen wie z.B. die Verabschiedung des Haushalts, die Entlastung eines Kassierers oder die Entgegennahme von Jahresberichten. Hier sollte durch gute Gesprächsführung und kreative Repräsentation Belebung in die Gemeindestunde getragen werden.

Zur Vorbereitung auf eine Gemeindestunde gehört es auch, dass die Gemeinde rechtzeitig über die anstehenden Fragen und die Tagesordnung informiert wird und zum vorbereitenden Gebet aufgerufen wird. Es gehört ebenfalls zur guten geistlichen Tradition, wenn sich die Verantwortlichen vor der jeweiligen Gemeindestunde zum gemeinsamen Gebet treffen, um die Weisung und Hilfe Gottes zu erbitten. Wenn möglich sollten auch der Gemeinde im Vorfeld ganz konkrete Gebetsanliegen genannt werden, so dass die Gemeindeversammlung in einer intensiven Weise auch geistlich gut vorbereitet ist.

Die Beteiligung der Gemeinde

Es liegt in der Verantwortlichkeit der Leitung einer Gemeinde, die Partizipationsmöglichkeiten des einzelnen Gemeindegliedes bei Entscheidungsprozessen zu erhöhen. Auf welche Art kann ein solches Mitgestalten geschehen? Welche Formen lassen sich einsetzen, um eine hohe Beteiligung bei der Meinungsbildung in der Gemeinde zu erzielen? Mancherorts gibt es zusätzlich zu den offiziellen Gemeindestunden vorbereitende Gemeindeforen, in denen zunächst ohne Abstimmungsdruck über einzelne anstehende Fragestellungen beraten werden kann. Auch während einer Gemeindestunde können in kleinen Gesprächsgruppen gute Ergebnisse erzielt werden, die dann »gefiltert« in die Versammlung eingebracht werden können.

Da es in unserer mobilen Gesellschaft immer wieder vorkommt, dass einzelne Gemeindemitglieder aus terminlichen Gründen an einer Gemeindestunde nicht teilnehmen können, gibt es in den meisten freikirchlichen Gemeinden inzwischen auch die Möglichkeit der schriftlichen Meinungsäußerung oder der Briefwahl. Sicher ist diese Möglichkeit der Beteiligung nicht die beste, zumal eine aktuelle Meinungsentwicklung in der Gemeindestunde selbst nicht verfolgt und dementsprechend auch nicht bei der Entscheidung berücksichtigt werden kann. Dennoch ist diese Form der Partizipation besser als gar keine.

Die Leitung einer Gemeindestunde

Eine gute Leitung, die – ruhig mit einem Schuss Humor – auch im Sinne einer Moderation geschehen kann, ist für das Gelingen einer Gemeindestunde unerlässlich. Der Leiter einer Gemeindeversammlung sollte Mitglied der Gemeindeleitung sein, muss jedoch nicht unbedingt Ältester der Gemeinde sein. Ausschlaggebend ist die Fähigkeit, die Aussprache und Diskussion in der Gemeinde zu moderieren und in einer seelsorgerlichen Weise zu steuern. Der Leiter einer Gemeindeversammlung sollte dabei persönlich in den Hintergrund treten und es als sein vornehmliches Ziel ansehen, die Gemeindeleitung und jedes andere Gemeindemitglied in die Meinungs- und Entscheidungsfindungen einzubeziehen. Dabei wird es auch notwendig sein, dass man sich über die Behandlungsmodi der einzelnen Tagesordnungspunkte verständigt:

– Welche Punkte müssen in Form einer Aussprache behandelt werden?
– Welche Punkte müssen zu einer Entscheidungsfindung führen?
– Welche Punkte nimmt die Gemeindeversammlung als Information zur Kenntnis?
– Welche Punkte können nach Aussprache auch delegiert werden?

Auch hier ist es wichtig, dass ein gutes Verhältnis zwischen Information, Aussprache und geistlichem Innehalten gegeben ist. Der Leiter einer Gemeindeversammlung sollte flexibel sein, wenn er feststellt, dass eine Tagesordnung eine andere Entwicklung nimmt als gedacht. Notfalls muss kurzfristig eine weitere Gemeindestunde angesetzt werden.

Die Nachbereitung einer Gemeindestunde

Die Nachbereitung und Aufarbeitung einer Gemeindestunde kann entscheidend zu Verbesserungen beitragen. Es empfiehlt sich, jeweils am Ende einer Gemeindeversammlung die Ergebnisse nochmals zusammenzufassen und die Bearbeitungsaufträge mit Zuordnung der für die Ausführung Verantwortlichen zu benennen. Die protokollarisch festgehaltenen Ergebnisse dienen dann u.a. auch zur Überprüfung, ob die Beschlüsse der Gemeindestunde wirklich auch zur Ausführung gelangt sind. Das vom Versammlungsleiter und Gemeindeleiter unterschriebene Protokoll sollte allen Beteiligten bekannt gemacht werden (entweder durch Aushang, Versendung oder durch Verlesung in der nächsten Gemeindestunde).

Manche Gemeinden sind dazu übergegangen, im Anschluss an die offiziellen Gemeindestunden noch zum Gebet oder auch zu einem inoffiziellen Zusammensein einzuladen. Hier können bei einer Tasse Tee oder Kaffee noch Rückfragen gestellt werden oder erste Reaktionen auf die Gemeindestunde aufgefangen werden.

3. Die Gemeindeleitungssitzung

Der Begriff »Gemeindeleitungssitzung« legt die Vorstellung nahe, dass es sich hier um eine Art »geschäftliche« Zusammenkunft der Verantwortlichen der Gemeinde handele. Die Ausführungen im ersten Teil dieses Buches haben jedoch verdeutlicht, dass Gemeinde leiten sicher mehr beinhaltet, als lediglich die »Geschäfte« einer Gemeinde zu führen. Da geht es auch und vor allen Dingen um die geistliche Leitung, um das Vorstehen und das kybernetische Leiten. Dennoch hat sich der Begriff »Gemeindeleitung« in den meisten freikirchlichen Gemeinden in Deutschland durchgesetzt. Hier und da spricht man auch vom Vorstand, in Sonderheit dann, wenn die Gemeinde die Rechtsform eines Vereins hat. In Brüdergemeinden ist es der »Bruderrat«, der die leitende Verantwortung in einer Gemeinde wahrnimmt.

a) Die Zusammensetzung der Gemeindeleitung

Die Zusammensetzung einer Gemeindeleitung hängt von unterschiedlichen Faktoren ab. Neben der zugewiesenen Funktion spielt auch die Größe und die Rechtsform einer Gemeinde eine Rolle.

Es ist zu empfehlen, dass sich die Gemeindeleitung ihrer Funktion gemäß aus den Ältesten und Diakonen der Gemeinde bildet. Beide werden von der Gemeindeversammlung berufen bzw. gewählt. Die Ältesten haben die geistliche Gesamtverantwortung für die Leitung der Gemeinde. Diakone sind verantwortlich für bestimmte Dienstbereiche der Gemeinde. In den freikirchlichen Gemeinden ist es üblich, dass auch die hauptamtlichen Mitarbeiter in der Regel zur Gemeindeleitung gehören. Hier und da werden auch Mitarbeiter mit besonderen Beauftragungen hinzugezogen (z.B. Leiter von bestimmten Projekten; ehemalige Gemeindeleiter oder Pastoren, die in einer überregionalen Beauftragung stehen).

Die Anzahl der Diakonate richtet sich nach der Größe und Funktion der Gemeinde. Innerhalb der fünf Grundfunktionen der Gemeinde sind im Folgenden mögliche Diakonate aufgeführt.

- *Anbetung:* Gottesdienstgestaltung
  Musik / Chöre / Anbetung
  Gebet
- *Gemeinschaft:* Seelsorge und Besuchsdienste
  Kinder
  Jugend
  Ehe und Familien / Männer u.Frauen / Singles
  Senioren
  Gemeindefeste und -freizeiten
- *Evangelisation:* Evangelistische Aktionen
  Schulung für Evangelisation
  Weltmission
  Evangelistische Kurse
  Schriftenmission / Büchertisch
- *Dienste:* Verwaltung und Administration
  Finanzen und Rechtsfragen
  Öffentlichkeitsarbeit
  Überörtliche Zusammenarbeit
  Diakonische Aktionen u. Einrichtung
- *Lehre:* Verkündigung
  Jüngerschaftsschulungen
  Glaubenskurse u. Hauskreise

Selbstverständlich werden sich die Diakonate je nach Größe und Gemeindeaktivität unterschiedlich zuordnen. Vielfach können einzelne hier separat aufgeführte Diakonate auch zusammengelegt werden. Gerade in kleineren Gemeinden werden oft nur drei bis fünf Diakonate möglich sein, so dass auch die Ältesten neben ihrer Gesamtverantwortung die Leitung eines bestimmten Diakonates übernehmen werden. Ansonsten empfiehlt es sich, einem jedem Diakonat auch einen zuständigen Ältesten zuzuordnen.

b) Die Größe und die Wahl zur Gemeindeleitung

Natürlich richtet sich die Anzahl der Gemeindeleitungsmitglieder nicht nur nach den Grundfunktionen, sondern auch nach der Mitgliederzahl einer Gemeinde. Folgende Zusammensetzung wird empfohlen:
- Gemeinden bis zu 100 Mitgliedern: 3 Älteste und 5 Diakone;
- Gemeinden bis zu 200 Mitgliedern: 3-4 Älteste und 7-9 Diakone;
- Gemeinden bis zu 400 Mitgliedern: 3-5 Älteste und 9 Diakone;
- Gemeinden über 400 Mitglieder: ab 5 Älteste und 9 Diakone.

Der Wahl- und Berufungsmodus ist in deutschen freikirchlichen Gemeinden ebenfalls recht unterschiedlich. Hierbei spielt auch die Frömmigkeitsprägung, das Leitungsverständnis und die Rechtsform einer Gemeinde eine Rolle. Eine Hilfe können die Mustersatzungen der unterschiedlichen Freikirchen sein (siehe Literaturverzeichnis). Der folgende Wahl- und Berufungsmodus hat sich bereits in vielen Gemeinden bewährt.

Die Ältestenberufung

Bevor es in einer Gemeinde zu einer Ältestenberufung kommt, sollte die Gemeinde über die biblischen Aussagen zum Ältestendienst in seinen unterschiedlichen Ausprägungen belehrt werden. Dieses geschieht in der Regel im Rahmen der Verkündigung, durch Bibelstunden-Reihen oder auch durch Auslegungen im Rahmen eines Gemeindebriefes.

Zugleich sollte die Gemeinde aufgerufen werden, im Gebet Klarheit von Gott zu erbitten, welche Personen für einen Ältestendienst vorgeschlagen werden können.

In größeren Gemeinden empfiehlt es sich, eine Art Vorwahl durchzuführen, um herauszukristallisieren, welche Namen häufig genannt werden. Die Vorwahl und auch die Berufungswahl sollten von einem bzw. zwei vertrauenswürdigen Gemeindemitgliedern geleitet werden, die selber nicht zur Wahl stehen. (In vielen Fällen wird das der Pastor oder ein anderer hauptamtlicher Mitarbeiter sein.)

Um die Vertraulichkeit zu gewährleisten, werden in den meisten Fällen die Wahlen in schriftlicher Weise vorgenommen. Die geheime und schriftliche Wahl ist immer dann durchzuführen, wenn ein Gemeindemitglied dies beantragt.

Stehen auch nach einer Vorwahl mehrere Namen für den Ältestendienst zur Wahl an, so sind die Vorgeschlagenen davon zu unterrichten. Es empfiehlt sich, auch mit den jeweiligen Ehepartnern in einem offenen Gespräch über die mögliche zeitliche und sonstige Belastung in einem Ältestendienst zu sprechen und zu beten. Stehen mehrere Personen zur Verfügung, so sollte die Gemeinde fragen, ob möglicherweise auch mehr Älteste berufen werden sollten, als ursprünglich vorgesehen war. Fehlt es jedoch an Bereitschaft, einen Ältestendienst zu übernehmen, so kann die Gemeinde Gott im Gebet erneut um Weisung bitten und um das Aussprechen von klaren Berufungen.

Die Berufungswahl geschieht in der Regel wiederum in geheimer, aber vertrauensvoller Abstimmung. Eine Briefwahl für jene Mitglieder, die aus gewichtigen Gründen nicht in der Gemeindestunde anwesend sein können, in der die Berufungswahl stattfindet, ist anzuraten. In der Regel wird erwartet, dass 75 % der abgegebenen gültigen Stimmen erforderlich sind, um für ein Amt eines Ältesten gewählt zu werden. Es gibt auch Gemeinden, die lediglich eine einfache oder Zwei-Drittel-Mehrheit vorsehen. Stimmenthaltungen werden aus juristischen Gründen nicht mitgezählt. Unter geistlichen Gesichtspunkten bilden sie jedoch auch ein Votum, das mit bedacht werden sollte, besonders dann, wenn die Anzahl der Enthaltungen sehr groß ist.

Es wird empfohlen, dass die Ältesten für einen bestimmten Zeitraum für ihren Dienst berufen werden (meist drei oder vier Jahre). Eine Wiederwahl ist möglich. Eine Berufung eines Ältesten auf Lebenszeit ist in den meisten freikirchlichen Gemeinden nicht mehr üblich.

Die gewählten Ältesten sollten ihren Begabungen und Möglichkeiten gemäß ihre Aufgaben und Dienste koordinieren. Im Sinne der Öffentlichkeitsarbeit und der überörtlichen Zusammenarbeit ist es sinnvoll, einen Gemeindeleiter oder einen »geschäftsführenden Ältesten« zu benennen, der auch von der Gemeindeversammlung nochmals bestätigt werden sollte.

Die Diakonenberufung

In vielen Gemeinden unterscheidet sich der Modus der Diakonenberufung nicht von dem der Berufung zum Ältestendienst. Andere Gemeinden erbitten Vorschläge für die Benennung der Diakone aus den jeweiligen Arbeitsgruppen der Gemeinden. Hier liegen die Hauptaufgaben der Diakone, und hier ist auch die Vertrauensbasis gefragt. Die Vorschläge werden entweder über einen neutralen Wahlleiter direkt der Gemeindeversammlung vorgelegt oder vorerst von der Ältestenschaft bedacht. Werden die Namen von den Ältesten aufgrund der Vorschläge benannt, so bedeutet dies eine Stärkung der Ältestenfunktion, gewährleistet jedoch in den meisten Situationen auch eine gute Zusammenarbeit zwischen Ältesten und Diakonen. In seltenen Fällen werden Diakone allein von der Ältestenschaft eingesetzt. In der Regel wird eine Bestätigungswahl durch die Gemeindeversammlung erbeten. Die Berufungsperiode liegt meist zwischen zwei und vier Jahren. Auch hier ist eine Wiederwahl möglich. Die Diakone werden für den Dienst in einem bestimmten Diakonat von der Gemeinde berufen.

Die Berufung eines Pastors

Ein gesondertes, aber doch ähnliches Verfahren findet in den meisten Gemeinden bei der Berufungswahl eines hauptamtlichen Mitarbeiters statt. Sucht eine Gemeinde einen Pastor, so hat sie die Möglichkeit, sich an die Leitung der jeweiligen Freikirche zu wenden, um einen Namen empfohlen zu bekommen. Dies geschieht meist durch einen speziellen Arbeitskreis (Rat für Pastorenberufung). Jede Gemeinde wird den Berufungsprozess mit vielen Gebeten begleiten und stützen. In manchen Gemeinden wird auch ein von der Gemeindeleitung unabhängiger Ausschuss gebildet, der mit der Suche nach einem Pastor beauftragt wird. Abgesehen von den presbyterial verfassten Freikirchen (z.B. Methodisten) hat jede freikirchliche Gemeinde die Möglichkeit, direkt mit einem Pastor Kontakt aufzunehmen und einen solchen auch zu berufen.

Eine solche Berufung erfolgt häufig erst, nachdem der mögliche zukünftige Pastor sich der Gemeinde durch Verkündigungsdienste oder Begegnungsbesuche vorgestellt hat und damit auch die Möglichkeit gehabt hat, die Gemeinde etwas näher kennen zu lernen. Immer seltener geschieht es, dass unmittelbar nach einem Verkündigungsdienst eine Berufung ausgesprochen wird. Eine einmütige Empfehlung der Gemeindeleitung sollte vorliegen, wenn es zur Wahl in der Gemeindeversammlung kommt.

Es ist darauf zu achten, dass sich das Berufungsverfahren nicht über einen zu langen Zeitraum hinzieht. Von den ersten Gesprächen bis zur Entscheidungsfindung sollten nicht mehr als drei Monate liegen. Aus brüderlichen Gründen ist es nicht üblich, mit mehreren »Kandidaten« zugleich Kontakt aufzunehmen. In den letzten Jahren sind immer mehr Gemeinden dazu übergegangen, mit ihren hauptamtlichen Mitarbeitern auch Dienstverträge abzuschließen. Diese sollten nach den Richtlinien ihrer jeweiligen Freikirche abgeschlossen werden (Gehaltsfragen, Urlaubsregelungen, Kündigungsregelungen, Dienstwohnung, Abrechnung von Dienstfahrten u.a.).

Die Einsetzung und Ordination zum Dienst

Wird ein Pastor oder eine Pastorin das erste Mal in einen Dienst für eine freikirchliche Gemeinde oder ein Werk berufen, so wird eine Ordination vorgenommen. Hans Guderian schreibt in Bezug auf den Bund Evangelisch-Freikirchlicher Gemeinden in Deutschland dazu: »Der Dienst eines Pastors ist zwar eingebettet in die Beauftragung der Gemeinde als Ganzes, hebt sich andererseits aber doch aus der Vielzahl der Berufungen Gottes heraus. Dies wird in besonderer Weise deutlich im Zusammenhang mit der Ordination und der mit dieser Segenshandlung in der Regel verbundenen Aufnahme eines Pastors auf die so genannte ›Pastorenliste‹ eines baptistischen Gemeindebundes. Im Unterschied zu der nur von jeweils einer einzelnen Gemeinde ausgesprochenen Berufung von Diakonen und Ältesten hängt mit der Beauftragung und Ordination zum Pastorendienst auch die formelle Anerkennung durch den Gemeindebund insgesamt zusammen. Zugleich wird damit ein gewisser Schlusspunkt gesetzt hinter eine längere Zeit des Lernens und Erprobens der Gaben. Die Bundesgemeinschaft spricht in der Ordination den von Gott berufenen und bestätigten Männern und Frauen ihr Vertrauen aus und nimmt sie als Persönlichkeiten mit Leitungsverantwortung an. In einem besonderen Ordinationsgottesdienst erbitten die Gemeinden unter Handauflegung und Gebet, dass Gott diejenigen, die sich ihm hier mit ihrem ganzen Leben zur Verfügung stellen, neu mit seinem Geist erfüllen und ausrüsten möge (vgl. Apg 13,1-3; 1Tim 4,14).«[53]

Biblisch gesehen, sollte es eine vergleichbare Einsetzung auch für Älteste geben. Dies geschieht in den meisten Fällen auch, nachdem eine Gemeinde die Berufungen ausgesprochen, oder besser gesagt »nachgesprochen« hat, denn die eigentliche Berufung geht ja vom Herrn der Gemeinde, Jesus Christus, selbst aus.

Unter Handauflegung wird auch für die Ältesten und die berufenen Diakone der Segen Gottes und die Ausrüstung durch den Heiligen Geist erbeten.

c) Die Arbeitsweisen der Gemeindeleitung

Die Mitglieder einer Gemeindeleitung kommen regelmäßig zur Beratung und zum Gebet zusammen. In den meisten Gemeinden geschieht das mindestens einmal im Monat. Die Ältestenschaft trifft sich zusätzlich in vielen Gemeinden wöchentlich, um die anstehenden Fragen zu bedenken und die Gemeindeleitungsarbeit zu koordinieren. In manchen Gemeinden ist es üblich geworden, dass sich die Mitglieder der Gemeindeleitung zusätzlich einmal monatlich zu einer besonderen Gebetszusammenkunft treffen oder dass vor der monatlichen Gemeindeleitungs-Sitzung eine einstündige Gebetszeit stattfindet.

Die Sitzungen werden zumeist vom Gemeindeleiter oder einem anderen Ältesten der Gemeinde geleitet. Die Leitung kann auch im Wechsel stattfinden. Die Mitglieder der Gemeindeleitung werden vor Sitzungsbeginn über die anstehende Tagesordnung informiert, so dass eine geistliche und sachliche Vorbereitung ermöglicht wird. Von den Sitzungen wird ein Protokoll angefertigt, das die Beratungsergebnisse und die ausgesprochenen Beauftragungen festhält.

Für ein gutes Gelingen einer Gemeindeleitungssitzung sind viele Faktoren ausschlaggebend. Allen voran ist es wichtig, dass das Hören auf Gottes Stimme und das Hören aufeinander stattfindet. Gerade bei stockendem und schwierigem Gesprächsverlauf ist es immer wieder wichtig, sich Zeit für das Gebet zu nehmen.

Bei Entscheidungen sollten folgende Fragen immer mit bedacht und protokolliert werden: Was wurde entschieden? Wer ist dafür verantwortlich? Bis wann soll diese Entscheidung umgesetzt werden? Welche offenen Fragen müssen noch geklärt werden?

Für eine gute Atmosphäre sorgt auch ein möglichst angenehmes Ambiente. Nicht alle Gemeinderäume eignen sich auch gut als Beratungsräume. Manchmal ist es vorzuziehen, sich in einer Privatwohnung zu treffen. Ein kleiner Imbiss am Anfang einer Sitzung kann sehr gemeinschaftsfördernd sein und die Möglichkeit zum persönlichen Austausch eröffnen. Die Versorgung mit Getränken etc. ist für längere Sitzungen sinnvoll. Nicht unbeachtet sollten auch die Luft- und Lichtverhältnisse sein. In einem hellen, mit genügend Sauerstoff versorgten Raum lässt es sich leichter beraten als an einem halbdunklen, stickigen oder schlecht klimatisierten Ort.

Leider ziehen sich manche Gemeindeversammlungen zeitlich sehr in die Länge. Eine gute und stringente Gesprächsführung ist deshalb notwendig. Eine Sitzungsperiode sollte in der Regel nicht länger als zwei Stunden sein. Für viele berufstätige Mitglieder einer Gemeindeleitung ist auch nach 23 Uhr die Konzentrationsmöglichkeit sehr eingeschränkt. So empfiehlt es sich, die Tagesordnung so zu gestalten, dass die Punkte, die möglicherweise vertagt werden können, auch am Ende einer Sitzung angesetzt werden. Ist eine Gemeindeleitung zu müde, kann nicht erwartet werden, dass gute und wegweisende Entscheidungen für die Gemeinde getroffen werden können.

d) Die Gemeindeleitungsklausur

In den abendlichen Sitzungen einer Gemeindeleitung lassen sich zumeist grundlegende und gewichtige Leitungsfragen nicht befriedigend klären. Aus diesem Grunde sind inzwischen immer mehr Gemeinden dazu übergegangen, ein- bis zweimal jährlich Gemeindeleitungsklausuren durchzuführen.

Die Mitglieder der Gemeindeleitung ziehen sich dabei für einen oder mehrere Tage zurück und suchen in der Regel eine gesonderte Tagungs- oder Klausurstätte auf. In der anderen Umgebung stellen sich nicht selten auch neue Gedanken ein. Die Kreativität und auch der mangelnde zeitliche Druck ermöglichen es, an der gemeinsamen Vision für die Gemeinde weiterzuarbeiten.

Eine Klausur kann sich neben manchen Regularien auch Schwerpunktthemen setzen, zu denen externe Referenten eingeladen werden. Wie bereits aufgezeigt, sind Gedanken und Impulse von Außenstehenden in Konfliktsituationen oft unerlässlich.

Aber nicht nur bei schwierigen und belastenden Fragestellungen, sondern auch bei theologischen oder strategischen Überlegungen können externe Teilnehmer inspirierend wirken. Eine Gemeindeleitung kann sich auch dahin gehend verständigen, dass jedes Mitglied in einer gewissen Zeit ein bestimmtes wegweisendes Buch durcharbeitet und dies dann in einer anschließenden Klausur zum Thema gemacht wird. Einige Gemeindeleitungen sind auch dazu übergegangen, von Zeit zu Zeit gemeinsam an einer überregionalen Konferenz teilzunehmen, von der sie sich Impulse für ihre Gemeindearbeit erhoffen.

IV. Die Gemeinde und ihre Leitungsaufgaben

1. Eine Gemeinde mit Profil

Früher schien alles irgendwie einfacher zu sein; zumindest, wenn man nach dem Charakter und der Eigenart einer Gemeinde fragte. Dachte man z.B. an eine Baptistengemeinde in Deutschland, so wusste man ziemlich genau, was einen dort bei einem Besuch erwarten würde. Die Gottesdienste schienen sehr ähnlich zu sein, man pflegte eine stark individualistische Frömmigkeit, die möglichst jeden Anschein von Kirchlichkeit vermied. Der Gemeindeaufbau war homogen strukturiert: Es gab neben dem sonntäglichen Gottesdienst die Bibelstunde und dann natürlich noch die Gruppen, die sich – der Vereinssprache gemäß – auch zu »Stunden« trafen: Frauenstunden, Jugendstunden, Kinderstunden, Chor-Übstunden etc. Im Eingangsbereich einer Baptistengemeinde erwartete einen in der Regel ein kleiner Büchertisch und ein mit dem Namen der Gemeindemitglieder versehenes Zeitschriftenfach. Die Zeitschrift *Die Gemeinde* sorgte neben den überregional stattfindenden Vereinigungs- und Bundeskonferenzen für die Stärkung der geradezu familiär erscheinenden Identität der Ortsgemeinde. Bei einem Umzug in einen anderen Ort ließ man sich selbstverständlich an die nächstliegende baptistische Gemeinde »überweisen«. Dort lernte man zwar neue Glaubensgeschwister kennen, blieb aber doch im Großen und Ganzen bei derselben Gemeindekultur.

Heute scheint sich das Bild sehr gewandelt zu haben. Viele freikirchliche Christen lassen sich bei einem Ortswechsel nicht unbesehen in die nächstliegende Gemeinde ihrer Benennung überweisen. Bei dem breiten Spektrum an Frömmigkeitsstilen und bei einer Vielfalt von unterschiedlichen Strukuren im Gemeindeaufbau bis hin zu verschiedenen theologischen Akzentuierungen sucht man sich heutzutage die Gemeinde, »die zu einem passt«. Dieses Verhalten wird von denen, die sich ihrer eigenen konfessionellen Tradition verbunden wissen, natürlich bedauert, verliert man doch durch solch individualistisches Verhalten auch Mitglieder. Andere zeigen Verständnis und ermutigen geradezu dazu, dass man bei der Vielfalt der Profile und Ausrichtungen konkret sucht und fragt, in welcher Gemeinde man ein neues Zuhause finden könne. Es kann einem ja durchaus passieren, dass man z.B. aus einer offenen und lebendigen baptistischen Gemeinde kommt und in dem neuen Ort eher eine traditionsverbundene und weniger dynamische Baptistengemeinde vorfindet, während z.B. eine nahe liegende Freie Gemeinde ein Profil aufweist, das dem der »Heimatgemeinde« sehr entspricht. Wer will hier den mahnenden Zeigefinger erheben und zur Konfessionstreue um jeden Preis auffordern? Bei aller Vielfalt, die sich gegenwärtig im freikirchlichen Sektor zeigt, scheint es von ganz besonderer Bedeutung zu sein, dass eine Ortsgemeinde eine klare Identität, ein klares Profil hat.

Was aber ist mit dem viel diskutierten Stichwort der »Identität« gemeint? Identität heißt so viel wie »dasselbe-sein«; das Übereinstimmen (lat. *idem*: dasselbe). Man verbindet damit die Wiedererkennbarkeit, die Unverwechselbarkeit und Eigenart eines Menschen oder auch einer Institution. Wofür steht die Gemeinde? Was sollen Menschen mit ihrer Gemeinde verbinden? Welches Profil weist eine Gemeinde auf und für welche Werte ist sie bekannt?

Der Neutestamentler Gerhard Lohfink stellt im Titel eines seiner Bücher die Frage so: »Wie hat Jesus Gemeinde gewollt?«[54] Der katholische Autor stellt der »Wohlfühlgemeinde« die »Kirche als Kontrastgesellschaft« gegenüber: Eine Gemeinde, die Freiräume eröffnet, soziale Schranken überschreitet, in der Diakonie und Mission Akzente setzt und christliche Brüderlichkeit mit gesellschaftlicher Verantwortlichkeit gekoppelt ist. Ist die Gemeinde Jesu in ihrer Identität jedoch wirklich so kontrastreich, wie Lohfink es sich vorstellt?

Gerade in der komplexen Gesellschaft des ausgehenden 20. Jahrhunderts gibt es beides: ein Ringen nach Identitäts-Nischen, nach Originalität und Profil, und zugleich ein Mühen um Einheit und Einfachheit, die es einem postmodernen Menschen leichter machen, mit der Vielfalt von Wertesystemen und Informationen in einer Multi-Gesellschaft zurechtzukommen. Der Wechsel von Identitäten und die multiple Identität sind geradezu gängige Formen des Überlebens geworden. Heute fällt es immer mehr Menschen schwer, sich mit einer Idee, einer Institution oder eben auch mit einer Denomination dauerhaft zu identifizieren. Zwar bleibt die Sehnsucht nach dem Gefühl und dem Wissen der »Zugehörigkeit«, dennoch wächst auch die Unfähigkeit sich zu binden.[55] Allein schon aus diesem Grund scheint es von ungeheurer Bedeutung zu sein, dass eine Gemeinde mit möglichst klarem Profil auftritt. Je eindeutiger das Profil einer Gemeinde ist, umso eher können sich Menschen mit einer solchen Gemeinde identifizieren.

Eine solche Identifizierbarkeit christlicher Gemeinden ist jedoch nicht nur angebracht, wenn es um die verschiedenen konfessionellen Akzente geht, sondern auch gerade angesichts der sprunghaft ansteigenden Zahl esoterischer Einrichtungen und Zirkel. Eine übersteigert technisierte westliche Welt hat den suchenden Menschen neu an die Grundfragen der Religion geführt. Da für unzählige Zeitgenossen die klassischen christlichen Kirchen ihre Chance hatten – und in ihren Augen nicht nutzten –, wenden sie sich nun voller Neugier den östlichen Religionen oder auch unabhängigen und undurchsichtigen religiösen Vereinigungen zu.

Auch die alten Sprachgewohnheiten gelten nicht mehr so ohne weiteres: Wer heute von Wiedergeburt redet, spricht in der Regel nicht von der in der Bibel bekannten »neuen Schöpfung in Christus«, sondern von der Re-Inkarnation; wer Glaube sagt, meint nicht automatisch den in der Heiligen Schrift benannten Glauben, und wer von »Gott« spricht, meint nicht unbedingt den Gott, der sich in Jesus Christus geoffenbart hat. Unser gegenwärtiges Bemühen um eine klare Identität ist also nicht nur im Konzert der unterschiedlichen christ-

138

lichen Kirchen und Freikirchen zu verstehen, sondern auch gerade in einer klaren Profilgebung gegenüber anderen Religionen und religiösen Zirkeln.

Unzählige Probleme entstehen dort, wo Menschen zu einer Gemeinde kommen und sich weder darüber im Klaren sind, welche Lehre Grundlage dieser Gemeinde ist noch, worin die Funktion und das Wesen einer Gemeinde begründet werden.

Bemüht sich die Leitung einer Gemeinde, an einem Gemeindeprofil oder einer Gemeindeidentität zu arbeiten, so mag es hilfreich sein, diese große Aufgabe aufzuschlüsseln, indem nach dem Bekenntnis, nach der Funktion und schließlich auch nach der konkreten Gestalt der Gemeinde gefragt wird. Ein solches Fragen nach Identität wird in den meisten Fällen auf dem Hintergrund der konfessionellen Einbindung einer Gemeinde geschehen.

a) Die Frage nach dem Bekenntnis

Das Bekenntnis benennt die uns verbindende Christuserkenntnis und die daraus resultierenden Grundlagen unseres Gemeindelebens. Wenngleich man sich in den meisten freikirchlichen Gemeinden scheut, den Begriff »Bekenntnis« im Sinne einer Festlegung gemeinsamer Glaubensdogmen zu gebrauchen, so ist man sich doch im Klaren darüber, dass ohne eine solche gemeinsame Mitte auch der Zusammenschluss von Gemeinden in einer Bundesgemeinschaft oder einer Freikirche zu einem schlichten Zweckverband entarten würde. Der Rang eines Bekenntnisses darf allerdings nicht mit dem des biblischen Wortes gleichgesetzt werden. Folgerichtig wird z.B. im Bund Evangelisch-Freikirchlicher Gemeinden in Deutschland die »Rechenschaft vom Glauben«[56] den einzelnen Ortsgemeinden zum Gebrauch »empfohlen« – eine gemeinsame Verpflichtung würde auch dem Grundsatz der Eigenverantwortlichkeit jeder Gemeinde widersprechen. Vielmehr betonen die freikirchlichen Gemeinden in guter protestantischer Tradition die Bedeutung der bibellesenden und auf das Wort Gottes hörenden Ortsgemeinde.

Damit stellt sich dann freilich auch die Grundsatzfrage nach dem Verhältnis zwischen Schrift und Gemeinde. Entweder untersteht die Heilige Schrift der Gemeinde, oder die Gemeinde ordnet sich der Heiligen Schrift unter. Diese Spannung spitzt sich letztlich in der Frage nach dem Schriftverständnis (Hermeneutik) zu. Je weniger eindeutig und einheitlich diese Frage in einer Gemeinde beantwortet wird, umso mehrdeutiger und unterschiedlicher werden auch die Bekenntnisse und Glaubensüberzeugungen ausfallen. Wenn jedoch in freikirchlichen Gemeinden gelten soll, dass das eigentliche »Lehramt« bei der bibellesenden Gemeinde liegt und nicht etwa bei einzelnen Theologen und Lehrern, bei einer Kirchenleitung oder bei theologischen Konsenserklärungen eines übergeordneten Gremiums, so müssen sie sich mit neuem Mut auch der Frage nach dem Schriftverständnis stellen.

Und nicht nur das – eine Gemeindeleitung muss größten Wert darauf legen, dass die Gemeinde auch wirklich zu einer bibellesenden Gemeinschaft wird. Die Unkenntnis über die Aussagen der Bibel führt zu Irrwegen und zuweilen auch zu Irrlehren. Zudem gilt es, das Gespräch über die biblischen Erkenntnisse nicht abbrechen zu lassen. Nur so kann eine Gemeinde auch eine Bekenntnisgemeinschaft werden. Alle Freikirchen haben die Glaubensgrundsätze, für die sie einstehen, formuliert und tradiert. Dankbar dürfen wir heute feststellen, dass es zu einer sehr hohen Übereinstimmung in vielen Basisfragen der Theologie gekommen ist. Lehrmäßige Unterschiede zwischen den einzelnen Freikirchen sind heutzutage vielen Gemeindemitgliedern gar nicht bewusst, geschweige denn denen, die neu zu einer Gemeinde dazustoßen. Aber einmal gewonnene Erkenntnisse müssen immer wieder neu überzeugen, wenn sie identitätsstärkend für eine Gemeinde sein sollen.

Dabei dürfen auch »heiße Eisen« nicht ausgespart bleiben. Wenn in einer Gemeinde z.B. die Frage nach dem Verhältnis von Gemeindemitgliedschaft und Taufe oder auch konkrete ethische Fragen (wie die

Wiederheirat Geschiedener) aufbrechen, so tut eine Gemeindeleitung gut daran, zunächst selbst – vielleicht in einer Klausur – gemeinsam die Bibel zu lesen, um zu einer gemeinsamen Sicht zu gelangen. In Bibelabenden, theologischen Foren oder auch Gemeindetagungen kann ein solcher Prozess des gemeinsamen Ringens um klare Bekenntnisaussagen fortgesetzt werden. Dabei mag die Zuhilfenahme von Bekenntnisschriften angebracht sein.

Die Einheit einer Gemeinde ist in dem gemeinsamen Bekenntnis zu Christus begründet. Durch weitere gemeinsame Lehr- und Erkenntnissätze wird eine solche Einheit gestärkt. Je eindeutiger das Bekenntnis ausfällt, umso überzeugender wird eine Gemeinde Salz und Licht in der Welt sein können.

b) Die Frage nach der Funktion

Das Bemühen um Identität ist auch verbunden mit der Frage nach der Funktion und den Zielen einer Ortsgemeinde. Theologisch ist die Gemeinde Jesu als *missio*, als Sendung, zu bestimmen. Sie ist immer zum Dienst aneinander und an der Welt da. Den Weg seiner sendenden Liebe geht Gott durch Menschen, die zu ihm gehören und auf ihn hören. Er sucht jene, die ihr Leben aus einer tiefen Liebesbeziehung zu ihm heraus gestalten. Eine Gemeinde Jesu, die nicht begreift, dass Gott auf der Suche nach verlorenen Menschen ist, wird in dieser Welt zu nichts nütze sein. Was helfen uns alle klaren Bekenntnisse, wenn die Liebe Gottes uns nicht mehr motiviert?

Die meisten Freikirchen verstehen sich als Missionskirchen. Die missionarische Herausforderung in Deutschland ist stärker denn je. Zwar gehört die Mehrheit der deutschen Bevölkerung noch nominell zu einer christlichen Kirche, viele haben jedoch bereits ihren inneren Austritt erklärt. Die Gottesdienste sind allzu oft mager besetzt. Die Mehrheit der deutschen Bevölkerung kennt das Evangelium von Jesus Christus kaum oder gar nicht. Überall in unserer Gesellschaft wird deutlich, wie groß die Herausforderung ist, Menschen, die Christus noch nicht kennen, zu einem erfüllten Leben in der Nachfolge Jesu einzuladen.

Die Gemeinde muss herausgeführt werden aus einem inneren Verhaftetsein in Selbstgenügsamkeit und Selbstzufriedenheit. Gott sei es gedankt, dass gerade in den vergangenen Jahren hier ein neues Nachdenken eingesetzt hat. Nicht zuletzt haben hierzu auch die Begegnungen mit Vertretern der Gemeindewachstumsbewegung, der Gemeindeerneuerung oder auch der Willow-Creek-Bewegung beigetragen. Eine Gemeinde ist nicht in erster Linie für sich selbst da, sondern sie hat die große missionarische Sendung Gottes in diese Welt zu tragen.

Freilich muss man nach den besten Formen und Strukturen einer solchen Mission suchen. Neben den vielfältigen Formen der Evangeliumsverkündigung und Evangelisation wird auch das diakonische Zeugnis einer Gemeinde nicht ausbleiben dürfen. Vielfach wird hierin die Glaubwürdigkeit der Christen überprüft. Das Reich Gottes besteht eben auch in diesem Sinne nicht nur in Worten, auch der praktische und erfahrbare Dienst am Nächsten ist gefragt. Zu lange haben sich z.B. die Freikirchen weitgehend auf die großen Diakoniewerke verlassen. Heute gilt es mehr denn je, eine ortsnahe Gemeindediakonie zu entwickeln, und so ist es nur zu begrüßen, dass auch im freikirchlichen Bereich in den letzten Jahren vielerorts diakonische Gemeindeprojekte gestartet wurden (z.B. Kindergärten, Altenwohneinrichtungen; Nichtsesshaftenhilfen; Beratungsstellen u.v.a.m.).

Eine Gemeinde, die in diesem umfassenden Sinn die Mission Gottes vorantreibt, wird auch in ihrem Profil von ihrer Umwelt deutlicher wahrgenommen. Diese öffentliche Seite der Mission muss aber durch eine verborgene, innere Seite ergänzt werden. Je deutlicher und klarer das missionarische Engagement einer Gemeinde in dieser Welt ist, desto tiefer muss auch die innere Verankerung bei Gott und untereinander sein. Eine Gemeinde, die sich das Motto »Gemeinde für andere« auf ihre Fahnen schreibt, muss bedenken, dass sie auch eine Gemeinde füreinander sein soll. Die Stärkung der Gemeinschaft der

Gläubigen (*koinonia*) und die Ausrichtung auf Gott (*leiturgia*) und durch die Unterweisung im Wort Gottes (*didaskalia*) bilden sozusagen das innere Rückrat für die Evangelisation (*martyria*) und die Diakonie (*diakonia*) einer Gemeinde. So gesehen ist die Funktion einer Gemeinde in diesem Dreiklang zu definieren: Gemeinde Jesu ist Gemeinde für Gott, Gemeinde füreinander und Gemeinde für andere.

c) Die Frage nach der Gestalt

Zur Klärung der Identität einer Gemeinde gehört auch die Beschreibung einer bestimmten »Gemeindekultur«. Dieser Punkt wird in der Regel für freikirchliche Gemeinden eher zum Thema als für die meisten landeskirchlichen, da Ersteren die richtungweisenden Strukturen einer übergeordneten Landeskirche fehlen.

So sieht die freikirchliche Gemeindewirklichkeit sehr vielfältig aus: Neben Gemeinden mit längerer Tradition gibt es junge, neu gegründete Gemeinden, die oft von der »Vätergeneration« ihrer Denomination nichts wissen. Fernerhin gibt es Großstadt- und Landgemeinden; Gemeinden mit weniger als 50 und solche mit mehr als 500 Mitgliedern; Gemeinden mit Traditionsgut der Aussiedlergruppen oder auch fremdsprachige Gemeinden, die ihre eigene Kultur in die Gestaltung des Gemeindelebens einfließen lassen. Heutzutage finden wir in fast allen Freikirchen die ganze Bandbreite unterschiedlicher Spiritualität.

Diese Vielgestaltigkeit einer ganzen Gemeindebewegung spiegelt sich ansatzweise auch in den einzelnen Ortsgemeinden wider. Dennoch wird eine einzelne Gemeinde nicht das ganze Spektrum der Frömmigkeitsstile repräsentieren können, und jede Gemeinde wird sich für eine bestimmte Gestalt und damit auch Gestaltung ihres Gemeindelebens entscheiden müssen. Gerade darin liegt ja auch eine Chance, die unterschiedlichsten Menschen in einer pluralen Gesellschaft mit dem Evangelium erreichen zu können. Während die freikirchlichen Gemeinden in Fragen des Bekenntnisses und der Funktion ein verhältnismäßig einheitliches Profil aufweisen, so finden wir im Bereich der Gestalt eine große Vielfalt.

Was aber zählt nun zu diesem Bereich? Da sind z.B. die Gemeindeaufbauformen zu nennen, die Gottesdienstgestaltung, das angewandte Liedgut oder auch die Art zu missionieren. In diesen äußeren Gestaltungsformen sollte eine Gemeinde möglichst flexibel bleiben, denn für sie gibt es meist keinen kulturellen oder auch geistlichen »Denkmalschutz«. Eine Kirche, die sich in der Frage nach ihrer Gestalt hartnäckig an der Vergangenheit orientiert und sich nicht wandeln will, wird ihren Dienst in der Gegenwart und Zukunft nur schwerlich tun können.

Besonders problematisch ist es, wenn Fragen nach der Gestalt der Gemeinde Jesu zum Konfessionsstand erhoben werden. Wenn die gemeinsame Form unter uns das eigentliche Identitätsmerkmal wird, dann stellen wir uns damit ein geistliches Armutszeugnis aus und um das klare Bekenntnisprofil unserer Kirche ist es schlecht bestellt. Trotzdem geschieht es immer wieder, dass Menschen das »Wohlfühlen« zum Maßstab für ihre Gemeindezugehörigkeit machen. In diesem Fall kommt der Gestalt einer Gemeinde eine zu hohe Bedeutung zu. Manche Gemeindepraxis in Freikirchen widerspricht zwar nicht den biblischen Aussagen, darf aber auch nicht als biblisch zwingend betrachtet werden. Bestimmte Formen haben sich bewährt, aber es gilt, in Fragen der Gestalt eine gewisse Flexibilität zu wahren, wenn dadurch das gemeinsame klare Christuszeugnis in unserer Gesellschaft gestärkt werden kann.

Die Leitung einer Gemeinde wird nichtsdestotrotz immer auch die äußere Gestalt der Gemeinde im Blick haben müssen. Durch die charismatische Bewegung oder auch durch Einflüsse liturgischer Frömmigkeit (z.B. Taizé) entstehen in traditionsverbundenen Gemeinden oftmals große Spannungen. »Welche Art von Liedgut soll in den gottesdienstlichen Versammlungen gepflegt werden?«, »Wie lange sollte ein Gottesdienst dauern?«, oder auch: »In welchem Verhältnis stehen spontane und vorgegebene Elemente in den Versammlungen?« – alle diese Fragen müssen ernst genommen werden und aufgegriffen werden, wenn sie das Gemeindeleben nicht dauerhaft dominieren sollen. Je nach Gewichtung empfiehlt es sich, zu diesen Inhalten gesonderte Themenabende anzubieten.

Immer mehr Gemeinden gehen auch dazu über, ihr Profil im Sinne einer Selbstdarstellung schriftlich niederzulegen und gegebenenfalls sogar den Gästen und Freunden der Gemeinde zur Orientierung zur Verfügung zu stellen. So heißt es z.B. in einer Vorstellungsschrift der Evangelisch-Freikirchlichen Gemeinde in Hannover-Walderseestraße u.a.: »Der zentrale Ort der inneren Zurüstung vor Gott ist der gemeinsame Gottesdienst der Gemeinde. Die Predigt ist ein wichtiger Teil unserer gottesdienstlichen Versammlungen, wenngleich nicht in jedem Gottesdienst der wichtigste. Der Predigtdienst wird auch von nicht-hauptamtlichen Gemeindemitgliedern wahrgenommen ... Ein wesentlicher Teil unserer Gottesdienste ist die Zeit des Lobpreises und der Anbetung. In unseren Gottesdiensten wünschen wir uns eine große Freiheit zu freudiger Gebetsgemeinschaft und zu den unterschiedlichsten Gebetshaltungen ... Ein weiterer Bestandteil unserer gottesdienstlichen Versammlungen sind die musikalischen Elemente. Wir legen Wert auf eine stilistische Vielfalt und eindeutige Aussagen der Liedtexte. Beim gemeinsamen Musizieren und Singen soll es allerdings nicht darum gehen, dass wir uns innerlich auf die Musik konzentrieren, sondern dass unsere Konzentration in der Anbetung zu Gott deutlich wird. – In allen unseren Veranstaltungen wünschen wir uns die Freiheit, alle uns von Gott geschenkten Charismen (1Kor 12; Röm 12) nach der biblischen Ordnung einzubringen.«[57]

Nicht in jedem Fall wird eine Gemeinde bzw. eine Gemeindeleitung in diesen Details ihre Identität benennen. Unter Umständen ist es schon eine Hilfe, die Vorstellungsschriften der Gemeindeverbände zur Verfügung zu haben. Diese beschreiben allerdings in der Regel mehr die bekenntnismäßige Identität und weniger die Gestalt des Gemeindelebens. Die meisten freikirchlichen Gemeinden verfügen außerdem über einen Büchertisch oder einen Informationsstand, an dem verschiedene Selbstdarstellungen ausliegen oder erworben werden können.[58]

2. Eine Vision für die Gemeinde entwickeln

Eine der Grundqualifikationen eines geistlichen Leiters liegt in seiner Fähigkeit, der Gemeinde eine Vision zu vermitteln. Unter »Vision« verstehen wir in diesem Zusammenhang eine Schau von dem, was Gott mit der Gemeinde vorhat. Eine Gemeinde, die nicht mehr weiß, wozu sie da ist, was ihre Identität ausmacht und welche ihre konkreten Ziele sind, wird sich letztlich immer wieder im Kreis drehen und nicht vorankommen. Gemeinden ohne Vision sind nicht nur langweilig, sondern auch unattraktiv für Menschen, die auf der Suche nach Gott sind. Die Verantwortlichen in einer Gemeinde sollten es deshalb als eine ihrer vorrangigsten Aufgaben ansehen, der Gemeinde zu einer solchen Glaubenssicht, einer leuchtenden Vision zu verhelfen.

Ein markantes Beispiel für die freisetzende Kraft visionärer Gemeindeführung bietet die Gemeindearbeit der südkalifornischen Baptistengemeinde von Saddleback unter der Leitung ihres Pastors Rick Warren. In seinem sehr hilfreichen Buch *Kirche mit Vision*[59] schildert er die visionären Anfänge der Gemeinde, die mit ihren mehreren Tausend Mitarbeitern inzwischen zur Inspiration für viele Gemeinden in der ganzen Welt geworden ist. Bereits in seiner ersten Predigt in dieser Gemeinde am 30. März 1980 schilderte Warren die »Vision von Saddleback«, wie sie in den Herzen der Verantwortlichen in dieser Gemeindegründung gewachsen war:

»Es ist der Traum von einem Ort, an dem niedergeschlagene, verletzte, frustrierte und orientierungslose Menschen Liebe, Akzeptanz, Hilfe, Hoffnung, Vergebung, Leitung und Ermutigung finden können.

Es ist der Traum, die gute Nachricht von Jesus Christus mit den Hunderttausenden von Menschen im südlichen Orange County zu teilen.

Es ist der Traum davon, 20 000 Menschen in der Gemeinschaft unserer Gemeindefamilie willkommen zu heißen – einander zu lieben, gemeinsam zu lernen, zu lachen und in Harmonie untereinander zu leben.

Es ist der Traum, Menschen bei ihrer Entwicklung zu geistlicher Reife zu helfen, durch Bibellehre, Kleingruppen, Seminare, Freizeiten und eine Bibelschule für unsere Mitglieder.

Es ist der Traum, alle Gläubigen für einen wichtigen Dienst auszurüsten, indem wir ihnen helfen, die Begabungen und Talente zu entdecken, die Gott ihnen gegeben hat.

Es ist der Traum, Hunderte von Missionaren und Gemeindemitarbeitern in die ganze Welt hinauszusenden und jedes Mitglied für eine persönliche Lebensmission in der Welt auszurüsten. Es ist der Traum, Tausende von unseren Mitgliedern zu missionarischen Kurzzeitprojekten in die ganze Welt zu senden. Es ist der Traum, jedes Jahr wenigstens eine neue Tochtergemeinde zu gründen.

Es ist der Traum von mindestens 20 Hektar Land, auf dem wir eine regionale Gemeinde für das südliche Orange County bauen können – mit schönen, aber einfachen Gebäuden: einem Gottesdienstraum, in dem Tausende Platz finden können, einem Ort für Seelsorge und Gebet, Unterrichtsräume für Bibelstudien und die Ausbildung von Laienmitarbeitern sowie Erholungsräume. All das soll dazu da sein, dem ganzen Menschen zu dienen – geistlich, emotional, körperlich und gesellschaftlich – und sollte in einer friedlichen, inspirierenden Gartenlandschaft liegen.

Ich stehe heute vor Ihnen und erkläre in vertrauensvoller Zuversicht, dass diese Träume Wirklichkeit werden. Warum? Weil ich glaube, dass sie von Gott inspiriert worden sind.«

Wer heute die Saddleback-Gemeinde besucht, weiß, dass dieser Traum Wirklichkeit geworden ist. Die enorme Bedeutung einer Glaubenssicht für die Gemeindearbeit kann nicht unterschätzt werden. Wodurch kommt eine solche Glaubenssicht zustande? Einige konkrete Schritte können hierbei gegangen werden.

a) Die Inspiration

Gemeindeleiter brauchen so etwas wie Inspiration (wörtl. »Eingebung, Einhauchung«). Eine solche Inspiration kann ansteckend und herausfordernd sein und Menschen ganz neu begeistern. Manchmal hören wir von erwecklichen Aufbrüchen in anderen Gemeinden oder anderen Regionen der Erde; wir lesen Missionsberichte oder hören auf die Zeugnisse von Menschen, die Erfahrungen mit Gott gemacht haben. Manche Leitungsteams nehmen geschlossen an Glaubenskonferenzen teil oder arbeiten gemeinsam ein Buch durch – solche Dinge können eine Gemeindeleitung faszinieren und inspirieren. Dieser »Blick über den Tellerrand« kann Wünsche und Sehnsüchte wecken, die wiederum im Gebet zu konkreten Visionen für die eigene Gemeindesituation werden können.

Dabei besteht allerdings die Gefahr, dass großartige Gemeindemodelle einfach in die eigene Situation übertragen werden. Hier geht es darum, nicht zu kopieren, sondern zu kapieren! Keine Gemeindesituation ist vollkommen auf eine andere übertragbar. Auch die Menschen sind immer andere. Eine Gemeindeleitung muss genau hinsehen, welche Prinzipien übertragbar sind und vor allen Dingen auch im biblischen Sinne als richtig eingestuft werden können.

Inspiration geht dabei nicht in erster Linie von dem Blick zur Modell- oder Nachbargemeinde aus. Als Nachfolger Jesu Christi wissen wir von der inspirierenden Kraft des biblischen Wortes Gottes. Gott bringt nicht alle unsere Ideen und Wünsche zur Umsetzung, aber er steht zu allen seinen Verheißungen, die er seiner Gemeinde zuspricht. Eine Gemeindeleitung sollte sich immer wieder an die Möglichkeiten des Reiches Gottes erinnern. Das gemeinsame Gebet und Studium des Wortes Gottes ist die größte Inspirationsquelle für eine Gemeinde. Im biblischen Zeugnis wird uns die Wirklichkeit Gottes vor Augen gemalt. In der Anbetung Gottes schauen wir auf das, was noch unsichtbar unter uns ist (vgl. 2Kor 4,18).

Es ist nicht primär der Erfahrungsrealismus, sondern die göttliche Wirklichkeit, die unseren Glauben herausfordert. Im Vertrauen auf Gott ergreifen wir diese Möglichkeiten als Chancen für die Gegenwart. Diese geistliche Realität ist es auch, durch die wir immer wieder an die Grenzen des menschlich Machbaren gelangen. Ein Bibellehrer sagte es einmal so: Um eine Glaubensvision zu erhalten, müssen wir den »Pinsel des Glaubens« ganz tief und immer wieder in die Farben des verheißenden Wortes Gottes senken und dann auf der Leinwand unserer Wirklichkeit anfangen zu malen.

Inspiration kann auch vom prophetischen Wort ausgehen. Letztlich geschieht ja in der Prophetie wesenhaft nichts anderes. Der Prophet schaut in das Herz und in die Wirklichkeit des lebendigen Gottes; er vermag eine gegenwärtige Situation zu deuten und voraussagend eine »Gottessicht« zu vermitteln. Eine Gemeindeleitung tut gut daran, auf solche prophetischen Impulse Acht zu geben und sie nicht etwa zu verachten. So mahnt der Apostel Paulus die Thessalonicher: »Den Geist löscht nicht aus! Weissagungen verachtet nicht, prüft alles, das Gute haltet fest!« (1Thess 5,19-21). Eine besondere Hilfe ist es, wenn in einer Gemeindeleitung prophetisch begabte Frauen und Männer ihren Dienst tun und sich mit ihren Gaben einbringen können (vgl. hierzu Eph 4,11). Durch einen solchen prophetischen Impuls wurden auch Paulus und Barnabas in der Gemeindeleitung in Antiochien für ihren gesonderten Evangelistendienst herausgestellt. Petrus und Paulus erlebten auf ihren Missionsreisen immer wieder die konkrete Führung durch visionäre und prophetische Weisungen und Impulse.

Schließlich dürfen wir an Jesus selber erinnern, der in seinem Dienst mit seinen »inneren Augen« an der Wirklichkeit des Vaters im Himmel hing. Gerade in diesem Zuhause-Sein bei Gott dem Vater begründet Jesus seine eigene Autorität, wenn er sagt: »Der Sohn kann nichts von sich selbst tun, außer was er den Vater tun sieht; denn was der tut, das tut ebenso auch der Sohn. Denn der Vater hat den Sohn lieb und zeigt ihm alles, was er selbst tut; und er wird ihm größere Werke als diese zeigen, damit ihr euch wundert.« (Joh 5,19-20)

Wegweisende Inspiration ist gerade in diesem inneren Schauen auf Gottes wunderbare Wirklichkeit begründet. Hier wachsen die weiterführenden Visionen für eine Gemeinde. Allerdings kann auch der Blick in die konkrete Erfahrungswirklichkeit einer Gemeinde Anlass für das Nachdenken über die Zukunft werden. Wenn man an konkrete Personen, an Gruppen in der Gemeinde, Veranstaltungen und Aktivitäten denkt und im Gebet fragt, wie Gott diese Dinge beurteilt und sieht, können ganz neue Perspektiven in einer Gemeindearbeit entstehen. Deshalb muss eine Gemeindeleitung sich genügend Zeit nehmen, um über einzelne Gemeindemitglieder und ihre Begabungen nachzudenken. So entsteht auch manches missionarische und diakonische Projekt.

Jede Ortsgemeinde ist ja in ihrer Art einzigartig. Diese Einzigartigkeit wird in erster Linie durch die spezifische Zusammensetzung der Mitglieder definiert. In diesem Sinne hat jede Gemeinde auch ihre eigene Berufung, ihre eigenen Herausforderungen und Nöte. Die sieben Sendschreiben der Offenbarung verdeutlichen dieses unterschiedliche geistliche Profil einer jeden Gemeinde (vgl. Offb 2+3). Die Vision für eine Gemeinde wird aufs Engste auch mit den Menschen verbunden sein, die diese Gemeinde ausmachen. So können einzelne Menschen Inspiration und Vision werden. Dabei kann sich auch das konkrete Ausmachen von Nöten und Schwierigkeiten wie eine Last auf die Herzen von Leitern legen. Wird diese Last im Gebet vor Gott bewegt, so entstehen manchmal Träume, Visionen, Gedanken für konkrete Projekte, die dieser Not Abhilfe verschaffen könnten. Da spricht Gott Berufungen aus und beauftragt Einzelne und ganze Gemeinden, einen bestimmten missionarischen oder diakonischen Dienst zu tun. Eine Gemeindeleitung sollte es sich zum ständigen Gebet machen: Herr, zeige uns, was du auf dem Herzen hast und welche Sicht du für unsere Gemeinde hast!

Dieses Schauen der Sicht Gottes ist ein so wesentlicher Bestandteil von geistlicher Führung, dass eine ganze Reihe von Leitern im Reich Gottes dazu übergehen, dafür auch konkret Zeit in ihrem Dienst einzuräumen. Walt Kallestad, Pastor der lebendigen und stetig wachsenden *Community Church of Joy,* gönnt sich regelmäßig einen so genannten »Traumtag«. An diesem Tag zieht er sich zurück und nimmt sich viel Zeit zum Nachdenken und Beten.[60] Viele großartige Werke im Reich Gottes hatten ihre Geburtsstunde in diesen Zeiten des Rückzugs und Hörens auf Gott.

Auch von Jesus wissen wir, dass er bei allen Anforderungen immer wieder die Stille und Ruhe vor seinem Vater suchte, um Gottes Plan für ihn zu verstehen. Der Mangel an Vision ist demnach auch häufig darin begründet, dass die geistlichen Leiter einer Gemeinde sich zu wenig Zeit für ein solches Sich-Zurückziehen nehmen. Manche Gemeindeleitungen haben es sich zur Regel gemacht, mindestens einmal jährlich in eine Klausurtagung zu fahren, um Raum und Zeit für dieses hörende, fragende Ausrichten auf Gottes Möglichkeiten zu haben. Eine solche Klausur ist sehr zu empfehlen, sie ersetzt allerdings nicht das ständige »Dranbleiben« und Hören auf Gott. Immer und immer wieder sollte eine Gemeindeleitung sich bewusst Zeit nehmen, um im Hören auf Gott eine gemeinsame Glaubenssicht für die Gemeinde zu empfangen und zu schärfen. Dabei können freikirchlich geprägte Gemeinden durchaus viel von dem Reichtum spriritueller Traditionen anderer Kirchen lernen, in denen gute Formen des Stillwerdens und Hörens auf Gott eingeübt werden.

Das Hören auf Gott ersetzt nicht das Hören aufeinander. Gerade hierin liegt ja ein unverwechselbares Kennzeichen neutestamentlicher geistlicher Führung, dass in den Glaubensgeschwistern Gott selbst zu Wort kommen will. Nach einer Zeit des Stillwerdens und Hörens auf Gottes Stimme ist ein gemeinsamer Austausch sinnvoll, denn die zusammengetragenen Elemente können sich allmählich zu einer konkreten Vision verdichten. Ein solcher Prozess kann sich durchaus über einen längeren Zeitraum hinziehen. Nicht alle Visionen werden plötzlich geboren; die meisten wachsen langsam und erfassen schließlich eine ganze Gemeinde.

b) Die Prüfung

Was für die Gabe der Prophetie in der Gemeinde gilt, soll auch für eine solche umfassende Vision gelten. Auch hier geht es ja darum, dass eine Gemeindeleitung Gottes Willen und Weisung erkennt. Dem Wesen nach geht es also auch bei dem Empfangen einer Gemeindevision um einen prophetischen Aspekt. Zunächst sollte eine solche Prüfung naturgemäß in der Gemeindeleitung selbst beginnen. Danach ist jedoch die gesamte Gemeinde in den Prozess des Abwägens vor Gott mit einzubeziehen.

Eine der größten Schwierigkeiten ist sicher darin zu sehen, dass immer dann, wenn Gott einer Gemeinde seine Möglichkeiten und die Wirklichkeit seines Reiches vor Augen malt, unser Glaube gefragt ist. Denn in der Regel deckt sich eine Vision nicht mit allen unseren Erfahrungen. Bei der Prüfung einer Vision muss dieser Aspekt zunächst sehr bewusst gemacht werden. Es wird niemals ohne Glauben und damit auch ohne Glaubensrisiko gehen! Wer also eine Vision allein an den Erfahrungswerten oder den bestehenden Möglichkeiten misst, wird schließlich zu dem Resultat kommen, dass sie sich nicht umsetzen lässt. Aus diesem Grund muss alle Überprüfung einer prophetischen Glaubenssicht zunächst am Wort Gottes geschehen, indem man fragt, ob eine Vision mit der biblischen Offenbarung übereinstimmt.

Hierbei spielt auch das Maß der Erkenntnis und der traditionellen Überlieferung biblischer Wahrheit eine Rolle, doch bei aller Relativierung erübrigt sich die Frage nach der Deckungsgleichheit zwischen biblischer Realität und Vision nicht. Nicht immer werden wir ausdrücklich auf konkrete Bibelworte verweisen können. Eine Gemeinde etwa, die sich von Gott so geführt sieht, dass sie einen Schwerpunkt in der Kinder- und Jugendarbeit setzen sollte – womöglich durch ein Jugendzentrum oder einen Kindergarten in der Stadt –, wird zu diesen Stichworten kaum eine Anweisung in der Bibel finden.

Deshalb muss das Kriterium zur Prüfung die Frage sein: Widerspricht unsere Glaubenssicht unserer biblischen Erkenntnis? Kann diese Frage verneint werden, ist die entscheidende Legitimierung einer Vision gegeben. Zur Prüfung gehört dann die Sichtung der konkreten vorhandenen Möglichkeiten und die Überlegung, welche Menschen und Finanzen für die eine Glaubenssicht nötig sind. Hierbei wird so manche Gemeinde schnell zu der Erkenntnis kommen, dass ein Mangel an Mitarbeitern und Mitteln gegeben ist.

Nun heißt es, sich zu fragen: Dürfen wir eine solche Vision im Glauben wagen oder ist es geradezu eine Anmaßung, wenn wir die nächsten Schritte einleiten? Eine Gemeinde, die die Vision von einem neuen Gemeindezentrum hat, in dem das Gemeindeleben sich in seiner Vielfalt gut entwickeln könnte, muss prüfen, wie groß der Glaube ist, wenn es um die Finanzierung eines solchen Bauvorhabens geht. Wenn die Mehrheit einer Gemeinde nicht den Glauben hat, ein solches Projekt umzusetzen, kann auch die Vision nicht lebendig werden.

Ein grundsätzliches Problem ist in diesem Zusammenhang zu erwähnen: Was geschieht, wenn einige in der Gemeinde – nach sorgfältiger Prüfung – zu dem Entschluss kommen, dass eine Vision von Gott ist, und andere befinden, dass eine solche Glaubenssicht nicht von Gott sein kann? Können dann einige stellvertretend – sozusagen über die Bedenken der anderen hinweg – eine Entscheidung treffen? Hat die Mehrheit einer Gemeinde immer Recht? Sicher sind diese Fragen nicht pauschal zu beantworten, denn es gibt hier keine allgemein gültigen Lösungen. Wenn eine Vision noch nicht überzeugend vermittelt werden konnte, kann sie in der Regel auch noch nicht umgesetzt werden. Hier und da mag sein, dass einzelne Gemeindemitglieder ihr Charisma des Glaubens so überzeugend einbringen, dass sie eine ganze Gemeinde »mitziehen« können. Vielfach wird es auch am Ende eines solchen Prüfungsprozesses noch Bedenkenträger geben, die sich einer endgültigen Entscheidung entziehen und einfach noch etwas Zeit brauchen. In solchen Situationen ist von der Gemeindeleitung äußerst viel geistliche Sensibilität gefragt.

Entscheidend wird jedoch nicht das Glaubensmaß einzelner Personen sein, sondern das einer ganzen Gemeinde. Wenn zur Reifung und Förderung dieses Glaubens noch weitere Gebete und mehr Zeit benötigt werden, tut eine Gemeindeleitung gut daran, dies auch zuzulassen.

c) Die Vermittlung

Visionen müssen reifen und brauchen oft viel Zeit, um zur Umsetzung zu kommen. Dabei wird es wichtig sein, wie einer Gemeinde eine Glaubenssicht vermittelt wird. Je mehr einzelne Gemeindemitglieder von einer Vision für die Gemeinde begeistert werden, umso größer ist die Wahrscheinlichkeit, dass sie auch umgesetzt werden kann. Hierbei spielen folgende Aspekte eine Rolle:

1. Eine Vision muss bei den Leitern selbst lebendig sein. Paulus war beseelt von dem Gedanken, die Heidenvölker mit dem Evangelium von Jesus Christus bekannt zu machen; Martin Luther war erfüllt von der Vision einer reformierten Kirche; Hudson Taylor sah das Volk von bekehrten Chinesen. Ein Mensch, der von einer ganz konkreten Glaubenssicht erfasst ist, wird davon reden, schreiben, träumen und danach handeln. – Selbst wenn sie zu einer Last werden kann, lässt eine Vision sich nicht einfach abschütteln. Sie ist sozusagen durch den Heiligen Geist »eingepflanzt«. Wie sehr wünschte sich z.B. der Prophet Jeremia, dass Gott ihm die negative Vision von der Zukunft des Volkes Israel nähme, aber er bekennt: »Und sage ich: Ich will nicht mehr an ihn denken und nicht mehr in seinem Namen reden, so ist es in meinem Herzen wie brennendes Feuer, eingeschlossen in meinen Gebeinen. Und ich habe mich vergeblich abgemüht, es weiter auszuhalten, ich kann nicht mehr« (Jer 20,9). Dieses »brennende Feuer im Herzen« macht eine Vision aus.

154

2. Eine Vision sollte ausgereift sein. Oft heißt es in der Heiligen Schrift: »Als die Zeit erfüllt war« – d.h. der Zeitpunkt für eine bestimmte Sache war gekommen. Wir wissen von den Vätern und Müttern des Glaubens, dass sie oft lange Zeiten warten mussten, bevor eine Vision Wirklichkeit werden konnte. Denken wir z.B. an Abraham, der lange auf seinen Sohn wartete, oder an David, der auf die Verwirklichung seiner Berufung als König wartete, oder auch an Paulus, der seine Berufung als Heidenmissionar bereits bei seiner Bekehrung bekam, jedoch viele Jahre in der Gemeinde Antiochien auf das freisetzende Wort Gottes harrte. Ist die Zeit für eine »Vision« noch nicht reif, gelingt die Vermittlung an die Gemeinde nicht und es kann zu Ablehnung kommen, weil der Glaube der Gemeinde noch nicht groß genug ist.

3. Wenn geistliche Leiter eine Vision mitteilen und eine Gemeinde nach reiflicher Prüfung auch ein klares »Ja« dazu findet, ist es unbedingt notwendig, dass auch die weiteren Schritte konkretisiert werden. Häufig verebbt die Begeisterung für eine Vision wieder, weil die konkreten Umsetzungsschritte nicht sorgfältig genug angegangen werden.

4. Die Vorstellung einer Vision sollte nicht nur mit viel Glaubensüberzeugung geschehen, sondern auch unter Einbeziehung aller Informationen und Materialien, die dazu hilfreich sein können. Hier gibt es in unseren Gemeinden noch viel zu lernen. Es muss nicht immer eine hoch moderne Präsentation sein, aber die Zuhilfenahme unterschiedlicher Medien oder auch das Einbeziehen mehrerer Sprecher ist sicher sinnvoll.

5. Es wird hilfreich sein, wenn die Leitenden den Weg, den sie gemeinsam gegangen sind, der Gemeinde mitteilen. Wenn z.B. eine Prophetie ausschlaggebend war, so sollte diese auch konkret benannt werden; wenn Gott durch einzelne Bibelworte einen Akzent gesetzt hat, sollten diese Worte auch der Gemeinde mitgeteilt werden. Der Gemeinde soll in diesem Zusammenhang deutlich werden, welche Glaubensschritte gewagt werden müssen.

6. Wichtig ist sicher auch, so klar wie möglich zu beschreiben, welche Kosten und Aufwendungen notwendig sein werden, um eine Vision umzusetzen. Das wird am Anfang nicht immer hundertprozentig konkret sein können. Dennoch sollte sich eine Gemeindeleitung um so viel Klarheit wie möglich bemühen.

3. Die Chancen einer Gemeindeanalyse

Während es bei einer gemeinsamen Vision für die Gemeinde vorrangig um die Zukunft geht, dient eine Gemeindeanalyse dem Erkunden des gegenwärtigen Zustandes einer Gemeinde. Jede Zielsetzung wird anknüpfen müssen beim Status quo einer Gemeinde. Es liegt nahe, dass viele Entscheidungen in einer Gemeindeleitung wesentlich mit der Einschätzung des gegenwärtigen Zustandes einer Gemeinde verbunden sind.

Hierbei kommt es auch hin und wieder zu Fehleinschätzungen, die oftmals in der persönlichen Sichtweise eines Verantwortlichen ihre Ursache haben. Da behauptet z.B. ein altgedienter Gemeindeleiter, dass die abendlichen Lobpreisgottesdienste von der Gemeinde nicht angenommen seien. Tatsache hingegen ist, dass diese Gottesdienste lediglich von den traditionsverbundenen Gemeindemitgliedern nicht besucht werden, wohingegen die neueren Gemeindemitglieder fast vollzählig dabei sind. Oder ein selbstgefälliger Prediger ist der Ansicht, der Gottesdienst sei gut besucht; wird jedoch einmal über einen längeren Zeitraum wirklich gezählt, so stellt sich möglicherweise heraus, dass statt der angenommenen 200 Gottesdienstteilnehmer durchschnittlich nur 135 Menschen im Gottesdienst sind.

Um zu einer möglichst objektiven Beurteilung des gegenwärtigen Zustandes zu gelangen, empfiehlt es sich, eine gründliche Gemeindeanalyse durchzuführen. Dabei greifen wir auf Grundlagen der Soziologie zurück. Wenn man sich in der Gemeinde mit Statistiken und

Umfragen befasst, muss man sich die Frage stellen, inwiefern man geistliches Leben überhaupt mit Zahlen messen kann. Richtig ist, dass von einer soziologischen Untersuchung nicht das »Heil« für die Gemeinde erwartet werden darf. Die Gemeinde wird allein von Jesus Christus durch den Heiligen Geist gebaut. Geistliche Leiter sind und bleiben dabei immer nur »Handlanger der Gnade Gottes«. Das schließt jedoch auch ein, dass wir das zur Verfügung stehende Handwerkszeug in der rechten Weise gebrauchen.

Die Soziologie ist eine Wissenschaft, die auf der Beobachtung der menschlichen Wirklichkeit beruht. Sie interessiert sich besonders für soziale Gruppen, ihre Entwicklungen, Zielsetzungen, Zusammensetzungen und Organisationen. Soziologische Forschungen können bedeutsame Erkenntnisse beisteuern, die den leitenden Mitarbeitern helfen, ihre Entscheidungen aus besserer Kenntnis der Lage heraus zu treffen. Die subjektive Erfahrung Einzelner kann und darf nicht einzige Entscheidungsgrundlage sein. Durch statistische Erhebungen können im Verwirrspiel einzelner Ereignisse allgemeine Gesetzmäßigkeiten und Grundbefindlichkeiten im Gemeindeleben ausgemacht werden. In der unermesslichen Fülle individueller Eigenschaften werden Gruppenmerkmale, Stärken und Schwächen einer Gemeinde erkennbar. Durch objektive Daten, die einer Gemeindeanalyse zugrunde liegen, wird eine fruchtbare Beratung über die Situation einer Gemeinde möglich. Die Scheu vor derartigen Erhebungen ist nicht zuletzt in der Angst begründet, der oft ernüchternden Gemeindewirklichkeit ins Auge schauen zu müssen.[61] Sicher sind derartige Erhebungen immer auch zu relativieren und meist auch zeitlich sehr gebunden, dennoch können sie hier und da eine Art »heiligen Schock« auslösen, der wiederum zu einer umfassenden Buße und Erneuerung führen kann.

Peter Wagner nimmt in seinem Buch *9 Strategien für den Gemeindeaufbau* darauf Bezug, indem er den methodistischen Bischof Richard B. Wilkie zitiert, der über den starken Mitgliederrückgang seiner Kirche besorgt ist: »Wenn wir diese Statistiken ignorieren, bedeutet dies, dass wir uns nicht darum kümmern, ob eine Organisation lebt oder stirbt. Hinter den Zahlen stecken Menschen ... Jedes Unternehmen, das den richtigen Gebrauch von Zahlen nicht beherrscht, wird den Weg in die Vergessenheit gehen.«[62]

Ein biblisches Beispiel für eine analytische Vorgehensweise ist uns in der Person des Nehemia gegeben, der die Mauern Jerusalems wieder aufbaute. Bevor er sich an die Arbeit machte, verschaffte er sich ein genaues Bild über den Zustand der zerstörten Stadt Gottes. Der wesentliche Impuls zum Handeln kam aufgrund des Berichtes von Hanani und seinen Männern: »Und ich fragte sie nach den Juden, den Entkommenen, die von den Gefangenen übrig geblieben waren, und nach Jerusalem. Und sie sagten zu mir: Die Übriggebliebenen, die von den Gefangenen dort in der Provinz übrig geblieben sind, leben in großem Unglück und in Schmach. Und die Mauer von Jerusalem ist niedergerissen, und seine Tore sind mit Feuer verbrannt. Und es geschah, als ich diese Worte hörte, setzte ich mich hin, weinte und trauerte tagelang. Und ich fastete und betete vor dem Gott des Himmels.« (Neh 1,2-4)

Eine Gemeindeanalyse ist wie ein solcher Zustandsbericht. Dabei können unterschiedliche Methoden eine Hilfe sein, wenn es um eine umfassende Wahrnehmung der Gemeindesituation geht.[63]

a) Die Qualitätsmerkmale einer Gemeinde

In der Gemeindeanalyse fragen wir zunächst nach dem, was die Qualität einer Gemeinde ausmacht. Christian A. Schwarz, Leiter des Ökumenischen Gemeinde-Institutes, zieht in seinem Buch *Die natürliche Gemeindeentwicklung* praktische Konsequenzen aus einer umfassenden Studie über die Ursachen des Gemeindewachstums. Mehr als tausend Gemeinden in 32 Ländern auf allen fünf Kontinenten beteiligten sich an dem Forschungsprojekt. Der Autor fragt: »Gibt es bestimmte qualitative Merkmale, die in wachsenden Gemeinden stärker entwickelt sind als in nicht wachsenden? Und könnte es sein, dass die Arbeit an diesen Qualitätsmerkmalen das Geheimnis des Erfolges dieser Gemeinden ist? ... Dies ist genau der Bereich, auf den sich unsere Forschung konzentrierte. Die Ergebnisse der Untersuchungen lassen manches von dem, was bisher in großer Selbstverständlichkeit als ›Gemeindewachstumsprinzip‹ gehandelt wurde, fragwürdig erscheinen.«[64] Schwarz liefert m.E. eine der besten Vorlagen für eine Qualitätsanalyse einer Gemeinde. Er stellt fest, dass mindestens acht Qualitätsmerkmale in einer qualitativ und quantitativ wachsenden Gemeinde gegeben sein müssen[65]:

1) Bevollmächtigte Leitung;
2) Gabenorientierte Mitarbeiterschaft;
3) Leidenschaftliche Spiritualität;
4) Zweckmäßige Strukturen;
5) Inspirierender Gottesdienst;
6) Ganzheitliche Kleingruppen;
7) Bedürfnisorientierte Evangelisation;
8) Liebevolle Beziehungen.

Anhand der erhobenen Forschungsdaten stellt Schwarz schließlich folgende bemerkenswerten Thesen auf[66]:

1. Wachsende Gemeinden unterscheiden sich – im Durchschnitt – in allen acht Qualitätsbereichen statistisch hoch signifikant von schrumpfenden Gemeinden. Wachsende Gemeinden haben also eine messbar höhere Qualität.

2. Von dieser Regel gibt es Ausnahmen: Gemeinden, die zwar quantitativ wachsen, aber nur einen unterdurchschnittlichen Qualitätsindex haben. Quantitatives Wachstum lässt sich offensichtlich auch auf anderem Wege als dem der Arbeit an den acht Qualitätsfaktoren erreichen (etwa durch Marketingbemühungen, kontextuelle Faktoren etc.).

3. Jede Gemeinde, in der jedes der acht Qualitätsmerkmale einen Qualitätsindex von 65 oder mehr erreicht hat, ist ohne jede Ausnahme

auch eine wachsende Gemeinde. Es gibt also – statistisch exakt nachweisbar – einen bestimmten qualitativen Wert, ab dem eine Gemeinde immer wächst. Dieses Ergebnis ist möglicherweise die spektakulärste Entdeckung der Untersuchungen.

Wertvoll für die Erstellung einer Gemeindeanalyse ist auch die These von Schwarz über den so genannten Minimum- bzw. Maximumfaktor. Der Minimumfaktor beschreibt die schwächste der acht Qualifikationen, der Maximumfaktor die stärkste. Nun gilt es, mit den Stärken einer jeweiligen Gemeinde zu arbeiten. Wenn die größte Stärke einer Gemeinde z.B. das Qualitätsmerkmal »Gabenorientierte Mitarbeiterschaft«, ist und der Minimumfaktor »Bedürfnisorientierte Evangelisation«, dann sollte sie darauf achten, die vorhandenen Gaben vor allen Dingen für den evangelistischen Dienst nutzbar zu machen.

Wie jedoch kann eine Gemeindeleitung den Wert einzelner Qualitätsmerkmale bemessen? Christian Schwarz liefert mit seinem Institut hierzu einen Fragebogen, der jeweils von einem Pastor oder Gemeindeleiter sowie mindestens dreißig weiteren Gemeindemitgliedern ausgefüllt werden kann.[67]

Eine Auswertung kann selbst vorgenommen oder vom Institut durchgeführt werden. Auch können eigene Fragen anstelle des vielfach angewandten Fragebogens zusammengestellt werden. Dabei ist zu berücksichtigen, dass es sich um Fragen nach dem realen Verhalten und nicht nur nach allgemeinen Einschätzungen handelt: Statt »Wie beurteilst du die Liebe in der Gemeinde?«, lautet die Frage: »Wie oft hast du in den letzten drei Wochen Gemeindemitglieder nach Hause eingeladen?«

Trotz aller Differenziertheit bleibt auch ein solches analytisches Befragen ergänzungsbedüftig, wenn es um eine umfassende Situationsanalyse einer Gemeinde geht. Entscheidend für eine geistliche Wahrnehmung und Deutung der Ergebnisse ist deshalb die Frage: Wie gehen wir mit den Ergebnissen einer solchen Untersuchung um?

b) Die Gemeindestatistik

Um eine umfassende Sicht zu erhalten, empfiehlt es sich, neben den Qualitätsmerkmalen auch die äußere Gestalt einer Gemeinde im Blick zu haben, wie sie sich in der Gemeindestatistik darstellt.

Sicher ist es nicht jedermanns Sache, bei jeder Gemeindeveranstaltung Zahlen zu notieren. Aber viele dieser Zahlen werden darüber Auskunft geben, welche Schwerpunkte in der Gemeinde gegeben sind. Hierbei können folgende Fragestellungen eine Hilfe sein:

1. Wie viele Menschen kommen in unsere Gottesdienste? Wie viele davon sind Mitglieder der Gemeinde, wie viele sind Freunde oder Gäste? Wie viele Mitglieder der Gemeinde besuchen regelmäßig (wöchentlich, zweiwöchentlich, monatlich) die Gottesdienste? Wie hat sich der Gottesdienstbesuch im Vergleichszeitraum von 1, 2 oder 5 oder auch 10 Jahren entwickelt?

2. Wie viele Menschen wurden in der Gemeinde getauft? Wie viele sind aus der Gemeinde ausgetreten? Welche Gründe hierfür werden angeführt? Wie viele Mitglieder sind umgezogen oder wurden in eine andere Gemeinde überwiesen? Wie viele Kinder wurden geboren? Wie viele Gemeindemitglieder sind gestorben?

3. Wie ist die Alterszusammensetzung der Gemeinde? Hat sich diese in den vergangenen Jahren geändert? Welche Gründe sind hierfür verantwortlich?

4. Wie ist der Besuch einzelner Veranstaltungen, z.B. Bibelstunden, Haus- und Bibelkreise, altersspezifische Gemeindegruppen u.a.? Wie hoch ist der prozentuale Anteil von Männern, Frauen und Kindern/Jugendlichen?

5. Wie viele Ehen wurden in den vergangenen 5 Jahren in der Gemeinde geschlossen? Wie viele wurden geschieden? Wie viele Gemeindemitglieder und Freunde der Gemeinde leben in Single-Haushalten?

6. Wie viele Gemeindemitglieder leiden permanent unter körperlichen oder seelischen Nöten und Krankheiten?

7. Wie hoch ist der Anteil ausländischer Gemeindemitglieder und Freunde in der Gemeinde?

8. Wie hoch ist das finanzielle Opfer einer Gemeinde? Um wie viel Prozent ist es in den vergangenen 5 Jahren gestiegen/gesunken?

9. Wie viele Gemeindemitglieder nehmen regelmäßig an den Mitgliederversammlungen/Gemeindestunden teil? Wie viele Gemeindemitglieder sind in der aktiven Mitarbeit in einer der Gemeindegruppen?

10. Welche Berufe üben die Gemeindemitglieder aus? Wie viel Prozent sind z.Zt. ohne Arbeitsverhältnis, wie viele befinden sich in der Ausbildung und wie viele sind im Ruhestand?

11. Welche evangelistischen Aktivitäten haben in den vergangenen Jahren stattgefunden? Wie viel Prozent der Gemeindemitglieder waren dabei aktiv beteiligt?

12. Wie viel Prozent des Gemeindehaushalts werden für die unterschiedlichen Dienste einer Gemeinde ausgegeben? Wie viel Prozent gehen davon in die Mission?

13. An welchen überkonfessionellen Aktivitäten hat die Gemeinde in den vergangenen Jahren aktiv teilgenommen?

14. Welche Schulungen und Fortbildungsmaßnahmen werden für Mitarbeiter der Gemeinde angeboten und wie werden diese angenommen?

15. Welche Zeitschriften und Bücher werden von Gemeindemitgliedern gelesen?

16. Welche übergemeindlichen Freizeiten, Tagungen und Konferenzen werden von Gemeindemitgliedern besucht?

Dieser Fragenkatalog kann noch beliebig erweitert werden. Dabei geht es konkret um die Erfassung von Zahlen. Jede dieser Zahlen ist jedoch aufs Engste mit der Existenz eines Menschen verbunden und jede sagt auch etwas aus über die gegenwärtige Situation einer Gemeinde. Wird eine Gemeindestatistik langfristig geführt, so sind daraus vielfach auch Trends erkennbar, die für eine Gemeindeanalyse von äußerster Wichtigkeit sein können.

c) Die geographische Struktur

Die räumliche Nähe zur eigenen Gemeinde trifft für viele freikirchliche Christen nicht zu. Manche nehmen weite Anfahrtswege auf sich, um zu »ihrer« Gemeinde zu gelangen, und fahren dabei zum Teil an mehreren ähnlichen Gemeinden vorbei, um in die Versammlung zu gehen, die ihnen entspricht.

In einer zunehmend mobilen Gesellschaft spielt die Entfernung heutzutage nicht mehr eine so große Rolle wie noch vor zwanzig oder dreißig Jahren. Besonders in den Großstädten gibt es meist eine hervorragende Infrastruktur, die eine hohe Beweglichkeit ermöglicht. Wesentlicher scheinen da die gewachsenen Beziehungen zu sein. Man sucht eine Gemeinde in der Regel nicht auf, weil sie so nah ist, sondern weil man jemanden dort kennt oder von jemandem eingeladen wird. Der persönliche Kontakt ist oft weitaus bedeutsamer als die räumliche Nähe. Für die verschiedenen Generationen spielt sie jedoch eine unterschiedliche Rolle. Für Mütter mit Kleinkindern, für nicht motorisierte Jugendliche oder auch für Senioren hat sie einen höheren Stellenwert als für Berufstätige, die meist mobil sind.

Aus diesen Gründen ist es durchaus hilfreich, sich über die geographische Struktur einer Gemeinde Klarheit zu verschaffen. Dabei geht es zunächst in erster Linie um die Frage: Wo wohnen die Gemeindemitglieder, wo arbeiten sie und wo verbringen sie ihre Freizeit? Der Lebensraum jedes einzelnen Gemeindemitglieds ist ja sozusagen auch sein Missionsfeld. Stellt sich nun möglicherweise heraus, dass in einem ganz bestimmten Ortsteil sehr viele Gemeindemitglieder wohnen oder arbeiten, so sollte hier auch ein Schwerpunkt der missionarischen Aktivitäten einer Gemeinde gesetzt werden. Je weiter die Entfernung zu einem Veranstaltungsort ist, desto schwieriger wird es auch, Besucher und Gäste dahin einzuladen.

Betrachtet man z.B. die Verteilung der evangelisch-freikirchlichen Gemeindemitglieder in den meisten Großstädten in Deutschland, so wird man feststellen, dass etwa ein Drittel aller Mitglieder außerhalb der Stadt bzw. an der Stadtgrenze leben. Hier wäre zu fragen, ob es missionarisch angebracht ist, Hauskreise bzw. Teilgemeinden zu gründen, um die Anfahrtswege kürzer zu halten. Auch bei der Einrichtung von diakonischen Projekten wie z.B. einem Kindergarten, Mutter-Kind-Gruppen oder einem Seniorencafé sollte die Ortsnähe in die Überlegungen mit einfließen.

d) Die soziale Struktur

Wenn bereits viele Fakten und Daten für eine »Binnen-Analyse« der Gemeinde gesammelt und gewertet wurden, so empfiehlt es sich, auch einen analytischen Blick »nach außen« zu tun. Dabei leitet uns die Frage, inwiefern die Gemeinde in ihrer sozialen Struktur ein Spiegelbild der Bevölkerung vor Ort ist. Stellt sich heraus, dass sich eine Gemeinde erheblich von der Sozialstruktur der Stadt- oder Stadtteilbevölkerung abhebt, so wird dieser Aspekt in weiter reichende missionarische Überlegungen einfließen müssen.

Bei der Erhebung der Daten für eine Stadt- oder Stadtteilanalyse sind die Ordnungsämter und Rathäuser behilflich. An größeren Orten gibt es meist eigene statistische Ämter, die ihr Datenmaterial gerne zur Verfügung stellen.

Folgende Fragestellungen könnten hierbei von Interesse sein:
- Sozialpolitische Daten (z.B. Altersstruktur, Zu- bzw. Wegzugszahlen, Arbeitslosenquote);
- Religionsanalyse (z.B. Mitgliederzahlen der christlichen Kirchen, diakonische Einrichtungen, Sekten);
- Freizeitangebote (z.B. Sportvereine, Jugendzentren, Stadtfeste);
- Politische Verhältnisse;
- Daten zur Stadtgeschichte.

Der Umfang einer solchen Ortsanalyse kann sehr erheblich sein, deshalb ist immer wieder auch nach dem Leit-Interesse zu fragen: Welche Daten sind für unsere Gemeindeanalyse wichtig? Es kann durchaus nützlich sein, wenn bei einem ersten gemeindeanalytischen Prozess ein außenstehender Berater dazukommt, der meist eine neutralere Blickrichtung hat.

Sind Zielanalyse (Frage nach der Identität und Vision) und Gemeindeanalyse erst einmal durchgeführt, so ist es ein weiterer Schritt im Gemeindeaufbau, nach einer gemeinsamen Strategie zu fragen. Ziel- und Gemeindeanalysen müssen jedoch auch immer wieder neu überprüft werden (ein Turnus von 2-5 Jahren ist empfehlenswert).

4. Von der Analyse zur Strategie – Schritte zum missionarischen Gemeindeaufbau

Es geschieht nicht selten, dass eine Gemeindeleitung durch den Prozess der Ziel- und Gemeindeanalyse ganz neu motiviert und inspiriert wird. Eine solche aufflackernde Begeisterung verebbt jedoch schnell, wenn der Weg von der Vision und der Analyse nicht auch bald zu einer konkreten Strategie für den Gemeindeaufbau führt.

Ein solcher Weg geht sich aber nicht von selbst. Es bedarf sorgfältiger Überlegungen, Planungen und Schritte um voranzukommen. Immer wieder geschieht es, dass die Zurückhaltung gegenüber konkreten Zielsetzungen geistlich begründet wird: Ist die Belebung der Gemeinde nicht Gottes Sache? Ist nicht letztlich der Heilige Geist der Baumeister der Gemeinde? Oftmals beschränkt man sich dann auf das Gebet. Dabei soll keineswegs in Abrede gestellt werden, dass das Gebet, das Engagement für Christus und die persönliche Glaubensbeziehung im Zentrum aller Aktivitäten stehen. Aus dieser betenden Grundhaltung muss dann aber auch die Tat, die Arbeit wachsen. Auch für die konkrete Gemeindeentwicklung gilt der Grundsatz: *Ora et labora* – Bete und arbeite!

Im Einzelnen sollten folgende Schritte auf dem Weg von einer Vision zur Strategie berücksichtigt werden:

a) Betend handeln

Es mag nach dem eben Gesagten eigentümlich klingen, wenn als erster Schritt nun doch das Gebet angeführt wird. Ja, es ist der erste und wichtigste Schritt, aber eben nicht der einzige. Das Gebet steht auch nicht etwa nur am Beginn des Weges, sondern es bedarf einer kontinuierlichen intensiven »Gebetsarbeit«, wenn eine Gemeinde zu einer erneuerten Struktur aufbricht.

Es ist zutiefst zu beklagen, dass die Gebetskultur vieler freikirchlicher Gemeinden sehr verkümmert zu sein scheint. Neben den gottesdienstlichen Gebetsgemeinschaften und dem persönlichen Gebet sind die aus früherer Zeit bekannten Gebetsstunden kaum noch zu finden. Sicher – niemand außer Gott selbst kann ergründen, wie viel in einer Gemeinde wirklich gebetet wird. Dennoch besteht offensichtlich noch der Bedarf nach mehr gemeinsamem intensivem Gebet. Je konkreter die Anliegen benannt werden, umso mehr kann der Glaube einer Gemeinde daran auch wachsen.

Eine Gebetsversammlung sollte gut geleitet werden und viel Zeit zum gemeinsamen Gebet ermöglichen. Dabei können verschiedene Formen angewandt werden. Neben dem Gebet in kleinen Gruppen sind Gebetspartnerschaften zu empfehlen. Eine Gemeinde kann zu Gebetsketten, Gebetsnächten oder auch Gebetswanderungen einladen. Die Leiter einer Gemeinde sollten in ihrer Teilnahme vorbildlich sein und nicht etwa meinen, dass das Gebet den anderen Glaubensgeschwistern zu überlassen sei, während sie die »Verantwortung« tragen. In meiner eigenen Gemeindepraxis waren die Zeiten am fruchtbarsten, in denen ich mich jeden Morgen für eine Stunde mit einigen anderen Ältesten und Mitarbeitern der Gemeinde zum Frühgebet traf. Dieses wird vielen Gemeindeleitern so nicht möglich sein, dennoch sollte überlegt werden, wie das intensive Gebet einen Prozess der Umorientierung in der Gemeinde geistlich vorantreiben und füllen kann.

b) Qualitative Ziele setzen

Aus der Pädagogik und aus der Wirtschaft wissen wir, dass Zielformulierungen helfen, um kontrollierte Wachstumsphasen im Prozess der Vermittlung von Wissen und Werten einzuleiten. Dabei ist darauf zu achten, dass Ziele so präzise wie möglich formuliert werden. Sie dürfen also keinesfalls »schwammig« sein, sondern müssen auch qualitativ überprüfbar sein. Wenn etwa formuliert wird: »Wir wollen bessere Christen werden«, so mag ein solcher Vorsatz zwar gut sein, er ist jedoch nicht überprüfbar. Christian A. Schwarz nennt in seinen Ausführungen über die natürliche Gemeindeentwicklung einige Beispiele dafür, wie man konkrete Ziele formulieren kann[68]:

– Leitung: Bis Ende des Jahres soll unser Pastor von 20 Prozent seiner regelmäßigen Aufgaben befreit werden, um sich in dieser Zeit verstärkt der Begleitung von Mitarbeitern widmen zu können.

– Mitarbeiterschaft: Nach Ablauf von neun Monaten sollen 80 Prozent der Gottesdienstbesucher ihre geistlichen Gaben entdeckt haben und 50 Prozent in einen Dienst einbezogen sein, der diesen Gaben entspricht.

– Spiritualität: Bis zum 1. Februar werden wir entschieden haben, wer von den drei in Frage kommenden Mitarbeitern die Koordinierung der Gebetsarbeit unserer Gemeinde übernimmt.

– Strukturen: Bis Ende Dezember dieses Jahres werden wir für die in unserer neuen Gemeindeordnung festgelegten sieben Arbeitsbereiche je einen ehrenamtlichen Bereichsleiter haben.

– Gottesdienst: Ab Anfang nächsten Jahres werden wir einmal pro Quartal einen Gottesdienst haben, der speziell auf Nichtchristen ausgerichtet ist.

– Kleingruppen: Innerhalb der nächsten sechs Monate wird sich unser Hauskreis teilen, wobei der Co-Leiter die neue Gruppe übernimmt.

– Evangelisation: Bis Ende April wird die Gemeindeleitung die zehn Prozent der Christen, denen Gott die Gabe der Evangelisation gegeben hat, ausfindig gemacht und mit jedem ein persönliches Gespräch geführt haben.

– Beziehungen: Jeder Teilnehmer unserer Hauskreise soll nach Ablauf der drei Monate, in denen wir uns mit dem »Liebe-Lern-Prozess« beschäftigen, sagen: »Es macht mir heute mehr Freude als vorher, Teil dieser Gruppe zu sein.«

An diesen Beispielen wird deutlich, dass die Ziele sowohl bezüglich ihres Inhaltes als auch ihres Zeitrahmens überprüfbar sind. Wichtig ist in diesem Zusammenhang auch die Frage, wer für die Umsetzung der Ziele im engeren Sinne die Verantwortung trägt. Es geschieht immer wieder, dass Ziele klar formuliert werden, jedoch die konkrete Frage: »Wer ist für was verantwortlich?«, vernachlässigt wird. Auch der zeitliche Rahmen muss sorgfältig bedacht werden. Ständig überhöhte Ziele führen auf Dauer zu Frustration und bewirken somit eine Lähmung in der Gemeinde.

c) Ressourcen und Möglichkeiten klären

Sind Ziele formuliert worden, so sollten sie noch einmal sorgfältig auf ihre Realisierungsmöglichkeit überprüft werden. Wenn von vornherein klar ist, dass niemand bereit ist, Kraft, Zeit und Mittel einzusetzen, dann ist auch keine Veränderung möglich. Der simple Grundsatz »Von nichts kommt nichts« erweist sich leider auch in diesem Zusammenhang als wahr. Die Verantwortlichen sollten also bei ihren Planungen konkret fragen:

– Wie viel Zeit wird erforderlich sein, um dieses Ziel umzusetzen?
– Welche Personen sind am geeignetsten für diese Aufgabe?
– Welche Finanzen oder andere Mittel werden erforderlich sein, um das Ziel zu verwirklichen?
– Welche Methoden und Arbeitsweisen bieten sich bei der Umsetzung an?

Wenngleich die Klärung all dieser Fragen wichtig ist, soll hier lediglich auf zwei Bereiche eingegangen werden: die Methodenfrage und die Mitarbeiterfrage.

Ist bei der Umsetzung von Zielen jedes Mittel recht? Sicher nicht. Wir wissen uns den ethischen Aussagen der Heiligen Schrift verpflichtet. C. Peter Wagner führt hierzu aus: »Warum lehrt uns die Ethik, dass das Ziel nicht die Mittel rechtfertigt? Weil sie die Dimension der Moral in die Diskussion einführt ... Schließlich muss Gottes Arbeit auf Gottes Weise getan werden.«[69]

Und wie steht es mit den Personen, die für die Umsetzung der Ziele verantwortlich sind? Jeder Dienst in einer Gemeinde sollte im Einklang mit den Begabungen und Neigungen des Verantwortlichen sein.

Hierzu ist es notwendig, dass sich möglichst jeder Christ über seine Gaben, Talente, Interessen und Möglichkeiten klar wird. In den vergangenen Jahren hat es hierzu eine ganze Reihe Arbeitshilfen gegeben, z.B. das D.I.E.N.S.T.-Programm oder auch diverse Gaben-Tests. Eine gewisse Unsicherheit besteht nach wie vor in dem Erkennen und Einbringen von geistlichen Gaben (Charismen). Das Entdecken und Einsetzen der Charismen ist aber auch eine Grundvoraussetzung für die Umsetzung des reformatorischen Prinzips des »allgemeinen Priestertums aller Gläubigen«.

Leider wissen noch viel zu wenig Christen, welch ein Gabenpotenzial Gott ihnen anvertraut hat. Wenn sie aber dann ihre geistlichen Gaben erkennen und einsetzen, arbeiten sie nicht aus eigener, menschlicher Kraft, sondern der Geist Gottes arbeitet mit ihnen und durch sie. Nichts ist auf Dauer so hinderlich für den Gemeindeaufbau, wie wenn gute Leute am falschen Platz sind – wenn hoch begabte Frauen, Männer, Kinder und Jugendliche Aufgaben wahrnehmen, die ihnen von ihrem Gabenprofil überhaupt nicht liegen. Werden Mitarbeiter jedoch ihren Gaben und Talenten gemäß eingesetzt, so optimieren sich die Möglichkeiten für den gesunden Gemeindeaufbau.

Eine Gefahr ist in diesem Zusammenhang auch darin zu sehen, dass bei mangelnden Mitarbeitern die Verantwortung »automatisch« auf den hauptamtlichen Mitarbeiter, den Pastor oder die Diakonin, übertragen wird. Sicher mag es manche Aufgaben geben, die von jedem einigermaßen begabten und geschulten Mitarbeiter übernommen werden können; der gabenspezifische Ansatz sollte aber auch hier im Blick bleiben. Oft ist es besser, wenn eine Aufgabe zunächst vakant bleibt, als dass sie durch falsche Mitarbeiter nur mit halbem Herzen ausgefüllt wird.

d) Prioritäten festlegen

Schnell wird man merken, dass sich eine ganze Reihe von wichtigen Zielen formulieren lassen, dass aber die personellen, zeitlichen, räumlichen und finanziellen Möglichkeiten nicht ausreichen, um alle Ziele zugleich anzugehen. Deshalb empfiehlt es sich, Prioritäten zu setzen. Sicher wird man dazu neigen, dort zu beginnen, wo »die Not am größten« ist. Manchmal mag es jedoch aufgrund der Mitarbeitermöglichkeiten auch angebracht sein, zunächst in einem anderen Zielbereich eine Priorität zu setzen. Dabei spielt ein gemeindepädagogischer Aspekt eine Rolle: Die Gemeinde soll erkennen, dass der verstärkte Einsatz für ein gesetztes Ziel auch lohnend ist. Wenn jedoch mit dem »schwierigsten Part« begonnen wird, so verliert mancher Mitarbeiter leicht die Motivation, und zwar nicht nur für diesen einen Zielbereich, sondern auch für andere.

Das Setzen von Prioritäten sollte aufgrund obiger Überlegungen und im Hören auf Gott und aufeinander zunächst im Leitungskreis der Gemeinde bedacht und dann den Gemeindemitgliedern vermittelt werden. Hierbei kann es durchaus zu sehr unterschiedlichen Einschätzungen kommen. Der Hinweis darauf, dass keines der gesetzten Ziele unwichtig ist und dass alle erreicht werden sollen, wird in diesem Zusammenhang hilfreich sein.

e) Strategie bestimmen

Sind die einzelnen Ziele formuliert, die Zeitabläufe und damit auch die Prioritäten gesetzt und die geeigneten Mitarbeiter und Verantwortlichen benannt, sollte der Gemeinde eine Gesamtstrategie vor Augen geführt werden. Eine solche Strategie zeigt noch einmal die Zusammenhänge, den Werdegang, die Grundidee und die Zielsetzungen des gesamten Prozesses auf:

1. *Zielanalyse*: Wir werden uns klar über unsere Identität und unseren Auftrag als Gemeinde. Wir entwickeln eine Zukunftssicht und beschreiben unsere »Vision« von unserer Gemeinde.

2. *Gemeinde- und Situationsanalyse*: Wir werden uns klar über die Situation unserer Gemeinde, über ihr soziales Gepräge und ihr soziales Umfeld. Wir ergründen den geistlichen Zustand unserer Gemeinde. Wir ziehen Erkundungen für eine Ortsanalyse ein, um das missionarische Umfeld klarer in den Blick zu bekommen.

3. *Ziele*: Wir erarbeiten die konkreten und überprüfbaren Ziele unserer Gemeindearbeit, indem wir Inhalte, Zeiten und Veranwortlichkeiten zuordnen und Prioritäten setzen. Wir erbitten im Gebet von Gott Kraft und Weisung bei der Umsetzung dieser Ziele.

Wenn eine Gemeindeleitung eine solche Gesamtstrategie entwirft, wird sie herausfinden, dass dies einige Vorteile hat. Diese werden von C. Peter Wagner wie folgt beschrieben[70]:

1. *Höhere Effizienz*: Wenn wir eine Aufgabe erfüllen wollen, ist ein Einsatz von Zeit, Energie und Geld notwendig. Eine klar geplante Strategie erlaubt uns zu sehen, welche die Bedingungen und Voraussetzungen für unsere Arbeit sind und wie wir auf unser Ziel hinarbeiten können. Eine Strategie hilft bei der Entscheidung, was wir tun müssen. Sie hilft uns auch bei der Entscheidung, was wir unterlassen müssen, und dies ist genauso wichtig. Ein großer Teil der Kraftreserven Gottes geht verloren, weil sich die christlichen Leiter auf Unwesentliches konzentrieren.

2. *Messbare Effektivität*: Eine Arbeit ist effektiv, wenn die mit ihr verbundene Absicht erreicht wird. Wenn die Ziele und Vorhaben, die mit ihr zusammenhängen, nicht eindeutig geklärt sind, gibt es keine Möglichkeit herauszufinden, ob unsere Arbeit effektiv ist.

3. *Korrekturen werden möglich*: Wenn das, was wir tun, keinen Erfolg verspricht, sollten wir das möglichst schnell herausfinden. Eine gut geplante Strategie wird eine Checkliste enthalten, mit der wir die Methoden, die wir benutzen, kontrollieren können. Manchmal sollte die gesamte Vorgehensweise über Bord geworfen werden und durch eine neue ersetzt werden.

4. *Bessere Teamarbeit*: Meistens erfordern Strategien zur Evangelisation oder Mission mehr als nur die Teilnahme einer Person. Große und kleinere Teams sind die Einheiten, die Gott gebraucht, wenn wir evangelistische Ziele oder Gemeindewachstum erreichen wollen. Wenn die Strategie gut ist, versteht jedes Mitglied des Teams genau, welchen Beitrag er oder sie zu leisten hat, um die gemeinsame Aufgabe zu erfüllen.

5. *Rechenschaft wird möglich:* Viel von Gottes Arbeit wird freiwillig getan. Wenn die Mitarbeiter nicht für das bezahlt werden, was sie tun, ist es schwierig, sie zu korrigieren, auch wenn dies notwendig wäre. Die freiwilligen Helfer werden uns vorwerfen, wir wollten sie ärgern, wenn wir ihnen sagen, dass sie falsch oder ineffektiv arbeiten. Eine klar umrissene Strategie vermeidet diese Schwierigkeiten, weil sie wie ein Vertrag die Personen, die mithelfen wollen, verpflichtet. Es ist ganz selbstverständlich, dass jeder Mitarbeiter für seinen Teil, den er zum Erreichen des Ziels beitragen soll, auch Rechenschaft ablegen muss.

6. *Hilfe für andere*: Strategien müssen immer wieder den neuen Situationen angepasst werden. Wenn eine Strategie erfolgreich ist, wird sie oft zu einem Modell. Andere, die ähnliche Aufgaben erfüllen wollen, können an einer Strategie viel lernen. Sie können sie als einen Leitfaden verwenden und müssen nicht von neuem beginnen.

Diese aufgeführten Vorteile einer strategischen Gemeindeplanung dürfen nicht darüber hinwegtäuschen, dass es auch Schwierigkeiten gibt. Das Stichwort der Strategie stammt ja ursprünglich aus der Kriegsführung. Es muss einer Gemeinde bewusst sein, dass sie sich in einem geistlichen Kampf befindet, wenn sie im Reich Gottes vorangeht. Dieser Kampf wird darin deutlich, dass bei aller konkreten Planung und Organisation auch Hindernisse auftreten werden.

Der Rückschluss, dass sorgfältige Analysen, Zielsetzungen und Planungen zugleich zu einem reibungslosen und schnell erkennbaren »Erfolg« führen müssen, lässt außer Acht, dass es bei der Gemeindearbeit eben um ein »geistliches Unternehmen« und nicht um ein Wirtschaftsunternehmen geht. Bei allen Anleihen, die in der Gemeindeplanung aus dem Bereich des säkularen Managements gemacht werden können, darf dieser Aspekt nicht übersehen werden: »Denn unser Kampf ist nicht gegen Fleisch und Blut, sondern gegen die Gewalten, gegen die Mächte, gegen die Weltbeherrscher dieser Finsternis, gegen die geistigen Mächte der Bosheit in der Himmelswelt.« (Eph 6,12)

f) Ermutigung geben

Gerade weil es bei der Umsetzung von konkreten Gemeindeaufbau-Zielen um einen geistlichen Kampf geht, ist auch die Gefahr der Entmutigung der Verantwortlichen sehr groß. Es wurde bereits darauf hingewiesen, dass die Mutlosigkeit schnell wächst, wenn die Ziele zu hoch oder auch zu ungenau gesetzt werden. Entmutigung kann aber auch durch ganz persönliche Schwierigkeiten im Leben einzelner Mitarbeiter geschehen oder durch gestörte Beziehungen im Mitarbeiterteam.

Aus diesem Grund gehört es zu den vorrangigsten Aufgaben geistlicher Leiter, die Mitarbeiter in einem solchen Prozess zu begleiten, aufzubauen und zu ermutigen. Eine solche Ermutigung kann u.a. darin bestehen, dass auf Zwischenerfolge hingewiesen wird. Auch eine Erinnerung an die Beweggründe, die zur Mitarbeit im Reich Gottes geführt haben, kann sich als eine Ermutigung erweisen. Eine große Unterstützung ist es, wenn ein Mitarbeiter konkret im Gebet begleitet wird, wenn man sich regelmäßig nach seinem Befinden und seiner Arbeit erkundigt oder auch öffentlich Worte der Anerkennung ausspricht.

Es scheint eine eigentümliche Scheu in vielen Freikirchen zu geben, jemanden öffentlich für seine gute Mitarbeit zu loben. Gibt es deshalb so viele entmutigte Christen? Wir brauchen einen gesunden Umgang mit Lob und Anerkennung, der in dem Wissen begründet liegt, dass die besten Gaben Gottes an diese Welt immer noch seine Menschen sind. So kann ein lobendes und anerkennendes Wort nicht nur für den Betreffenden aufbauend sein, sondern zugleich auch als ein Lob an den Geber aller guten Gaben verstanden werden.

g) Fortschritte überprüfen

Planen und prüfen gehören zusammen, wenn ein wirklicher Fortschritt erzielt werden soll, denn viel zu oft bleiben gute Vorsätze auf der Strecke. Die erste Zeit mit einem neuen Plan bringt noch eine intensive Tätigkeit mit sich. Der Blick auf das Ziel bewirkt eine hohe Motivation. Doch schon nach kurzer Zeit können die ersten Hindernisse auftreten. Die anfängliche Begeisterung legt sich und die Konzentration wird vom Hauptziel weg auf die Schwierigkeiten gelenkt.

Nun beginnen die Gedanken um die Frage zu kreisen, wie die Hindernisse beseitigt werden können. Dabei werden allzu oft die Ziele verrückt, und man nimmt es nicht mehr so genau mit den Vorsätzen. »Es kann doch nicht angehen, dass das Volk Gottes in den Gemeinden die Aufgabe des Planens und Prüfens missachtet und die größte Aufgabe der Welt mit einer Laissez-faire-Haltung bewältigen will!«, mahnt der Gemeindepädagoge Bob I. Johnson.[71] So unangenehm eine Überprüfung auch sein mag, sie ist angesichts der Wichtigkeit der

174

Ziele und Aufgaben unerlässlich. Indem wir kontrollieren, ob die Zielsetzungen auch konsequent verfolgt werden, tragen wir dazu bei, dass der einmal vorgezeichnete Weg eingehalten wird. Wenn wir prüfen, helfen wir auch den verantwortlichen Mitarbeitern, Fortschritte festzustellen und sich darüber zu freuen, auch wenn bislang nur Teilziele erreicht werden. Wichtig ist, dass die Überprüfung im Sinne einer Ermutigung geschieht. Das können wir von dem Apostel Paulus lernen, wenn er z.B. die Gemeinde in Korinth ermahnt, das Ziel, die Gemeinde in Jerusalem auch finanziell zu unterstützen, nicht aus den Augen zu verlieren: »Denn das ist euch nützlich, die ihr nicht allein das Tun, sondern auch das Wollen vorher angefangen habt – seit vorigem Jahr. Nun aber vollendet auch das Tun, damit, wie die Bereitwilligkeit des Wollens, so auch das Vollbringen da ist, nach dem, was ihr habt. Denn wenn die Bereitwilligkeit da ist, so ist sie willkommen nach dem, was sie hat, und nicht nach dem, was sie nicht hat.« (2Kor 8,10-12)

Bei einer Überprüfung der Umsetzung von Zielen geht es nicht darum, Kritik zu üben oder die Fähigkeiten und Gaben des Mitarbeiters in Frage zu stellen. Kontrolle soll vielmehr dazu dienen, den Mitarbeiter zu fördern, ihm aufzuzeigen, in welchen Bereichen er sich noch verbessern kann und wo schon gute Ergebnisse vorliegen. In diesem Sinne hat die Überprüfung der Ergebnisse auch seelsorgerlichen Charakter. Jeder Mitarbeiter und Leiter ist aber auch gehalten, die Ergebnisse seiner eigenen Arbeit zu überprüfen. Das ist natürlich nur möglich, wenn die erwarteten Ergebnisse auch messbar sind.[72]

5. Die Einleitung und Begleitung von Veränderungsprozessen (Change Management)

Ist der Weg von einer gemeinsamen Vision zu einer Strategie für den Gemeindeaufbau beschritten, so könnte man annehmen, dass nun die damit verbundenen Ziele erreicht werden. Die Veränderungsprozesse, die notwendigerweise auf diesem Weg stattfinden müssen, bilden jedoch noch eine gesonderte Herausforderung. Sie wollen sorgfältig und mit geistlicher Weisheit und Umsicht begleitet werden. Wie schwierig tief gehende Änderungen oder Erneuerungen zu bewerkstelligen sind, zeigen nicht nur zahllose Beispiele in der heutigen Gesellschaft, sondern auch die Kirchengeschichte. Hier finden wir die ganze Palette: angefangen von zaghaften Erneuerungsbewegungen bis hin zu revolutionären Umbrüchen und Reformationen.

Tief gehende Änderungen geschehen in der Regel nicht im Eilverfahren, sondern brauchen Zeit. Gerade dann, wenn ein Veränderungsprozess in einer bereits gewachsenen Gemeindetradition ansetzt, sollten sich die Leiter nicht auf einen Kurzstreckenlauf, sondern auf einen Marathon einrichten. Je länger und fester eine Gemeindetradition ist, umso langfristiger muss gedacht und geplant werden. Gemeinden, die bewusst in einem solchen Prozess stehen, können manches aus dem Bereich des wirtschaftlichen Managements lernen. Darum werden Bücher über »Change-Management« seit einiger Zeit mit großer Aufmerksamkeit gelesen und vielfach auch umgesetzt. Trotzdem bleibt der sichtbare Erfolg oft noch aus. Wir müssen uns daran erinnern, dass die Gemeinde Jesu zwar in ihrer äußeren Gestalt und ihrem Aufbau deutliche Ähnlichkeiten mit einem säkularen Unternehmen zeigt, in ihrem Wesen jedoch analogielos ist (E. Brunner) und als »Kontrastgesellschaft« (G. Lohfink) betrachtet werden kann.

a) Die Motivation zur Veränderung

Die treibende Kraft für die immer während Erneuerung in der Gemeinde Jesu ist der Heilige Geist. Durch ihn wird ein Mensch zu einer »neuen Schöpfung« (2Kor 5,17). Gott offenbart sich in der Heiligen Schrift als der, der ständige Veränderungen hervorruft, um das

176

Beständige und Wesentliche seines Reiches zu wahren. Dem oberflächlichen Betrachter biblischer Texte wird diese Veränderungsbereitschaft und Kreativität Gottes ständig ins Auge fallen. Gott selbst scheint sich ständig zu ändern.

Da ist z.B. Abraham, der den Befehl bekommt, auf dem Berg Morija seinen Sohn zu opfern. Genau das wird jedoch wenige Kapitel weiter in den Königsbüchern als große Sünde bezeichnet. Da wird das Volk Israel aufgerufen, allein im Tempel anzubeten. Der Prophet Jeremia jedoch brandmarkt das Pochen auf die Stellung des Tempels als Sünde. Da weist Jesus selber eine heidnische Frau ab, die um Hilfe sucht, gibt aber als Auferstandener seinen Jüngern den Befehl, das Evangelium in alle Welt zu tragen.

Scheinbare Widersprüche, die deutlich zeigen, wie sehr Gott selbst immer wieder darum ringt, Wege zu gehen und aufzutun, die von seinem Herzen zum Herzen der Menschen führen. In seiner Liebe und Wahrheit, in seinem Wesen bleibt Gott sich treu. Gerade deshalb zerschlägt er zuweilen uns lieb gewordene Formen, wenn wir sie benutzen um sein Wesen zu verschleiern. Wir sind nicht dazu berufen, Formen und Inhalte zu pflegen, weil sie sich in der Vergangenheit als segensreich herausgestellt haben.

Es muss bei aller Gemeindearbeit darum gehen, wie das gute Evangelium heute und morgen zur Sprache gebracht werden kann – und zwar so, dass es Menschen auch erreicht. Dieses führt vielfach zu Verunsicherung.

Klaus Eickhoff merkt diesbezüglich an: »Die Heilige Schrift verwehrt uns jede Form von falscher Sicherheit. Rechte Kirchen- und Gemeindeleitung zeigt sich nicht in einem Befolgen des biblischen Buchstabens, auch nicht im Befolgen des Buchstabens von Bekenntnisschriften oder Kirchenverfassungen. Dietrich Bonhoeffer erinnert in seinem Werk *Widerstand und Ergebung* an Kierkegaard, der zu bedenken gab, dass Luther heute in vielem das Gegenteil von dem sagen würde, was er einmal gesagt hat – um damit für eine veränderte Zeit das zu sagen, was er einst gemeint hat. Rechte Kirchen- und

Gemeindeleitung ist bestimmt von einer letzten Unsicherheit. Die Alten nannten diese Unsicherheit ›Gottesfurcht‹. Gottesfurcht ist die Lebenshaltung, die beständig ernsthaft fragt: Wie ist der seit je bekannte Gotteswille heute zu verwirklichen? Wehe uns, wenn wir Luther oder Calvin buchstäblich für uns hätten, aber den Willen Gottes gegen uns.«[73]

Diese gottesfürchtige Verunsicherung schlägt sich in vielen Veränderungsprozessen in Gemeinden und Kirchen nieder. Mancher möchte gerne selbst das Heft in die Hand nehmen und aus der Abhängigkeit gegenüber Gott herauskommen. So wird es von großer Bedeutung sein, wie stark die Motivation für die Veränderung bei leitenden Mitarbeitern ist, auch wenn zunächst nur wenig Ergebnisse erzielt werden können. Bin ich davon überzeugt, dass Gott selbst die Veränderung will, so werde ich auch über lange Durststrecken an der Vision und Strategie für eine Veränderung festhalten. Eines ist allerdings klar: Gott möchte seine Veränderung und Erneuerung gemeinsam mit Menschen in Gang setzen. Er will geistliche Leiter und Leiterinnen gebrauchen, um Reformation und Erweckung in seinem Volk zu bewirken. Die Motivation hierzu kann durch unterschiedliche Beobachtungen ausgelöst werden.

1. *Frustration – Enttäuschung*: Die Feststellung, dass sich die gemeindliche Wirklichkeit nur sehr wenig mit dem biblischen Realismus deckt bzw. dass die Gemeinde sich immer weiter von den in der Heiligen Schrift zugesagten Verheißungen entfernt, kann zu einer starken Sehnsucht nach Erneuerung und Veränderung führen. Dabei wird es wichtig sein, dass nicht die dunkle Folie der Enttäuschung alleinige Antriebskraft für Veränderungsprozesse wird, da sonst Bitterkeit und Verdrossenheit die Veränderungsmentalität bestimmen.

2. *Inspiration – Sehnsucht*: Das biblische Zeugnis oder auch Berichte von veränderten, erweckten und erneuerten Gemeinden können in uns eine Sehnsucht wecken. Das Motto »Es ist doch möglich!« klingt wie ein herausforderndes Signal und führt zu einer

lockenden Motivation zur Veränderung in der eigenen Gemeinde.

3. *Konfession – Überzeugung*: Eine dauerhafte Motivation zur Veränderung kann auch durch eine tiefe Überzeugung wachsen. Martin Luther etwa war zutiefst berührt und motiviert durch seine neu gewonnenen reformatorisch-theologischen Überzeugungen. Er war beseelt von dem Gedanken, diese *confessio* in die Kirchen zu tragen und jedwede notwendige Erneuerung aus diesem Grunde herbeizuführen.

Es kommt häufig vor, dass geistliche Leiter in einer Gemeinde zunächst nicht diejenigen sind, die das Anliegen einer Veränderung oder Erneuerung in sich tragen. Oft sind es einzelne, bewegte Gemeindemitglieder, die manchmal in Unzufriedenheit und manchmal auch in großer Leidenschaft um Veränderung in den Gemeinden ringen. Manfred Beutel spricht in diesem Zusammenhang von einer »kreativen Unzufriedenheit«, die federführend bei Veränderungsprozessen sein kann.[74] Wenn es nicht gelingt, die Unzufriedenheit mit dem Status quo aufzufangen und bei einer Umgestaltung der Gemeinde zu nutzen, so kann diese die gesamte Gemeindearbeit dauerhaft lähmen. Andrerseits ist deutlich geworden, dass Erneuerungsprozesse in einer Gemeinde immer dann möglich werden, wenn Einzelne sich der erneuernden Kraft Gottes ausliefern. Eine dauerhafte Erneuerung in einer traditionell gewachsenen Gemeinde scheint jedoch nur dann möglich zu sein, wenn auch die Gemeindeleitung Veränderungsprozesse wünscht und vorantreibt.

b) Die Grundlagen für geistliche Veränderungsprozesse

Die Tiefe der persönlichen Betroffenheit

Veränderungen und Erneuerungen in der Gemeinde haben etwas mit der persönlichen Betroffenheit Einzelner zu tun.[75] Gott baut sein Reich mit Menschen. Das Ende der Sklavenzeit des Volkes Israel in Ägypten wurde bereits im Herzen des unzufriedenen Mose gepflanzt, der in seiner Sehnsucht nach Freiheit sogar zum Mörder geworden war. Nehemia war beseelt von dem Gedanken, die Mauern Jerusalems wieder aufzubauen. Er war innerlich betroffen über den Zustand seines Landes. Der Prophet Jeremia war zutiefst angerührt von dem Leiden Gottes an seinem Volk. Er schämte sich nicht seiner Tränen, wenn er sagte: »Unheilbar steigt Kummer in mir auf! Mein Herz ist krank in mir. Da, horch! Geschrei der Tochter meines Volkes kommt aus einem fernen Land: Ist der Herr nicht in Zion, oder ist sein König nicht darin? Warum haben sie mich gereizt durch ihre geschnitzten Bilder, durch Nichtigkeiten aus der Fremde? Vorüber ist die Ernte, die Obstlese ist zu Ende, und wir sind nicht gerettet! Über den Zusammenbruch der Tochter meines Volkes bin ich zusammengebrochen; ich trauere, Entsetzen hat mich ergriffen ... O dass mein Haupt Wasser wäre und mein Auge eine Tränenquelle, dann wollte ich Tag und Nacht die Erschlagenen der Tochter meines Volkes beweinen.« (Jer 8,18-23)

Diese unmittelbare und tief gehende emotionale Betroffenheit wird die Kraft eines Veränderungsprozesses sehr stark prägen und bildet somit eine Grundlage für geistliche Erneuerung. Wer Veränderung nur als eine Art »Sandkasten-Spiel« betreibt und hier und da einige neue Strukturen einführen will, wird möglicherweise am Ende zu dem Resultat kommen, dass sich die Qualität und Quantität geistlichen Lebens in der Gemeinde nicht zum Positiven verändert haben. Wer Erneuerung und Veränderung will, muss zunächst selbst in diesen Erneuerungs- und Veränderungsprozess geführt werden.

Die Bedeutung einer inspirierenden Begeisterung

Im Ringen um die Zukunft verlieren sich reformsuchende Menschen immer wieder im Dickicht der Analysen und Diagnosen. In unzähligen Thesen, unter Zuarbeit von Soziologen und Trendforschern bringen wir die Botschaft auf die Kanzeln unserer Zeit: »Es sieht schlimm aus! Wir sollten uns ändern!« Die Zahl der Bedenkenträger wächst, wohingegen die Zahl der Hoffnungsträger nach wie vor sehr gering ist.

Sicher haben wir mit prophetischem Durchblick eine deutliche Diagnose unseres Ist-Zustandes hervorzubringen, um uns vor kurzatmigen Erneuerungsparolen zu schützen. Aber viel notwendiger ist es, dass wir mit dem »Pinsel des Glaubens« auch genügend Farbe in die Zukunft bringen und dementsprechend Veränderungsprozesse einleiten und begleiten. Wir müssen nur tief genug eintauchen in das Wort Gottes, in die inspirierende Frohbotschaft des Evangeliums. Stehen wir endlich auf von der Sitzbank der Beobachter und Analytiker und begeben wir uns auf das Spielfeld! Es ist ein Leichtes festzustellen, dass alles veränderungs- und reformbedürftig in unseren Gemeinden ist. Dazu braucht es keine besondere Begabung. Gott aber hält Ausschau nach Menschen, die sich hineinnehmen lassen in seine Leidenschaft, in seine große Aktion des Reiches Gottes.

Doch die Hoffnung auf eine bessere Zukunft ist für viele erbärmlich klein geworden. Wohl vertrauen wir darauf, dass Gott mit unseren persönlichen Glaubenskrisen irgendwie zurechtkommen wird und dass wir das Ziel des Himmels erreichen. Wenn es jedoch um Inspiration und Hoffnung für die Gemeinde geht oder gar für eine ganze Konfessionsfamilie, scheinen wir Gott nicht mehr sehr viel zuzutrauen. Um Veränderungsprozesse anzustoßen, brauchen wir jedoch Hoffnungsträger, die sich vom Wort Gottes immer wieder neu inspirieren lassen.

Die Kraft des Sterbens und die Bereitschaft loszulassen

»Wenn das Weizenkorn nicht in die Erde fällt und stirbt, bleibt es allein; wenn es aber stirbt, bringt es viel Frucht« (Joh 12,24). Jesus unterstreicht mit seiner Aussage die Tatsache, dass Neues immer nur dadurch Gestalt gewinnt, dass Altes stirbt. Der Neue Bund ist nur möglich geworden, weil Jesus sein Leben dafür hingab. Wenngleich dieser heilsgeschichtlich relevante Bezug nicht vorschnell in Analogie zu den Veränderungsprozessen in einer Gemeinde gesetzt werden darf, weist er doch in aller Deutlichkeit darauf hin, dass Veränderungsprozesse eben auch Sterbeprozesse sind.

Erneuerung und Reformation geschehen dort, wo gelernt wird umzudenken, wo der evangeliumsgemäße Prozess der *metanoia*, der Buße, stattfindet. Vielfach bleibt die Veränderung auf der Strecke, weil sie immer nur als Ergänzungsmodell zu dem bereits Bestehenden verstanden wird. Veränderung geschieht da, wo Menschen sich aufmachen und das lieb Gewordene, ihr »Haran« verlassen. Buße ist nicht nur nötig in Bezug auf die Dinge und Grundhaltungen, die uns von Gott trennen und als Sünde zu bezeichnen sind. Buße ist hier und da auch notwendig in Bezug auf die Dinge, die uns lieb und wert geworden sind, die aber gegenwärtig nicht mehr dem Willen Gottes dienen. Besonders schwierig ist das bei »jungen« Traditionen. Wenn z.B. einst neue Gottesdienstformen zu starren Gewohnheiten werden, hat es der Heilige Geist schwer, Neues hervorzubringen. Wer geistliche Veränderung will, ist ständig unterwegs, ist ständig dabei Abschied zu nehmen und Neues zu begrüßen.

Die Notwendigkeit der beharrlichen Geduld

Wird der Veränderungsprozess in einer Gemeinde erst einmal bewusst gestartet, sind alle Hoffnungen der Leitung darauf konzentriert, dass es nun »aufwärts« geht. Oft geht es aber zunächst durch sehr schmerzhafte Bewegungen. Michael Noss begründet diesen Vorgang wie folgt: »Das liegt daran, dass das Neue noch keinen festen Platz im Leben der Gemeinde und der einzelnen Frauen und Männer hat. Neues muss gelernt werden und das braucht immer Zeit. Es braucht aber auch sehr viel Begleitung und Ermutigung. Nur dann wird die ›Abwärtsbewegung‹ zum Stillstand kommen. Erst dann geht es wieder ›aufwärts‹, auch in den neuen Bereich hinein, den die Veränderung ja erschließen sollte ...«[76] Geduld ist also das Gebot der Stunde – und zwar nachdrücklich! So

182

manche Veränderungsprozesse sind schon an der Ungeduld der Reformatoren gescheitert. Entscheidend ist, dass Veränderung im »Tempo Gottes« geschieht. Dringlichkeit und Geschwindigkeit von Reformen dürfen nicht durch die ungeduldige Sehnsucht der Veränderer geleitet sein. Entscheidungen müssen reifen, Umbrüche brauchen ihre Zeit. Schon so mancher ist dabei zu einem ungeduldigen Aussteiger geworden. Solche abgebrochenen Verändungsprozesse tragen oftmals das ganze Potential an Arroganz und Hochmut in sich, das eine wirkliche Erneuerung verhindert. Da, wo in Geduld und anhaltender Erwartung Schritt für Schritt getan wird, beginnen Veränderungsprozesse zu greifen.

c) Die Widerstände in geistlichen Veränderungsprozessen

»Die Bilanz ist ernüchternd: Jedes vierte Veränderungsprojekt versandet in der Umsetzungsphase. Vier von zehn Unternehmen erreichen noch nicht einmal 60 Prozent der angestrebten Ziele.« Zu diesen Ergebnissen kommt zumindest eine Untersuchung des betriebswirtschaftlichen Instituts der Hochschule St. Gallen.[77] Ähnlich wird es in christlichen Gemeinden aussehen, zumal zu den in Betrieben bekannten Widerständen noch mit geistlichen Faktoren zu rechnen ist. Einige dieser Hinderungsfaktoren seien hier genannt.

Hindernisse durch Gottes Widerstand
Sicher verwundert es, Gott als den Verhinderer von Veränderungsprozessen angeführt zu sehen, zumal wenn er selbst nach sorgfältiger Prüfung den Impuls zur Veränderung gegeben hat. Dennoch ist es möglich, dass Gott seinen Segen von einem Vorhaben abzieht, auch wenn dieses an sich ein gutes Ziel verfolgt. Vielleicht ist dies in der Grundhaltung und Motivation derer begründet, die einen Veränderungsprozess anführen. Denn auch für Veränderungsprozesse gilt der biblische Grundsatz: »Gott widersteht den Hochmütigen, den Demüti-

gen jedoch gibt er Gnade« (1Petr 5,5). Wer in Stolz beharrt und zugleich auf durchgreifende geistliche Erneuerung wartet, wird wohl nicht das Ziel erreichen. Derjenige, der sich in Abhängigkeit zu Gott und in Demut vor ihm von Gottes Barmherzigkeit und Güte überraschen lässt, wird die Gnade geistgewirkter Veränderung erfahren.

Hindernisse durch den Widerstand Satans
Natürlich ist der Widersacher Gottes in keiner Weise daran interessiert, dass Erneuerung und Veränderung in der Gemeinde geschieht, wenn diese zu einer effektiveren Gemeindearbeit führen. Hier ist das ganze Spektrum der Strategien des Bösen anzusiedeln. Paulus schreibt den Korinthern, dass die Taktiken des Satans ihm nicht unbekannt seien (2Kor 2,11). Allerdings wird man auch nicht gleich hinter jedem Rückschlag einen Angriff des Teufels vermuten. Deshalb ist es wichtig, genügend Sensibilität und vor allen Dingen geistliche Wachheit zu bewahren. Das gemeinsame Gebet und das Gegründetsein im Wort Gottes sind im Kampf gegen die Angriffe des Bösen unerlässlich.

Hindernisse durch Mängel in der Mitarbeiterführung: Durchgreifende Veränderungen in der Gemeinde sind nur möglich, wenn die tragenden Mitarbeiter einer Gemeinde für die neuen Ideen und Impulse Offenheit zeigen und »mitziehen«. Viele Veränderungsprojekte scheitern an einer zu vagen Zielformulierung oder ungenügender Veränderungsbereitschaft der Mitarbeiter in der Gemeinde. Leider ist statt einer ausgeprägten Vertrauensbasis hier und da auch eine Misstrauenskultur zu beklagen. Nicht nur das Misstrauen gegenüber den Neuerungen, sondern auch das der Mitarbeiter untereinander kann sich im Rahmen eines Veränderungsprozesses ausbreiten. Gelingt es nicht, für die Neuerungen zu werben, werden Mitarbeiter schnell innerlich aussteigen. Eine Kultur, in der jeder einzelne Mitarbeiter die geplanten Veränderungen als Chance verstehen lernt und nicht als Bedrohung, muss das Ziel sein. Hier ist wiederum ein gutes Kommunikationswesen nötig. Jeder einzelne Schritt soll so transparent wie möglich sein. Der Mitarbeiter soll auch wissen, wie er sich ganz konkret in diesen Prozess einbringen und ihn mitgestalten kann. Auch Negativkonsequenzen im Sinne von Ablösungen müssen dabei offen angesprochen werden. Im Veränderungsprozess muss es der Leitung einer Gemeinde gelingen, die Fähigkeit der Mitarbeiter zu fördern, eigene Gaben und Möglichkeiten zu entdecken. Je mehr Menschen mit ihren Gaben in den Veränderungsprozess einbezogen werden, desto sicherer wird eine durchgreifende Erneuerung gelingen. Allerdings ist es meist nur eine kleine Zahl von Menschen, die den Prozess dann auch wirklich aktiv mitgestaltet.

Hindernisse durch mangelnde Konfliktfähigkeit
Widerstände – sowohl offene als auch verdeckte – und damit einhergehende Konflikte gibt es zu Beginn und im Verlauf eines jeden Umgestaltungsprozesses. Fast immer stehen emotionale Gründe oder Macht- und Gruppeninteressen dahinter, wie z.B. die Furcht vor Unbekanntem, fehlendes Vertrauen, prinzipielle Ablehnung alles Neuen, Verlustängste. Auch die Angst, man könne den bekannten Boden des Evangeliums verlassen und sich auf etwas einlassen, das dann nicht mehr evangeliumsgemäß ist, spielt in der Gemeinde eine Rolle. Aufgrund dieser vorhersehbaren Konflikte ist es ratsam, schon in der Planungs- und Strategiephase mögliche Spannungsfelder zu ermitteln und sich darauf einzustellen. In einer Phase der Veränderung bedarf eine Gemeinde oft noch zusätzlicher Foren und Versammlungen, um den Informationsfluss zu erhalten und den mit der Veränderung verbundenen Ängsten offensiv zu begegnen. Bei zu erwartenden tief greifenden Konflikten empfiehlt es sich, rechtzeitig externe Seelsorger und Berater einzubeziehen. Widerständen muss rechtzeitig und offensiv begegnet werden. Geschieht das nicht, äußern sie sich zunächst in passivem, später dann in demotiviertem Verhalten. Gerade das aber schadet einem Veränderungsprozess umso mehr, weil Demotivation eines Einzelnen oder auch einer Gemeindegruppe in der Regel sehr schnell auch andere Gemeindemitglieder erfasst.

6. Leben mit Unterschieden –
Versöhnung und Integration in der Gemeinde
(Konflikt-Management)

a) Die Konflikte in der Gemeinde

Dass es auch in der Gemeinde Jesu Christi – auch ohne besondere Veränderungsprozesse – nicht ohne Konflikte zugeht, dürfte jedem bekannt sein, der das Neue Testament aufmerksam studiert. Ganz offen wird von den Streitgesprächen und Auseinandersetzungen der Apostel berichtet. So heißt es z.B. in Apg 15,7: »Als aber viel Wortwechsel entstanden war ...« Das hier in der griechischen Sprache gebrauchte Wort *zetesis* erinnert an ein richtiges Streitgespräch.

Nun könnte man meinen, dass es immer Wege gibt, wenn Menschen in Konflikten noch miteinander sprechen, auch wenn es einmal heftig zugeht. Manchmal werden die auftretenden Auseinandersetzungen jedoch auch wirklich zu »Auseinander-Setzungen«, d.h. sie führen zu Trennungen. Dabei geht es häufig um die unterschiedliche Einschätzung und Wertung von Menschen oder Glaubensinhalten, manchmal jedoch auch um das traurige Resultat von Unversöhnlichkeit. Konflikte treten immer auf, wenn unterschiedliche Menschen und Gruppen aufeinander treffen, aber sie müssen nicht unweigerlich zur Trennung und zur Unversöhnlichkeit führen. Gerade Christen sollten in der Lage sein, Brücken zu schlagen und Wege des versöhnten Miteinanders bei aller Unterschiedlichkeit zu gehen. Als in Christus Versöhnte sind sie gegenüber all jenen Menschen im Vorteil, die nichts von der Kraft der Vergebung und Veränderung durch Jesus Christus wissen. Leider klingen diese Aussagen geradezu zynisch angesichts der leidvollen Geschichte von Trennungen und unbewältigten Konflikten.

In vielen Gemeinden ist die Scheu vor Auseinandersetzungen heutzutage so groß, dass geradezu eine Konfliktunfähigkeit zu beklagen ist. Man sucht »diplomatische« Lösungen – sofern man sie wirklich als diplomatisch, im Sinne von »klug, geschickt«, bezeichnen kann. Die Wahrheitsfrage wird von der Verpflichtung zur gegenseitigen Liebe dominiert und das Resultat ist eine bunte und unbefriedigende Harmonie, die allem und jedem Raum gibt, jedoch nicht den Konflikt beim Namen nennt. Dieses Klima von Wohlwollen und Übereinstimmung hat unsere Welt »ausgepolstert« und wird in nicht wenigen Gemeindeversammlungen Woche für Woche zelebriert.

Sicher gibt es daneben auch die ewig Streitbaren, die keine Konfliktmöglichkeit auslassen – Menschen, die den Angriff, die Abgrenzung und den Streit geradezu suchen und lieben. Eine wirkliche Konflikt-Kultur hat sich auf dem Hintergrund dieser beiden unausgewogenen Ansätze nur sehr langsam im gegenwärtigen kirchlich-gemeindlichen Leben Bahn brechen können. Nicht jeder wird Siegfried Großmann zustimmen, der in seinem hervorragenden Buch *Konflikte sind Chancen* die These vertritt: Jeder Konflikt vermittelt uns »eine Botschaft, die zum Beginn einer Entwicklung werden kann, die uns verändert. Oft merken wir erst durch die Störung einer Beziehung, wie wichtig diese uns ist oder wie sehr wir auf sie angewiesen sind. So werden unsere Fähigkeiten aktiviert, uns zu verändern – umso stärker, je existentieller der Konflikt empfunden wird. Auf den Punkt gebracht heißt das: Konflikte sind Zeichen des Lebens.«[78]

Das Wort »Konflikt-Management« suggeriert, dass jede Auseinandersetzung zu einem positiven Resultat geführt werden kann. Es klingt nach Machbarkeit oder Verfügbarkeit. Wer allein diesen Ansatz vor Augen hat, wird sehr bald feststellen müssen, dass in der Gemeinde Jesu auch Tiefenströmungen von Konflikten auftreten, die nicht allein im menschlichen Bereich anzusiedeln sind. Ich wage sogar die Behauptung, dass die transzendente Dimension von Konflikten, die häufig in Gemeinden auftreten, meist die ausschlaggebende ist. Diese Dimension wird auch im Epheserbrief angesprochen, wenn es heißt: »Unser Kampf ist nicht gegen Fleisch und Blut, sondern gegen die Gewalten, gegen Mächte, gegen die Weltbeherrscher dieser Finsternis, gegen die geistigen Mächte der Bosheit in der Himmelswelt« (Eph 6,12). Jeder, der verantwortlich Gemeinde Jesu mitgestaltet, muss wissen, dass der Hauptgegner der große Feind Gottes, der Satan ist. Dieser Dauerkonflikt ist sozusagen vorprogrammiert und bleibt keiner Gemeinde und keiner Gemeindeleitung erspart. Dabei ist auch deutlich, dass Satan nicht nur diejenigen Menschen und Systeme in seinen Dienst ziehen kann, die christusfern sind. Auch ein Petrus wurde nach einem »gut gemeinten« Rat an Jesus Christus schroff mit den Worten zurückgewiesen: »Geh hinter mich, Satan! Du bist mir ein Ärgernis, denn du sinnst nicht auf das, was Gottes, sondern auf das, was der Menschen ist!« (Mt 16,23).

Der Begriff »Konflikt« ist vom lateinischen *conflictus* abgeleitet und bedeutet »Zusammenstoß«. Dieses Aufeinanderprallen zweier Welten, nämlich der Welt der Finsternis und der Welt des Lichtes, des Reiches Gottes und Satans Reich, wird in jeder Gemeindearbeit deutlich. Die Vorstellung, in einer Gemeinde ginge es immer ruhig und nur harmonisch zu, muss deshalb als unrealistischer Wunsch entlarvt werden. Jesus fordert mit seinem Evangelium in dieser Welt geradezu heraus: »Denkt ihr, dass ich gekommen sei, Frieden auf der Erde zu geben? Nein, sage ich euch, sondern vielmehr Entzweiung. Denn es werden von nun an fünf in einem Haus entzweit sein; drei mit zweien und zwei mit dreien; es werden entzweit sein Vater mit Sohn und Sohn mit Vater, Mutter mit der Tochter und Tochter mit der Mutter, Schwiegermutter mit ihrer Schwiegertochter und Schwiegertochter mit ihrer Schwiegermutter!« (Lk 12,51-53). Mit diesen Worten warnt Jesus seine Nachfolger vor »faulen Kompromissen«, die aus rein menschlichem Mitgefühl entstehen.

So gesehen wird hier die Grundthese bestätigt, dass Konflikte nicht nur zum menschlichen Leben gehören, sondern auch, dass sie unausweichlich mit der christlichen Existenz verknüpft sind. Zum anderen verdeutlicht das Leben Jesu, dass er auch ein Meister in der Konfliktbewältigung ist. Getrieben von der Liebe Gottes, trägt er als das »Lamm Gottes« Heilung zu denen, die durch Schuld und Versagen zerrieben werden. In seinen Abschiedsreden wird er nicht müde, seine Jünger zu gegenseitiger Liebe zu ermahnen. Dieser Grundton wird in der neutestamentlichen Paraklese von den Aposteln durchbuchstabiert und auf die einzelnen Gemeindesituationen übertragen. Welch ein brillanter Grundsatz für Konflikt-Management in der Gemeinde ist die Aufforderung des Apostels Paulus an die Römer: »Seid gleich gesinnt gegeneinander, sinnt nicht auf hohe Dinge, sondern haltet euch zu den Niedrigen; seid nicht klug bei euch selbst! Vergeltet niemand Böses mit Bösem; seid bedacht auf das, was ehrbar ist vor allen Menschen! Wenn möglich, soviel an euch ist, lebt mit allen Menschen in Frieden! Rächt euch nicht selbst, Geliebte, sondern gebt Raum dem Zorn! Denn es steht geschrieben: ›Mein ist die Rache; ich will vergelten, spricht der Herr.‹ Wenn nun deinen Feind hungert, so speise ihn; wenn ihn dürstet, so gib ihm zu trinken! Denn wenn du das tust, wirst du feurige Kohlen auf sein Haupt sammeln. Lass dich nicht vom Bösen überwinden, sondern überwinde das Böse mit dem Guten!« (Röm 12,16-21)

Diese Aussagen verdeutlichen auch, dass sich nicht alle Konflikte zwischen Personen und Gruppierungen abspielen, sondern dass es auch ein großes Konfliktpotenzial in der eigenen Person gibt. Die Fähigkeit, »das Böse mit Gutem« zu überwinden, also nicht nach dem Prinzip der Vergeltung, sondern nach dem Grundsatz der Vergebung zu leben, stellt enorme Anforderungen an die geistliche Reife des Menschen. Siegfried Großmann führt in diesem Zusammenhang die typischen Konflikte auf, die sich innerhalb der eigenen Person abspielen können: Entscheidungskonflikte, Polaritätskonflikte und auch Aggressionskonflikte.[79]

Das Thema der Konfliktfähigkeit eines Menschen stellt sich theologisch in der Frage nach der Versöhnungsbereitschaft und -fähigkeit. Aber auch dann, wenn wir von dieser Bereitschaft und Befähigung zur Versöhnung in der neutestamentlichen Gemeinde ausgehen, bleiben uns die klassischen zwischenmenschlichen Gruppenkonflikte, die Streitigkeiten um Anerkennung und Ehre und das Sich-Auseinandersetzen um Normfragen nicht erspart. Hinzu kommen typische Konfliktfelder in christlichen Gemeinden, die sich auch in der Gemeindeleitung widerspiegeln. Typische Konfliktfelder in der Gemeindeleitung sind:

- unterschiedliches Leitungsverständnis;
- Persönlichkeits- und Charakterzusammensetzung;
- Erkenntnisunterschiede in Lehr- und Sachfragen;
- unterschiedliche Berufung und Begabung;
- mangelnde Kompetenz- und Zuständigkeitsklärung;
- mangelnde Leitung und Gesprächsführung;
- Beziehungsstörungen bzw. Beziehungslosigkeit.

Häufige Konfliktfelder in freikirchlichen Gemeinden

Die Konflikte in freikirchlichen Gemeinden unserer Zeit sind durchaus ähnlich denen, die uns auch von den Gemeinden zur Zeit des Neuen Testaments berichtet werden, z.B. die Fragen nach der Zuordnung von Gesetz und Evangelium (Apg 15), ethische oder auch praktische Fragen wie die der Gottesdienstgestaltung. Einige der Themen wiederholen sich offenbar in allen Zeiten, wie aus einer Umfrage beim Bundesrat 1994 des Bundes Evangelisch-Freikirchlicher Gemeinden hevorgeht[80]:

Die wichtigsten Konfliktfelder in den Gemeinden sind demnach:

1.	Unterschiedliche Frömmigkeitsstile	14 %
2.	Macht- und Leitungsstrukturen	12 %
3.	Gottesdienstgestaltung	9 %
4.	Konsumdenken in der Gemeinde	8 %
5.	Lehr- und Erkenntnisfragen	8 %
6.	Fragen der Sexualethik	7 %
7.	Generationskonflikt	6 %
8.	»Bewegen und Bewahren«	5 %
9.	Rangstreitigkeiten	5 %
10.	Mangelnde Sensibilität im Miteinander	5 %

11.	Gleichberechtigung der Frau	4 %
12.	Skepsis gegen die Gemeindeleitung	4 %
13.	Brauchen wir einen Bund?	4 %
14.	Finanzen in der Gemeinde	3 %
15.	Nicht konstruktiv streiten können	3 %
16.	Kluft zwischen Wunschtraum und Realität	3 %

Sicher sind hier nur einige der typischen Konfliktfelder angeführt. Es sollte jedoch auf keinen Fall verschwiegen werden, dass nicht vergebene Schuld und Sünde in der Gemeinde in der Regel der Nährboden für Auseinandersetzungen sind. Hier haben wir es wiederum mit den tieferen Dimensionen von Konflikten zu tun. Wird z.B. ein Gemeindeleitungsmitglied schuldig, indem z.B. finanzielle Unterschlagungen vorgekommen sind, so kann eine solche Sünde eine konfliktreiche Debatte um Haushaltsfragen auslösen.

b) Die Konfliktlösungen

Es gibt eine Fülle von Ansätzen zur Konfliktlösung.[81] Schauen wir genauer hin, so entdecken wir, dass fast alle diese Ansätze bereits in der Bibel vorkommen. Siegfried Großmann hat sich in seinem Buch *Konflikte sind Chancen* ausführlich mit biblischen Konfliktlösungsansätzen befasst und diese in konkrete Lebenssituationen des gemeindlichen Lebens übertragen. Einige dieser Ansätze seien hier in Kürze wiedergegeben:

Trennen als Schritt in die Zukunft: Abraham und Lot trennen sich in 1Mo 13,1-13, um einander eine Zukunft zu ermöglichen. Diese Trennung ermöglicht für beide Teile einen neuen Lebensraum und sie erfolgt nach Maßstäben, die von beiden Seiten anerkannt werden.

Nachgeben: Die Geschichte von Abraham und Lot zeigt, dass beide Partner auch etwas aufgeben müssen. Nachgeben ist jedoch ein Ansatz, der unterschiedliche Folgen haben kann. »In besonderen Situationen kann er sehr hilfreich sein, wenn er einen echten Ausweg weist, während er in anderen Situationen den Konflikt nur verlagert, z.B. von der sachlichen auf die persönliche Ebene.«[82]

Einer Sache auf den Grund gehen: Die Begegnung zwischen Jesus und der Ehebrecherin (Joh 8,2-11) zeigt, dass es zuweilen eine gute Möglichkeit ist, einer Sache auf den Grund zu gehen, d.h. nach ihren tieferen Ursachen zu fragen. Wenn dies geschieht, ergeben sich daraus für alle Beteiligten Einsichten, die überraschend oder auch schmerzvoll sein können. Nicht immer sind die Konfliktpartner selbst in der Lage, die Wurzeln eines Konfliktes zu analysieren. Die Einbeziehung eines Beraters ist aus diesem Grund sehr sinnvoll.

Kompetent organisieren: Wenn ein Konflikt in erster Linie aufgrund unzureichender Organisationsstrukturen zustande kommt, kann die Lösung nur darin liegen, dass kompetent organisiert wird. Eine solche Situation finden wir in dem bekannten Konflikt bei der Witwenversorgung in der Jerusalemer Gemeinde vor (Apg 6,1-6). Wird ein solcher Konflikt wahrgenommen und in seinen Tiefendimensionen auch analysiert, so bedarf es der Integrität, Kompetenz und Kommunikationsfähigkeit seitens der Konfliktlöser. Sie brauchen das Vertrauen nach allen Seiten, um zu dauerhaften besseren Strukturen zu führen, die dann auch von allen Beteiligten angenommen werden.

Eine faire Mitte finden: Das so genannte Apostelkonzil in Apg 15,1-31 zeigt an, dass es in grundlegenden Lehrfragen zu massiven Konflikten führen kann. Es bedarf einer sorgfältigen und langfristigen Klärung oder Aufarbeitung, um auch in Zukunft zusammenstehen zu können. Dabei spielen meistens persönliche und sachliche Komponenten eine Rolle. Nie ist ein Konflikt nur sachlich zu sehen, immer geht es auch um persönliche Einschätzungen und Wertungen, die in einer Konfliktlösung bewusst gemacht werden müssen. Ist ein Streit in einer Sache bereits eskaliert, können sich die Konfliktpartner oft nicht mehr auf ein sachgemäßes Vorgehen einigen. Es empfiehlt sich dann, einen Berater einzuschalten. Bei der Konfliktlösung muss ausgelotet werden, ob es Kompromisse gibt, die zwar für alle Beteiligten auch Abstriche erforderlich machen, jedoch den Schaden begrenzen.

Wer eine faire Mitte finden will, muss dabei neben der sachlichen Ebene auch die persönliche Dimension eines Konfliktes bedenken. Die faire Mitte ist nicht als »fauler Kompromiss« anzusehen, der zwar kurzfristig für eine Befriedung, langfristig jedoch zu keiner Klärung auf der Sachebene führt. Apg 15 macht deutlich, dass die dort gefundene Mitte als ein vom Heiligen Geist gesteuertes Ergebnis gewertet wird: »Denn es hat dem Heiligen Geist und uns gut geschienen, keine größere Last auf euch zu legen ...« (Apg 15,28)

Den Konflikt ruhen lassen: Hierbei handelt es sich nicht um eine Verdrängung des Konfliktes, sondern um eine bewusste Entscheidung, eine dauerhafte Konfliktlösung gegenwärtig nicht herbeizuführen. Manchmal sind es Sachfragen, meist jedoch komplizierte Beziehungsfragen, die auf der menschlichen Ebene zu Trennungen führen können, ohne dass damit auch die Klärung der Sachfragen erreicht wird. So ist auch die Trennung von Paulus und Barnabas (Apg 15,35-40) einzustufen. Die Lösung des Konfliktes würde voraussichtlich so viele Kräfte binden, dass die Konfliktpartner sich entschließen, ihre Kraft lieber für wichtigere Aufgaben einzusetzen. Paulus und Barnabas suchen sich neue Missionspartner und setzen ihren Missionsdienst fort, anstatt sich in endlosen Debatten über sich selbst zu verlieren. Sie lassen einen Konflikt ruhen, um ihre Kräfte neu auf das »Eigentliche« in ihrem Leben zu konzentrieren.

Weitere Lösungsansätze: Die hier dargelegten biblischen Lösungsansätze kommen im Gemeindealltag verhältnismäßig häufig vor. Natürlich gibt es noch sehr viel mehr Facetten zu beachten, und es empfiehlt sich, von den biblischen Berichten zu lernen.[83] Dabei ist der Umgang mit Konflikten, wie er uns in den biblischen Geschichten geschildert wird, nicht immer die einzige oder beste Lösung. Manche Entwicklungen hat Gott geduldet und zugelassen, ohne dass es sich dabei um einen »Königsweg« handelte, also einen Weg, der auch dem König Christus entspricht. Dennoch wird deutlich, dass Gott auch in den fragmentarischen Lösungsversuchen seiner Gemeinde Gnade schenkt, wenn das Bemühen deutlich wird, erneut zurückzufinden zu den Grundüberzeugungen des Reiches Gottes. In vielen Fällen wird es eine Hilfe sein, einen nicht am Konflikt beteiligten Berater hinzuzuziehen, der gegebenenfalls auch unter Einsetzung humanwissenschaftlicher Methoden zu einer Entzerrung und Lösung beitragen kann. Er wird dazu beitragen, dass ein Konflikt klar analysiert und durch die Steuerung des kommunikativen Prozesses zu einer reifen Lösung gebracht wird.

Dabei geht es im Gemeindeleben nicht nur um die Fragestellungen, die in jedem anderen gesellschaftlichen Bereich zu einer Konfliktanalyse gehören, sondern auch um die transzendente und geistliche Dimension eines Konfliktes. Folgende Fragen können dabei leitend sein:

- Wo und wann ist der Konflikt aufgetreten?
- Worum geht es eigentlich?
- Wer ist an diesem Konflikt aktiv oder passiv beteiligt?
- Wie äußert sich der Konflikt?
- Welche Strategie könnte der Widersacher Gottes mit der Konfliktauslösung verfolgen?
- Gibt es dämonische Dimensionen des Konfliktes?
- Gibt es Schuld und Sünde in der Gemeinde, die nicht ans Licht Gottes gekommen sind?
- Könnte der Konflikt zu Klärungskrisen in der Gemeinde führen?

Allein dieser Fragenkatalog macht deutlich, dass Konfliktberatung im christlichen Kontext alles andere als einfach ist. Auch sollte sich ein Konfliktberater nicht ohne Auftrag in einen Streit einmischen. Die Einbeziehung erfahrener geistlicher Personen, die auch im überregionalen Dienst stehen können, wird in Zukunft für die Gemeinden sehr bedeutend sein. Hier formuliert sich eine neue Variante des apostolischen Dienstes. Nun sind zwar Konflikte in der Gemeinde nicht neu, und auch in früheren Jahren gab es Gemeindeberatung und -pflege, die im weitesten Sinne auch als Konfliktberatung anzusehen ist. Der Bedarf, Hilfe von außen zu bekommen, hat aber anscheinend in den vergangenen Jahren zugenommen.

Dabei wird nicht nur nach dem Moderator gefragt, der sich selbst neutral verhält und keinerlei Ratschläge oder Beurteilungen abgibt. Vielfach ist mit der Berufung eines Beraters auch der Wunsch nach guter geistlicher Leitung und Orientierung verbunden. Ohnehin muss betont werden, das die christliche Gemeinde Konflikte nicht in einem wertfreien Raum austrägt. Sie weiß sich gebunden an das biblische Wort Gottes, das nicht nur in Kernfragen des Evangeliums verpflichtend ist, sondern als Ganzes den Maßstab für die Konfliktlösung darstellt. Das gilt auch in schwierigen Fragen der Ethik oder der spirituellen Kultur einer Gemeinde.

c) Die Formen der Konfliktbewältigung

Eine ganze Reihe von Formen und Wegen der Konfliktbewältigung wurden bereits erwähnt. Einige, die für die christliche Gemeinde besonders wichtig sind, seien hier noch einmal zusammengefasst:

Das gemeinsame Gebet: Wenn es überhaupt eine gemeinsame Grundlage bei Konfliktpartnern in der Gemeinde gibt, so ist es die gemeinsame Glaubensbasis, die auch im Gebet zum Ausdruck kommt. In der gemeinsamen Ausrichtung auf Gott, den Anfänger und Vollender allen Glaubens, auf Jesus Christus, das Haupt der Gemeinde und auf den Heiligen Geist, der in alle Wahrheit führt, wissen sich die Konfliktpartner verbunden. Sicher ist es nicht immer einfach, das gemeinsame Gebet zu suchen, wenn persönliche oder sachliche Divergenzen herrschen. Das gemeinsame Gebet ist jedoch nicht davon abhängig, ob wir alle einer Meinung oder eines Sinnes sind. Wir beten zu Gott, weil er Gott ist und weil wir unsere Hoffnung von ihm beziehen. Wir bitten ihn um Liebe und Verständnis füreinander, da wir in unseren oft wund gewordenen Herzen zu wenig Versöhnungsbereitschaft entdecken. Wir verlassen uns bei der Konfliktlösung nicht auf unser Wissen und Know-how, sondern auf die Weisungen Gottes durch sein Wort und seinen Geist. Wenn Glaubensgeschwister nicht mehr miteinander beten können, dann fehlt die spezifische christliche Ausrichtung bei einer Konfliktlösung.

Allerdings ist darauf zu achten, dass das Gebet nicht zur Eröffnung einer Diskussion unterschiedlicher Positionen wird. Es soll um die echte Bitte zu Gott gehen, um das Ausstrecken nach ihm. Ein guter Weg wird beschritten, wenn Konfliktpartner sich in dieser Bitte einig sind und den anbeten, dem sie das Leben verdanken. In der gemeinsamen Anbetung Gottes geht es nicht um unseren Zustand, sondern wir beten Gott in seinem Wesen an. In der Begegnung mit Gott kann es auch zu prophetischen Impulsen kommen, die wegweisend für die Lösung eines Konfliktes sein können.

Die gemeinsame Ausrichtung durch das biblische Wort Gottes: Die Bibel ist für die Gemeinde Jesu die einzige objektive und allgemein gültige Offenbarungsquelle. Gerade bei Unterschieden in Lehrauffassungen ist es unerlässlich, die biblischen Aussagen sorgfältig zu studieren und Weisung zu empfangen. Dabei soll nicht außer Acht gelassen werden, dass oftmals verschiedene hermeneutische Positionen auch zu unterschiedlichen, ja, manchmal auch völlig gegensätzlichen Auslegungen der biblischen Texte führen.

Die Tatsache, dass sich diese unterschiedlichen Lehren und Lehrauffassungen alle auf die Aussagen der Bibel beziehen, macht den Konflikt nicht einfacher. Die jeweilige Position der Konfliktpartner kommt in der Regel bei jeder Auslegung der Heiligen Schrift sehr deutlich zum Tragen. Dennoch sollte keine christliche Gemeinde darauf verzichten, immer wieder gemeinsam in der Bibel zu lesen, zu studieren und auf das Wort Gottes zu hören. Ausgehend von der Grundeinsicht, dass unsere Erkenntnis stückwerkhaft ist, sollten wir auch lehrmäßig für Überraschungen und Korrekturen durch das biblische Wort und durch die biblische Lehre offen bleiben.

Das offene Gespräch: Gebet und Bibelstudium ersetzen nicht das offene Gespräch der Konfliktpartner untereinander. Dabei soll es nicht nur um den Austausch von Positionen gehen, sondern auch um das verständnisvolle Hören aufeinander. Auch die persönliche Betroffenheit muss dabei zur Sprache kommen. Konflikte entstehen ja häufig dadurch, dass Menschen, die zusammenleben oder -arbeiten, sich nicht verstehen. Sie schätzen sich gegenseitig falsch ein und verletzen dabei auch, und oft redet man aneinander vorbei.

Das Gespräch unter Christen sollte dabei immer in dem Bewusstsein der Gegenwart Gottes geführt werden. Im Neuen Testament werden die Nachfolger Jesu häufig ermahnt, die Zunge im Zaum zu halten und nicht jede Gemütsregung gleich mit unüberlegten Worten dem Gesprächspartner zuzumuten. Denn das Gesagte kann sonst neue Wunden schlagen und den Konflikt noch tiefer werden lassen. Worte sind Werkzeuge, die zum gegenseitigen Verständnis beitragen sollen.

Mindestens ebenso wichtig wie die Worte ist die Fähigkeit zuzuhören. Es ist bekannt, dass wir selektiv hören und schnell die Worte des anderen mit Werten und Begriffen füllen, die für uns zwar wichtig sind, aber die der Gesprächspartner gar nicht gemeint hat. Deshalb ist es wichtig, genau hinzuhören und gegebenenfalls auch nachzufragen oder mit eigenen Worten noch einmal das zu wiederholen, was man in den Aussagen des anderen verstanden zu haben glaubt.

Das Ausrichten auf die gemeinsame Vision einer Gemeinde: Das Besinnen auf den eigentlichen Auftrag, den Sinn und Zweck der Gemeinde kann dazu beitragen, dass die entstandenen Konflikte in einer angemessenen Relation betrachtet werden. Wenn sich z.B. eine Gemeinde über die Frage des Liedgutes oder der Ausgestaltung des Gemeindehauses entzweit, so fehlt es offensichtlich an einer Ausrichtung auf das gemeinsame Ziel.

Paulus spricht dieses Problem in seinem Brief an die Korinther an, die sich wegen ihrer unterschiedlichen Einschätzung und Praxis der Geistesgaben völlig zu entzweien drohen:

»Ich ermahne euch aber, Brüder, durch den Namen unseres Herrn Jesus Christus, dass ihr alle einmütig redet und nicht Spaltungen unter euch seien, sondern dass ihr in demselben Sinn und in derselben Meinung völlig zusammengefügt seiet« (1 Kor 1,10).

Eine ähnliche Aufforderung lesen wir in Eph 4,1-6: »Ich ermahne euch nun, ich, der Gefangene im Herrn: Wandelt würdig der Berufung, mit der ihr berufen worden seid, mit aller Demut und Sanftmut, mit Langmut, einander in Liebe ertragend! Befleißigt euch, die Einheit des Geistes zu bewahren durch das Band des Friedens: Ein Leib und ein Geist, wie ihr auch berufen worden seid in einer Hoffnung eurer Berufung! Ein Herr, ein Glaube, eine Taufe, ein Gott und Vater aller, der über allen und durch alle und in allen ist.«

Die gemeinsame Ausrichtung auf die Einheit des Leibes Christi, der dann wiederum in seinen unterschiedlichen Begabungen und Funktionen zum Einsatz kommen soll, ist unerlässlich bei dem Versuch, Konflikte in der Gemeinde zu lösen. Jeder der Konfliktpartner muss wissen, dass das Bemühen um Einheit nicht zum Luxus der Gemeinde gehört, sondern ausschlaggebend dafür ist, wie glaubhaft das Zeugnis von Jesus Christus in dieser Welt vermittelt werden kann. Zugespitzt formuliert: Es geht nicht darum, dass einer der Konfliktpartner Recht bekommt, sondern darum, dass das Reich Gottes gebaut wird und dass Menschen für ein konsequentes Leben in der Nachfolge Jesu Christi gewonnen werden.

Schlusswort

Dieses Buch soll eine Art Nachschlagewerk für die vielen Mitarbeiter in den Gemeinden sein, die in leitender Verantwortung stehen oder vor einer solchen Aufgabe stehen. Neben den biblisch-theologischen und seelsorgerlichen Fragestellungen wurde auch eine ganze Reihe von praktischen Fragen der Gemeindeleitung aufgegriffen. Sicher müssten diese noch durch manche konkrete Handreichung ergänzt werden (Hinweise für Haushaltsfragen; juristische Fragestellungen in der Gemeinde u.v.a.m.). Es ist mein Wunsch, dass die Ausführungen dieses Buches dazu dienen, dass verantwortliche Mitarbeiter in der Gemeinde neue Freude und Ermutigung zum leitenden Dienst bekommen. Vor allen Dingen ist es jedoch mein Gebet, dass die Liebe zu Jesus und zu seiner Gemeinde immer mehr zunimmt. Ich wurde schon sehr früh mit leitenden Aufgaben in der Gemeinde betraut. Als Sechzehnjähriger machte ich meine ersten Erfahrungen in der Gemeindeleitung, und so manches Mal wollte ich aufgeben und alles hinschmeißen.

Doch die Gnade Gottes hielt mich. Oft bin ich dann in das Gebet geflohen, um mir Hilfe und Trost von Gott zu erbitten. Viel zu oft wurden diese Gebetszeiten dann aber auch Klagezeiten, und leider manches Mal auch »Anklage-Zeiten«. Als ich mich eines Tages wieder einmal ausführlichst beim Herrn über den Zustand unserer kleinen Ortsgemeinde beschwerte, war es mir, als würde Jesus mich unterbrechen: »Was hast du denn eigentlich gegen mich?« Zunächst war ich erschrocken über diese Frage. Natürlich hatte ich gar nichts gegen meinen Herrn, ... aber diese Gemeinde ...! Wiederum meinte ich Jesus reden zu hören: »Weißt du denn nicht, dass ich das Haupt dieses Leibes bin? Dein Reden über die Gemeinde trifft immer auch mich! Nur wenn du die Gemeinde liebst, kannst du sie auch leiten!« Diese Liebe kann nur Gott selber schenken, aber er gibt sie gerne. Gemeinde lieben und Gemeinde leiten – das gehört eben unbedingt zusammen!

ANMERKUNGEN

[1] Paul Beasley-Murray: *Dynamic Leadership*. Eastbourne, 1990, S. 9.
[2] Vgl. Emil Brunner: *Die christliche Lehre von Schöpfung und Erlösung. Dogmatik II.* Zürich, 1972 (3. Auflage), S. 289-336.
[3] Siegfried Großmann: *Der Geist ist Leben*. Wuppertal und Kassel, 1990, S. 113.
[4] A.a.O.
[5] A.a.O.
[6] H. Greeven: »Propheten, Lehrer, Vorsteher bei Paulus«, in: *ZNW 44*, 1952/53, S. 32.
[7] Ulrich Brockhaus: *Charisma und Amt. Die paulinische Charismenlehre auf dem Hintergrund der frühchristlichen Gemeindefunktionen.* Wuppertal, 1972, S. 124.
[8] H. Greeven, a.a.O., S. 9.
[9] C. P.Wagner: *Die Gaben des Geistes für den Gemeindeaufbau.* Neukirchen-Vluyn, 1987, S. 78.
[10] Walter Bauer: *Wörterbuch zum Neuen Testament.* Berlin, 1971, Art. *»poimen«,* Sp. 1357.
[11] Eine Übersicht über die unterschiedlichen Ansätze gibt W. Beyer: Art. *»episkeptomai«, ThW II,* S. 614f.
[12] Leonhard Goppelt: *Die apostolische und nachapostolische Zeit* (Die Kirche in ihrer Geschichte I, Lief. A), 1962, S. 128.
[13] J. Oswald Sanders: *Verantwortung – Leitung – Dienst. Führungsaufgaben in Gemeinde und Mission.* Kreuzlingen/Wuppertal, 1985, S. 12f.
[14] A.a.O., S. 5.
[15] Paul Beasley-Murray: *Dynamic Leadership.* S. 183.
[16] Hilfreich sind hierzu die Ausführungen von Horst Stricker, in: *Kein laues Lüftchen. Geisterfüllung und Geistesgaben aus biblischer Sicht.* Wuppertal und Kassel, 1994.
[17] J. Oswald Sanders, a.a.O., S. 45.
[18] A. W. Tozer: *The Pursuit of God.* (1984), zitiert in Charles Sibthorpe: *Unter höherem Befehl. Prinzipien christlicher Leiterschaft.* Wiesbaden, 1984, S. 175-176.
[19] Helmut Thielicke, zitiert in J. O. Sanders, a.a.O., S. 37.
[20] Adolf Schlatter: *Die Briefe an die Thessalonicher, Philipper, Timotheus und Titus. Erläuterungen zum Neuen Testament. Bd. 8.* Stuttgart, 1964, S. 150.
[21] O. S. v. Bibra, a.a.O., S. 15+16.
[22] Vgl. dazu Otto Michel: »Vollmacht und Heiligung«, in: O. S. v. Bibra (Hrsg.): *Vollmacht.* Neuhausen-Stuttgart, 1988, S. 27-63.
[23] Vgl. H. J. Klauck: »Gemeindestrukturen im Ersten Korintherbrief«, in: *BuK (4),* 1985, S. 12f.
[24] Norbert Baumert: *Mann und Frau bei Paulus. Überwindung eines Missverständnisses.* Würzburg, 1993, S. 181.
[25] Oswald Sanders, a.a.O., S. 56.
[26] *Das christliche Persönlichkeitsprofil. Mit dem Original DISG-Test zur Selbstauswertung.* Giengen und Wuppertal, 1991.
[27] Myron Rush: *Ausgebrannt – was nun?* Asslar, 1991, S. 11.
[28] Roy Oswald: *Clergy Burnout. A Survival Kit for Church Professionals.* Washington, 1982, S. 12.
[29] Paul Beasley-Murray: *Pastors under Pressure.* Eastbourne, 1989, S. 17-34.

[30] Vgl. hierzu Tom Marshall: *Understanding Leadership*. Chichester, 1991, S. 114-144.

[31] David Johnsen und Jeff Vanvonderen: *Geistlicher Missbrauch*. Wiesbaden, 1996.

[32] Gottlieb Guntern: *Im Zeichen des Schmetterlings. Argumente für eine neue Führungskultur*. München, 1992.

[33] Vgl. *Neues Testament Deutsch. Bd. 7*. S. 248-250.

[34] Vgl. hierzu auch Larry Burkett: *Ratgeber Christ und Geld*. Asslar, 1990, 2. Aufl., S. 49-90.

[35] Richard Foster: *Geld, Sex und Macht*. Wuppertal und Kassel, 1987, S. 54-58.

[36] Howard und William Hendricks: *Man(n) braucht Freunde. Persönlich wachsen durch lebendige Beziehungen*. Gießen und Basel, 1998, S. 49-63.

[37] Vgl. hierzu Erich Schick: *Heiliger Dienst*. Hamburg, 1952, S. 294-298.

[38] Johannes Schneider: *Die Gemeinde nach dem Neuen Testament*. Kassel, 1955 (3), S. 30.

[39] Gerhard Jordy: *Blickpunkt Gemeinde 3/77*. Kassel, 1977, S. 8.

[40] A.a.O.

[41] René Schäfer: *Die Gemeinde Jesu. Eine Studienhilfe*. Neuenrade, 1996, S. 34.

[42] Peter Strauch: *Typisch FeG. Freie evangelische Gemeinden unterwegs ins neue Jahrtausend*. Witten, 1997, S. 56-57.

[43] So z.B. Edwin Brandt, in: *Ein Herr, ein Glaube, eine Taufe. 150 Jahre Baptistengemeinden in Deutschland*. Wuppertal und Kassel, 1984, S. 250ff, und Paul Beasley-Murray und Hans Guderian, in: *Miteinander Gemeinde bauen. Ein anderer Weg, Kirche zu sein*. Wuppertal und Kassel, 1995, S. 137-148.

[44] Karl-Heinz Walter u.a. (Hrsg.): *Vom Leben in der Gemeinde. Eine Einführung für Mitglieder Evangelisch-Freikirchlicher Gemeinden*. Wuppertal und Kassel, 1986, S. 36.

[45] Muster einer Ordnung/Satzung der Evangelisch-Freikirchlichen Gemeinde. Hrsg. vom Bund Evangelisch-Freikirchlicher Gemeinden in Bad Homburg, 1971. Musterordnung für Freie evangelische Gemeinden, in: Strauch, *Typisch FeG*, a.a.O., S. 255-260.

[46] Karl-Heinz Walter, a.a.O., S. 37.

[47] A.a.O., S. 12.

[48] A.a.O., S. 249.

[49] Paul Beasley-Murray / Hans Guderian: *Miteinander Gemeinde bauen*, a.a.O., S. 138.

[50] *Protokollauszug Bundeskonferenz 1870*, S. 60. (Oncken-Archiv, Elstal)

[51] Birgit Marchlowitz: *Freikirchlicher Gemeindeaufbau. Geschichtliche und empirische Untersuchung baptistischen Gemeindeverständnisses*. Berlin, 1995, S. 179.

[52] Jürgen Tischler: *Dynamische Leitungsstrukturen. Geistliche Leiterschaft als kybernetischer Prozeß zwischen Gestern und Morgen*. Vikariatsarbeit 1996, S. 28 (Oncken Archiv, Elstal).

[53] Paul Beasley-Murray / Hans Guderian, a.a.O., S. 224-225.

[54] Gerhard Lohfink: *Wie hat Jesus Gemeinde gewollt? Zur gesellschaftlichen Dimension des christlichen Glaubens*. Freiburg i.Br., 1982.

[55] Vgl. hierzu die Ausführungen von Matthias Horx: *Das Zukunftsmanifest*. Düsseldorf und München, 1997.

[56] *Rechenschaft vom Glauben*. Hrsg. v. Bund Evangelisch-Freikirchlicher Gemeinden, Bad Homburg, 1977.

[57] *Vorstellungsschrift der Evangelisch-Freikirchlichen Gemeinde Hannover-Walder-seestraße.* Hannover, 1990.

[58] Vgl. hierzu die Broschüre W. Rosemann (Hrsg.): *Die Evangelisch-Freikirchlichen Gemeinden.* Kassel, 1972.
Der Bund Evangelisch-Freikirchlicher Gemeinden. Eine Selbstdarstellung. Wuppertal und Kassel, 1992.
P. Strauch: *Typisch FeG. Freie Evangelische Gemeinden unterwegs ins neue Jahrtausend.* Witten, 1997.

[59] Rick Warren: *Kirche mit Vision. Gemeinde, die den Auftrag Gottes lebt.* Aßlar, 1998, S. 45.

[60] Walt P. Kallestad: *Stell dir vor, dein Traum wird wahr. Was Gott aus Wünschen machen kann.* Wuppertal, 1998, S. 211.

[61] Hilfreich ist hierzu das leider viel zu wenig beachtete Buch von Christian A. Schwarz: *Die Dritte Reformation. Paradigmenwechsel in der Kirche.* Emmelsbüll, 1993, in dem sich der Autor in umfassender Weise mit den gängigen Vorbehalten gegenüber der Gemeindewachstumsbewegung auseinander setzt.

[62] C. Peter Wagner: *9 Strategien für den Gemeindeaufbau. Schlüsselerkenntnisse der wirksamen Gemeinde- und Missionsarbeit.* Frankfurt a.M., 1991, S. 49.

[63] Einen guten Überblick über die Konzepte, Programme und Wege im Gemeindeaufbau liefert Christian Möller: *Lehre vom Gemeindeaufbau. Band 1.* Göttingen, 1997.
Vgl. hierzu auch das Werk von Fritz und Christian A. Schwarz: *Theologie des Gemeindeaufbaus.* Neukirchen-Vluyn, 1987, das sich vorwiegend mit Fragen des Gemeindeaufbaus in landeskirchlicher Sicht auseinander setzt.
Eine Kurzdarstellung von Gemeindekonzepten führt auch Manfred Seitz an in seinem ebenfalls volkskirchlich geprägten Buch: *Erneuerung der Gemeinde. Gemeindeaufbau und Spiritualität.* Göttingen, 1985, S. 47-57.

[64] Christian A. Schwarz: *Die natürliche Gemeindeentwicklung.* Emmelsbüll/Wuppertal/Kassel, 1996, S. 15.

[65] Zu jedem der acht Qualitätsmerkmale hat das Ökumenische Institut spezielle Arbeitsbücher entwickelt, die bei einer Untersuchung eine Hilfe bieten können.

[66] Christian A. Schwarz, a.a.O., S. 39.

[67] Das Material ist unter folgender Adresse zu beziehen: Ökumenisches Gemeinde-Institut, Diedersbüller Str. 6, 25924 Emmelsbüll.

[68] Christian A. Schwarz, a.a.O., S. 111.

[69] C. Peter Wagner: 9 Strategien, a.a.O., S. 31.

[70] A.a.O., S. 34-37.

[71] Bob I. Johnson: »How to Plan and Evaluate«, in: Bruce P. Powers (Hrsg.): *Christian Education Handbook.* Nashville, 1981, S. 46.

[72] Eine gute Hilfe bieten hierzu die Ausführungen von Roland Kurth im *Handbuch für Leitungsaufgaben in Gemeinde und Beruf.* Buchs, 1988, S. 151-168.

[73] Klaus Eickhoff, in: *Praxis. Heft 1/98. Nr. 72.* Giengen, 1998, S. 18.

[74] Manfred Beutel: *Wie verändere ich meine Gemeinde, ohne sie zu ruinieren? – Lernen von Willow Creek.* Wuppertal und Kassel, 1998.

[75] Dieser Akzent wird im säkularen Bereich ebenfalls bedacht. Vgl. dazu: Klaus Doppler / Christoph Lauterburg: *Change Management – Den Unternehmenswandel gestalten.* Gießen, 1995.

202

[76] Michael Noss: »Change Management in der Kirche«, in: *Praxis 1/98*. Giengen, 1998, S. 21.

[77] *Wirtschaft und Weiterbildung 5/97*. Offenbach, 1997, S. 33.

[78] Siegfried Großmann: *Konflikte sind Chancen. Spannungen in Alltag und Gemeinde schöpferisch lösen.* Wuppertal und Kassel, 1998, S. 25.

[79] A.a.O., S. 26-29.

[80] *Impulse aus der Bildungsarbeit des BEFG 1995.* Seesen, 1995, S. 2.

[81] Vgl. hierzu Gerhard Scheibel: *Konflikte verstehen und lösen.* Moers, 1996, und Klaus Lumma: *Strategien der Konfliktlösung. Betriebliches Verhaltenstraining in Theorie und Praxis.* Hamburg, 1987.

[82] S. Großmann, a.a.O., S. 72.

[83] Weitere biblische Lösungsansätze werden von S. Großmann a.a.O., S. 95-114, vorgestellt.

LITERATUR

Balders, Günter u.a.
Ein Herr, ein Glaube, eine Taufe. 150 Jahre Baptistengemeinden in Deutschland 1834-1984. Festschrift. Wuppertal/Kassel, 1984

Balders, Günter
Theurer Bruder Oncken – Das Leben Johann Gerhard Onckens in Bildern und Dokumenten. Wuppertal/Kassel, 1978

Baumert, Norbert
Mann und Frau bei Paulus. Überwindung eines Mißverständnisses. Würzburg, 1993.

Betz, Ulrich
Leuchtfeuer und Oase. Aus 100 Jahren Geschichte der Freien evangelischen Gemeinde in Hamburg. Witten, 1993

Bethge, Eberhard
»Was heißt: Kirche für andere? Überlegungen zu Dietrich Bonhoeffers Kirchenverständnis«, in: *Pastoraltheologie 58* (1969)

Bonhoeffer, Dietrich
Gemeinsames Leben. Hrsg. v. E. Bethge. München, 1983 (19)

Bonhoeffer, Dietrich
Nachfolge. Hrsg. v. E. Bethge. München, 1971 (2)

Beasley-Murray, George
Die christliche Taufe. Kassel, 1968

Beasley-Murray, Paul
Turning The Tide. London, 1981

Beasley-Murray, Paul
Pastors Under Pressure. Eastbourne, 1989

Beasley-Murray, Paul und Guderian, Hans
Miteinander Gemeinde bauen. Ein anderer Weg, Kirche zu sein. Wuppertal/Kassel, 1995

Beutel, Manfred
Wie verändere ich meine Gemeinde ohne sie zu ruinieren. Lernen von Willow Creek. Wuppertal/Kassel, 1998

Brandt, Edwin
»Baptistische Identität – Überlegungen zum Weg und Auftrag«, in: *Theologisches Gespräch 1/89.* Kassel, 1989

Bibra, Otto Siegfried v.
Die Bevollmächtigten des Auferstandenen. Stuttgart, 1988 (9)

Bibra, Otto Siegfried v.
Vollmacht und Heilung. Stuttgart, 1988

Bund Evangelisch-Freikirchlicher Gemeinden in Deutschland
Rechenschaft vom Glauben. Bad Homburg, 1995.

Bund Evangelisch-Freikirchlicher Gemeinden in Deutschland
Eine Selbstdarstellung. Wuppertal/Kassel, 1992

Burkett, Larry	*Ratgeber Christ und Geld.* Aßlar, 1990 (2)
Brockhaus, Ulrich	*Charisma und Amt. Die paulinische Charismenlehre auf dem Hintergrund der frühchristlichen Gemeindefunktionen.* Wuppertal, 1972
Donat, Rudolf	*Das wachsende Werk. Ausbreitung der deutschen Baptistengemeinden durch sechzig Jahre (1849 bis 1909).* Kassel, 1960
Doppler, Klaus u.a.	*Change Management.* Gießen, 1995
Dünnebeil, Wolfgang	*Gemeinden am Puls der Zeit.* Neuhausen b. Stuttgart, 1997
Erdlenbruch, Ernst Wilhelm	*Neue Gemeinden in unserem Land.* Witten, 1996
Eickhoff, Klaus	*»Gemeinde verändern«, in: Praxis 1/98.* Giengen, 1998
Foster, Richard	*Geld, Sex und Macht.* Wuppertal/Kassel, 1998
Goppelt, Leonhard	*»Die apostolische und nachapostolische Zeit«, in: Die Kirche in ihrer Geschichte I.* München, 1978
Greeven, Heinrich	*Propheten, Lehrer, Vorsteher*
Großmann, Siegfried	*Der Geist ist Leben.* Wuppertal/Kassel, 1990
Großmann, Siegfried	*Konflikte sind Chancen.* Wuppertal/Kassel, 1998
Guntern, Gottlieb	*Im Zeichen des Schmetterlings. Argumente für eine neue Führungskultur.* Basel, 1997
Heinrichs, Wolfgang E.	*Freikirchen – eine moderne Kirchenform. Entstehung und Entwicklung von fünf Freikirchen.* Gießen, 1989
Hendricks, Howard u. William	*Man(n) braucht Freunde.* Gießen / Basel, 1998
Herbst, Michael	*Missionarischer Gemeindeaufbau in der Volkskirche.* Stuttgart, 1988
Josuttis, Manfred	*Der Pfarrer ist anders. Aspekte einer zeitgenössischen Pastoraltheologie.* München, 1983 (2)
Johnsen, David u.a.	*Geistlicher Machtmißbrauch.* Wiesbaden, 1997
Kallestad, Walt P.	*Prinzipien der Gemeindeleitung.* Wuppertal, 1996
Kallestad, Walt P.	*Stell dir vor, dein Traum wird wahr. Was Gott aus Wünschen machen kann.* Wuppertal, 1998
Klauck, Hans Jürgen	*»Gemeindestrukturen im Ersten Korintherbrief«, in: BuK (4), 1985*
Knöppel, Karl Heinz	*Wozu ist Gemeinde gut?* Wuppertal, 1995
Kopfermann, Wolfram	*Abschied von einer Illusion.* Hamburg/Mainz, 1990

205

Krusche, Werner	*Schritte und Markierungen. Aufsätze und Vorträge zum Weg der Kirche.* Göttingen, 1971
Kurt, Roland u.a.	*Handbuch für Leitungsaufgaben in Gemeinde und Beruf.* CH-Buchs, 1988
Lohfink, Gerhard	*Wie hat Jesus Gemeinde gewollt? Zur gesellschaftlichen Dimension des christlichen Glaubens.* Freiburg i.Br., 1982
Luckey, Hans	*Johann Gerhard Oncken und die Anfänge des deutschen Baptismus.* Kassel, 1958 (3)
Machlowitz, Birgit	*Freikirchlicher Gemeindeaufbau.* Berlin, 1995
Marshall, Tom	*Understanding Leadership.* Chichester, 1991
Motel, Hans-Beat	*Glieder an einem Leib. Freikirchen in Selbstdarstellungen.* Konstanz, 1975
Mc Gavran, Donald	*Understanding Church Growth.* Grand Rapids/Mich., 1979
Mc Gavran, Donald	*Die theologischen Voraussetzungen der Gemeindewachstumsbewegung.* Gießen, 1983
Michel, Otto	*Das Zeugnis des Neuen Testamentes von der Gemeinde.* Gießen/Basel, 1983 (2)
Möller, Christian	*Lehre vom Gemeindeaufbau. Bd. I.* Göttingen, 1997
Noss, Michael	»Change Management in der Kirche«, in: *Praxis 1/98.* Giengen, 1998
Powers, Bruce P.	*Christian Education Handbook.* Nashville, 1981
Popkes, Wiard	*Abendmahl und Gemeinde. Das Abendmahl in biblisch-theologischer Sicht und in evangelisch-freikirchlicher Praxis.* Wuppertal/Kassel, 1981
Oswald, Roy	*Clergy Burnout.* Washington, 1982
Riesner, Rainer	*Apostolischer Gemeindeaufbau. Die Herausforderung der paulinischen Gemeinden.* Gießen/Basel, 1978
Rush, Myron	*Ausgebrannt – was nun?* Aßlar, 1991
Rust, Heinrich Christian	*Neue Wege gehen.* Wuppertal/Kassel, 1989
Rust, Heinrich Christian	*Arbeiten und arbeiten lassen.* Wuppertal/Kassel, 1993
Sanders, J. Oswald	*Verantwortung – Leitung – Dienst.* Kreuzlingen/Wuppertal, 1985
Schäfer, René	*Die Gemeinde Jesu.* Neuenrade, 1996
Scheibel, Gerhard	*Konflikte verstehen und lösen.* Moers, 1996
Schneider, Johannes	*Die Gemeinde nach dem Neuen Testament.* Kassel, 1955 (3)

Schwarz, Christian A.	*Die natürliche Gemeindeentwicklung.* Emmelsbüll/Wuppertal/Kassel, 1996
Schwarz, Christian A.	*Die Dritte Reformation. Paradigmenwechsel in der Kirche.* Emmelsbüll, 1993
Schwarz, Fritz und Christian A.	*Theologie des Gemeindeaufbaus.* Neukirchen-Vluyn, 1987
Schweizer, Eduard	*Gemeinde und Gemeindeordnung im Neuen Testament.* Zürich, 1959
Seitz, Manfred	*Erneuerung der Gemeinde. Gemeindeaufbau und Spiritualität.* Göttingen, 1985
Sibthorpe, Charles	*Unter höherem Befehl. Prinzipien christlicher Leiterschaft.* Wiesbaden, 1984
Strauch, Peter	*Typisch FeG. Freie evangelische Gemeinden unterwegs ins neue Jahrtausend.* Witten, 1997
Stricker, Horst	*Kein laues Lüftchen. Geisterfüllung und Geistesgaben aus biblischer Sicht.* Wuppertal/Kassel, 1994
Thielicke, Helmut	*Leiden an der Kirche.* Hamburg, 1965
Thurneysen, Eduard	*Die Lehre von der Seelsorge.* München, 1948
Tischler, Jürgen	*Dynamische Leitungsstrukturen* (Unveröffentl. Vikariatsarbeit). Elstal, 1996
Wagner, C. Peter	*9 Strategien für den Gemeindeaufbau.* Frankfurt a.M., 1991
Wagner, C. Peter	*Die Gaben des Geistes für den Gemeindeaufbau.* Neunkirchen, 1987
Walter, Karl-Heinz u.a.	*Vom Leben in der Gemeinde.* Wuppertal/Kassel, 1986
Warren, Rick	*Kirche mit Vision. Gemeinde, die den Auftrag Gottes lebt.* Aßlar, 1998
Weyel, Hartmut	*So stell ich mir Gemeinde vor.* Gießen, 1997
Wieske, Günter	*Gemeindepädagogik.* Bonn, 1998

Siegfried Großmann

Konflikte sind Chancen

Spannungen in Alltag und Gemeinde schöpferisch lösen

204 Seiten, Oncken-Taschenbuch, Bestell-Nr. 627 893

Wo Menschen zusammenleben, gibt es Konflikte. Ob im Privatleben, im Beruf oder in der Gemeinde – immer wieder prallen verschiedene Meinungen aufeinander, verhindern persönliche Gefühle eine sachliche Auseinandersetzung, lassen erstarrte Positionen eine Lösung nahezu unmöglich erscheinen. Und nicht selten werden dabei Beziehungen zerstört und Menschen verletzt. Damit es gar nicht erst dazu kommt, sondern aus Konflikten tatsächlich Chancen werden, müssen wir uns diesen Konflikten stellen, ihre Ursachen erkennen und lernen, richtig mit ihnen umzugehen. Was man dazu wissen muss, bringt der Autor hier in leicht verständlicher Weise, mit fundiertem Wissen und anhand von konkreten Beispielen auf den Punkt und gibt so eine Hilfe an die Hand, die in Familie und Gemeinde gleichermaßen nützlich ist.

Siegfried Großmann, geboren 1938, ist Pastor und Bildungsreferent des Bundes Evangelisch-Freikirchlicher Gemeinden. Er hat bereits mehrere Bücher veröffentlicht, darunter »Lebendige Liebe« und »Weht der Geist, wo wir wollen?«.

ONCKEN VERLAG WUPPERTAL UND KASSEL